KB013860

NFT의 시대

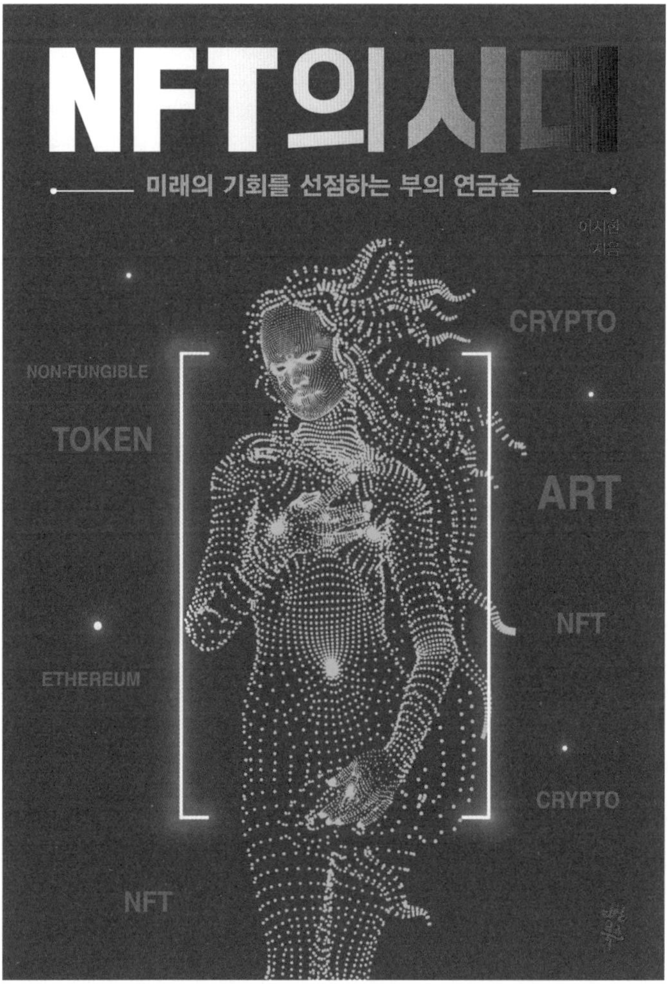
NFT의 시대
미래의 기회를 선점하는 부의 연금술
이시한
지음
CRYPTO
NON-FUNGIBLE
TOKEN
ART
NFT
ETHEREUM
CRYPTO
NFT

한눈에 살펴보는 NFT 맵

NFT 인프라

- 암호화폐 거래소
- NFT 거래소 (+민팅)
- NFT 경매
- NFT 아트 거래소 (+민팅)
- 가상자산 지갑
- 암호화폐 지갑
- NFT 민팅

NFT 콘텐츠/프로젝트

- 컬렉터블 (PFP)
- 컬렉터블 (카드 등)
- 연예인 IP

NFT 플랫폼

- P2E 게임
- NFT 접목 예정인 게임사
- 메타버스

미디어/데이터

- 데이터
- NFT 가치평가

<table>
<tr><td>바이낸스, 코인베이스, 업비트, 코인원, 빗썸, 코빗</td></tr>
<tr><td>오픈시, 민터블, 업비트 NFT</td></tr>
<tr><td>크리스티, 소더비</td></tr>
<tr><td>슈퍼레어, 클립 드롭스, 라리블, 니프티 게이트웨이</td></tr>
<tr><td>클립, 비트맥스월렛</td></tr>
<tr><td>메타마스크, 폴카닷, 크립토월렛, 트러스트월렛, 로닌월렛, 카이카스</td></tr>
<tr><td>크래프터 스페이스, 클레이민트</td></tr>
</table>

<table>
<tr><td>크립토펑크, 밋빗, 크립토키티, 보어드 에이프 요트 클럽</td></tr>
<tr><td>NBA 톱숏, 아트블록</td></tr>
<tr><td>하이브, YG, SM, JYP, 카카오엔터, 큐브엔터</td></tr>
</table>

<table>
<tr><td>스카이마비스 (엑시 인피니티), 위메이드 (미르 4)</td></tr>
<tr><td>엔씨소프트, 펄어비스, 게임빌, 넷마블, 카카오게임즈, 웹젠, 넥슨, 플레이댑, NHN, 선데이토즈, 네오위즈</td></tr>
<tr><td>로블록스, 디센트럴랜드, 크립토복셀</td></tr>
</table>

<table>
<tr><td>댑레이더, 넌펀저블닷컴, 스태티스타, Y차트닷컴</td></tr>
<tr><td>NFT뱅크</td></tr>
</table>

NFT의 시대입니다. 조금 더 풀어서 말하면, 우리의 생활이 현실 기반에서 디지털 기반으로 넘어가는 전환기라는 얘기입니다. 기본 패러다임이 바뀌고, 상식이 흔들리고, 생활의 루틴이 바뀌죠.

디지털 시대는 한국에서 만든 드라마의 주인공을 단 하루 만에 전 세계적인 스타로 탄생시키기도 합니다. 이제는 한국에서 상품을 만들고, 책을 쓰고, 작품을 제작할 때도 한국 안에서만의 소비를 생각하는 것이 아니라 전 세계적인 취향을 염두에 둡니다.

이상적인 메타버스가 아직 구현되지 않은 상태인데도, 디지털 플랫폼은 벌써 전 세계를 하나로 묶고 있어요. AI 과학자들이 예견하듯이 통·번역 AI가 인간을 능가하는 2024년이 되면, 이 세계의 단일화 경향은 더더욱 가속화될 것입니다.

거기다가 메타(구 페이스북)를 비롯한 글로벌 IT 기업들이 2024

년이나 2025년쯤에는 제대로 된 메타버스가 구동될 것이라고 예견하고 있죠. 이를 고려하면, 앞으로 몇 년간은 그야말로 대격변의 시대가 될 것입니다. 그 격변의 중심에 바로 NFT가 있습니다.

우리가 사회생활이나 일상을 디지털로 올려놓으려면 전제되어야 하는 사실이 있습니다. 디지털상에서 경제활동이 가능해야 한다는 겁니다. 그것이 메타버스의 가장 중요한 조건이기도 하고요. 메타버스가 '사회적 상호작용을 통한 경제활동이 일어나는 가상공간'이잖아요. 바로 이 경제활동이 일어나기 위한 조건이 NFT입니다.

NFT는 무한히 복사될 수 있어서 가치가 없는 디지털 코드에 자산의 가치를 부여하는 기술입니다. 하지만 이제는 기술이라는 원래적 의미를 넘어서 '디지털 가상자산'이라는 말 자체로 쓰이고 있어요. '디지털에 자산 가치가 있다'라는 전제는 디지털 플랫폼이나 메타버스 같은 곳에서 일어나는 경제활동에 정당성을 부여합니다. 이 정당성이 디지털 공간에서 직업을 가지고, 상거래도 하는 등 비즈니스를 영위할 수 있게 해주죠.

그런 의미에서 NFT는 메타버스의 시대를 맞이하기 전에 먼저 공유하고 공감해야 하는 개념입니다. 단순히 '억' 소리 나는 몇몇 경매 결과에 혹해서 재테크 수단 중 하나로만 인식한다면 NFT의 가치를 과소평가하는 것입니다.

인간의 삶이 디지털로 옮겨가고 있습니다. NFT에 대한 이해는 디지털로 옮겨가는 수송선의 티켓이나 마찬가지예요. 웹 2.0에서 웹 3.0 시대로 가는 입장권이기도 하고요. 굳이 디지털로 가지 않고 현실 세계에서만 살아도 충분히 괜찮습니다. 어차피 공존하는 세상이 될 테니까요. 하지만 자원고갈과 환경오염으로 한계에 직면한 현실의 지구보다 광대한 가능성으로 무장한 신세계에 더 많은 기회와 성취의 길이 열려 있는 것이 사실입니다.

〈이상한 나라의 앨리스〉에서 앨리스는 이상한 나라로 들어가기 위해서 토끼굴을 통과해야 했죠. 〈센과 치히로의 행방불명〉에서 센 역시 동굴을 통과해서 새로운 세계에 발을 들였습니다. 이제껏 보지 못했던 다른 세계로 향하기 위해서는 좁은 통로를 통과해야 하는데요, NFT에 대한 이해가 바로 당신이 통과해야 하는 동굴입니다. 그런데 이 동굴 끝에는 그야말로 광대한 신세계가 펼쳐져 있습니다. 이 책이 NFT라는 동굴의 가이드가 되어드릴 테니, 저와 함께 웹 3.0 시대의 신세계를 향해서 가보지 않으시겠습니까?

CONTENTS

1강 NFT에 올라타기 ———————————

특별 부록 : NFT 일단 한번 따라 해보기 ──────────

초보자를 위한 Q&A

NFT가 도대체 뭔가요?

■ **Q. NFT는 우리와 동떨어진,**
기술적인 원리 아닌가요?

메타버스, 블록체인, NFT. 이 세 단어에는 공통점이 있습니다. 포털이나 미디어를 통해 자주 접해 너무나 친숙한 단어인데도, 도무지 친숙해지지 않는다는 거죠. 분명히 듣긴 들었는데, 그래서 어쨌다는 것인지, 그게 왜 이렇게 '핫한' 것인지 잘 이해가 가질 않습니다. 그런데 그건 이해력이 부족해서가 아닙니다.

패러다임이 바뀌고 있어서 그렇습니다. 토머스 쿤이『과학혁명의 구조』에서 과학이 발전하는 과정을 제시하면서 쓴 용어가 '패러다임'입니다. 패러다임은 한 시대 사람들의 생각이나 사고를 지배하는 이론의 틀, 개념들의 집합체를 가리키죠. 쉽게 이야기하자면 사람들이 공유하는 동시대의 '상식'이라고 할 수 있습니다.

쿤의 패러다임 개념에서 가장 핵심적인 포인트는 과학이 다음 단계로 발전할 때는 패러다임이 서서히 바뀌는 것이 아니라 어느 순간 혁명적으로 바뀐다는 거예요. 예를 들어 지구가 평평하다는 상식을 공유하는 시대에 지구가 둥글다고 이야기하는 사람들은 미친 사람 취급을 받죠. 하지만 과학적인 발견이 이루어지면서 어느 순간 갑자기 모든 사람의 상식이 지구는 둥글다는 것으로 바뀝니다. 중간은 없어요. 어느 날 갑자기 바뀌는 거죠. 그래서 패러다임이 바뀌는 시기의 할아버지와 손녀 사이에는 적어도 그 부분에 관해서는 건널 수 없는 대화 단절의 벽이 생겨납니다. 평생 지구가 평평하다고 믿고 살아온 할아버지는 손녀가 아무리 둥글다고 이야기해줘도 이해할 수가 없거든요. 만약 공처럼 생겼다면 아래쪽에 있는 사람이나 물체들은 떨어지지 않겠느냐면서요.

지금이 이런 패러다임의 전환기입니다. 하지만 단지 과학이나 기술 측면만의 패러다임 전환이 아니에요. NFT나 메타버스 등을 이해할 때 아무리 설명을 들어도 이해가 잘 안 가는 것은 많은 전문가가 기술적인 부분에만 집중해 설명하기 때문입니다. 이런 설명이 잘못됐다는 것이 아니라, 이분들의 설명은 과학이나 기술의 진보에 관한 것인데 지금 사람들이 겪는 혼란은 경제 관념의 패러다임 전환에서 오는 것이거든요. 그리고 이 경제 관념은 그간 의외로 잘 바뀌지 않아 역사가 상당히 오래된 것입니다.

이런 맥락에서 'NFT라는 게 어떻게 가능한가요?'라는 질문은 NFT의 기술적인 원리가 무엇인지를 묻는 게 아닙니다. '도대체 왜 사람들이 그렇게 행동하죠?'라는 질문에 가깝습니다. 실물도 아닌 아바타의 옷을 사는 데 수십만 원을 쓰는 사람들이 이해가 되지 않는다는 것이지, 어떤 식으로 아바타의 옷에 디지털적인 가치를 부여하는지 그 원리가 궁금하다는 뜻이 아닙니다.

이와 관련된 상식이 바뀌어야 지금의 기술적인 진보도 이해할 수 있어요. 그래서 NFT의 정의나 개념을 설명할 때는 기술적인 이슈만이 아니라 경제, 사회, 심지어 문화까지 다 포함하여 총체적으로 다뤄야 합니다.

■ Q. NFT로 만들기만 하면 이 책의 초고도 자산 가치가 있을까요?

NFT의 정의는 메타버스처럼 다양하거나 다층적이지 않습니다. 사람마다 다른 것도 아니에요. 특정 기술에서 유래한 말이기 때문에 그 기술의 의미를 그대로 가지고 있죠. NFT는 'Non-Fungible Token'의 준말입니다. 직역하면 '대체 불가능한 토큰'인데, 실제로도 그런 의미입니다. 이 기술의 성격을 가장 잘 말해주는 이름이죠.

토큰은 '일련의 문자열을 구분할 수 있는 단위'를 말하는데요.

디지털 파일이나 코드 같은 것들에 토큰을 붙여서, 이 파일이나 코드는 여타의 것과 다른 것이라는 구분을 할 수 있게 해주는 기술이 바로 NFT입니다. 만약 NFT라는 용어의 사용에서 헷갈리는 구석이 있다면, 사용 과정에서 기술이 아닌 물건처럼 지칭하다 보니 그렇게 된 겁니다. 예를 들어 A라는 그림 파일을 샀을 때 친구에게 "A라는 그림 파일을 NFT화한 그림을 샀어"라고 이야기하지는 않잖아요. "A NFT를 샀어"라고 말하죠. 이처럼 NFT에는 가상자산이라는 개념이 덧붙여져서 쓰이고 있어요. 즉 NFT는 원래 '가상자산을 만드는 기술'을 일컫는 말인데, 지금은 '디지털 가상자산'이라는 말 자체로 의미가 확장되어 쓰인다는 얘기죠.

그러면 NFT가 만들어낸 가상자산은 무엇인지도 알아볼 필요가 있겠네요. 일단 디지털 파일이나 코드가 자산이 된다는 개념이 성립할 수 있느냐가 문제가 되겠죠. 저는 이 책의 원고를 '한글' 프로그램으로 작성했습니다. 당연히 'hwp'라는 파일 형태로 저장되겠고요. 그런데 이 초고에 과연 자산 가치가 있을까요? 자산 가치라는 건 쉽게 말하면 누군가가 돈을 주고 살 만하냐는 거잖아요. 이 초고가 책으로 발표되기 전이고 책이 대박을 칠 확률이 보장된다면 초고를 돈 주고 사려는 사람도 있겠죠(생각해보니 출판사가 그런 사람인 셈이네요). 하지만 책도 이미 나온 상태이고 자필 원고도 아닌 한글 파일이라면 이 초고는 가치가 없습니다. 복사만 하면 똑같은 파일이 무한히 생성되니까요.

같은 파일을 몇십 개든 몇백 개든 돈도 안 들이고 만들 수 있기 때문에 비용을 지불하고 이 초고 파일을 사갈 사람은 없을 겁니다. 그런데 제가 초고를 원고지에 직접 썼다고 해봅시다. 그러면 이 초고는 세상에 하나밖에 없는 자필 원고가 되겠죠. 그러면 사갈 사람이 있을까요? 그래도 없을 것 같긴 합니다만, 그래도 만에 하나 이 책이 초특급 베스트셀러가 됐고, 제가 불행하게도 일찍 (한 120살 정도에) 죽었다고 한다면 구매 의사를 가진 사람이 몇 명쯤은 생길 것입니다. 더는 비슷하게 만들어질 여지가 없으니까요. 그럴 때 자산으로서의 가치를 가지게 되죠.

이렇게 본다면, 자산 가치라는 것은 단지 '초특급 베스트셀러의 초고다'라는 의미에서 만들어지는 게 아닌 거죠. 무한정 복사할 수 있다면 아무런 가치가 없거든요. 그게 하나뿐이기 때문에 자산 가치가 생기는 겁니다. 그래서 자산 가치의 핵심은 '희소성'이라는 것을 알 수 있습니다. 경제학에서도 상품의 가격이 오르는 이유는 희소성 때문이라고 하잖아요.

NFT는 디지털 파일이나 코드에 희소성을 부여하는 기술이자, 그렇게 만들어진 가상자산을 말합니다. 원래는 무한정 복사할 수 있어서 아무 가치가 없는 디지털 결과물에 복사가 불가능한 이름표를 달아줌으로써 희소성을 창출하는 겁니다. 무한대로 생산된 똑같은 조각상 중 하나라고 하면 의미가 없지만, 그 조각상 밑에 제목을 적은 표식이 달려 있다고 생각해봅시다. 예컨대 #456, 그러니까 456번 조각상이라고 하면 그 많은 조각상 중에서 딱 하나밖에 없는 조각상이 되는 거죠. 456이라는 숫자가 마음에 들어 구매하려는 사람에게는, 똑같이 생긴 조각상이 여러 개 있지만 나머지는 아무 의미가 없는 거예요.

그래서 NFT가 '대체 불가능' 토큰인 겁니다. 디지털 파일이나 코드에 복사하거나 바꿔치는 게 불가능한 토큰을 달아서 그 하나하나를 대체 불가능한 것으로 만드는 거죠. 복사가 불가능한 것은 아닙니다. 복사는 여전히 되고, 그림 파일이라면 캡처 같은 것으로도 얼마든지 똑같은 파일을 만들어낼 수 있죠. 하지만 토큰만큼은 그럴 수가 없어요. 그렇게 획득한 희소성이 바로 자산 가치를 만들어내는 겁니다.

▪ Q. NFT의 희소성은 왜 돈이 될까요?

어떤 물건의 쓰임새가 아니라, 단순히 희소하다는 이유로 돈을 지불한다는 것이 말이 안 된다고 생각하는 사람이 많을 거예요. 하지만 잘 생각해보면, 우리가 돈을 주고 무엇을 살 때는 희소성이 중요한 가치 기준이 된다는 것을 알 수 있습니다. 예를 들어 생필품 같은 것은 희소성이 아니라 그 물건의 쓰임새에 가치가 있다고 생각하겠지만, 그 물건을 쉽게 구할 수 있다면 굳이 돈을 지불할 필요가 없습니다.

공기를 생각해보세요. 우리가 살아가는 데 꼭 필요한 요소지만, 대기 중에 흔하게 존재하기 때문에 자산 가치는 없습니다. 그래서 상품으로 나오지도 않죠. 물도 그렇습니다. 호숫물이나 빗물에는 가치를 붙이지 않습니다. 편의점에서 500밀리리터에 900원이나 받고 파는 물은 뭐냐고 물을 수도 있지만, 그건 '깨끗한 물', '안심하고 먹을 수 있는 물'이라는 이미지 덕분에 희소성이 부여된 것입니다. 예를 들어 '에비앙'은 '프랑스 동부 알프스 산자락에 있는 에비앙 마을에서 빙하가 녹아 생성되는 호숫물'이라는 희소성이 붙습니다. 그래서 500밀리리터에 1600원이나 하는 겁니다.

그러니까 현실 세계의 물건 역시 필요가 아니라 희소성에서 가치가 생겨나는 것입니다. 공기는 너무나 필요하지만 희소하지 않기 때문에 공짜이고, 금은 살아가는 데 큰 필요는 없지만 희소하기 때문에 가치를 가지는 거예요.

디지털 자산이나 메타버스의 아바타 같은 것을 구입하면, 현실에서는 쓸 데도 없는 것에 돈을 쓴다며 이해를 못 하겠다는 분들이 많습니다. 그렇다면 금은 도대체 어디에 쓰려고 사는 걸까요? 금두꺼비를 만들려고요? 그럼 그 금두꺼비는 어디에 쓸까요? 결국 집 안에 모셔놓거나 가끔 자랑하는 것밖에는 쓸 데가 없습니다. 오히려 아바타 옷을 사는 데 돈을 들여서 남들에게 내 아바타를 자랑하는 것이 훨씬 유용한 일일 수도 있습니다.

희소성이 가치를 만들고 측정하는 중요한 요소라는 것을 알았다면, 공기처럼 무한정 많을 수 있는 디지털 자산이 NFT화하면서 세상에서 유일무이한 자산이 된다는 게 왜 경제의 패러다임을 바꾸는 중요한 일인지 이해했으리라 봅니다. NFT는 돈이 안 되는 디지털 세상을 그야말로 돈이 되는 세상으로 만들어내는 기술인 것입니다. 메타버스로 구현될 디지털 세계를 실제로 경제활동이 가능한 세상으로 만드는 기술이죠.

■ ## Q. NFT의 시대에는
왜 창작자가 각광받게 되나요?

인터넷을 지배하는 것은 인터넷 독재자들입니다. 주로 플랫폼 기업들이죠. 세계적으로 구글·메타·애플이 최강자이고, 우리나라에는 네이버·카카오 같은 기업들이 있습니다. 이런 기업들이 자사 플랫폼에 유저들을 끌어모으는 방법은 콘텐츠입니다.

예를 들어 서울 인사동의 조그만 갤러리에 사람들이 많이 찾아오게 하고 싶어서, 그 갤러리 주인이 '미친 척'하고 피카소의 그림을 빌려와 한 달간 전시를 했다고 합시다. 아마 전시 첫날부터 관람객이 미어터질 겁니다. 갤러리 규모에 비해 엄청난 인파가 몰리겠죠. 이처럼 플랫폼에 사람이 들어오게 하고 머물게 하는 것은 콘텐츠의 힘입니다. 그런데 다른 데서 빌려온 피카소의 작품은 한 달 뒤에 원래 주인에게 돌려줘야 하니, 피카소 때문에 갤러리를 찾았던 사람들은 거기에 다시 올 이유가 없어지고 말죠. 몇몇 사람 빼고는 대부분 콘텐츠와 함께 빠져나가서, 갤러리 주인은 이번에는 미친 척하는 정도가 아니라 진짜로 미쳐버릴 것입니다.

그런데 만약 피카소의 그림에 주인이 없다면 어떻게 될까요? 돌려줄 필요가 없는 그림이기 때문에 갤러리 주인은 계속 그 그림을 전시하고, 결과적으로 관람객 수를 유지할 수 있을 겁니다. 한번 재미를 본 갤러리 주인은 주인 없는 다른 작품들을 계속 가져다가 전시할 것이고요. 그중에는 피카소처럼 파급력 있는 작가도 있고, 무명 작가의 작품도 있겠죠. 그쯤 되면 갤러리도 제법 커졌을 겁니다. 피카소의 작품을 전시해서 돈 좀 벌었을 테니까요. 피카소 때문에 갤러리를 찾은 사람들 중 누군가는 이름도 잘 모르는 작가의 작품을 우연히 보고, 거기에 꽂혀서 앞으로 그 갤러리를 계속 찾게 될 수도 있습니다. 이것이 바로 오늘날 거대 플랫폼들이 구사하는 전략입니다. 흔히 하는 말로 '니가 뭘 좋아하는지 몰라서 다 준비했어'인 거죠.

이렇게 거대 플랫폼들이 '다 준비할 수' 있었던 이유는 디지털 저작권이 모호해서라고 할 수 있어요. 좋은 콘텐츠를 플랫폼에 올리면 그 콘텐츠는 눈 깜짝할 사이에 다른 플랫폼에 복사되고 모방됩니다. 실제로 누군가가 정말 재미있는 사진을 인스타그램에 올리면, 곧장 페이스북이나 네이버 블로그, 카카오톡 같은 곳에 복사되면서 순식간에 퍼지잖아요. 나중에 그 사진의 주인이 자신을 원작자라고 밝혀도 딱히 증명할 길도 많지 않고, 그에 대한 보상 체계 역시 없습니다. 그래서 콘텐츠를 만드는 크리에이터보다 그 콘텐츠를 실어 나르는 플랫폼들이 힘을 독점할 수 있었던 것입니다.

그런데 NFT는 원작자가 누구인지를 증명할 수 있어요. 디지털 파일에 소유자를 표시할 수도 있죠. 누군가가 인터넷에 돌아다니는 '짤(인터넷상에서 떠도는 사진이나 그림 따위)'을 가져다 썼다고 해봅시다. 이때 그 짤이 NFT라면 원본의 소유자가 누구인지 확실하게 알 수 있기 때문에 저작권이나 사용권의 문제를 협상할 수 있습니다. 예를 들어 크리에이터는 엄청나게 히트한 자신의 사진이나 글, 음악, 영상 같은 파일들을 A 플랫폼에서는 전부 내리고, 오직 B 플랫폼에서만 유통시키라고 말할 수 있는 길이 열리는 겁니다. 이러면 콘텐츠는 온전히 크리에이터의 것이 됩니다. **플랫폼에 사람을 불러들이는 것은 결국 콘텐츠이기 때문에, 결과적으로 크리에이터들이 플랫폼의 독점 권력을 빼앗아올 수 있는 거죠. 이를 '디지털 민주화'라고도 할 수 있겠습니다.** 앞으로의 비즈니스는 플랫폼 중심에서 콘텐츠 중심으로 바뀔 겁니다. 그런 면에서도 NFT는 혁명적인 기술입니다.

기술적으로는 이런 현상을 '웹 2.0 시대에서 웹 3.0 시대로 넘어가는 것'[1]이라고 말합니다. 모두가 참여해 정보를 만들고 공유하는 웹 2.0 시대에는 소수의 플랫폼 기업이 정보와 권력을 독점했습니다. 하지만 웹 3.0 시대에는 블록체인을 기반으로 탈중앙화된 네트워크에 데이터를 분산 저장한 후 관리하므로, 데이터의 소유권을 개인이 통제할 수 있어요. NFT가 바로 웹 3.0을 구현해주는 중요한 도구인 것입니다.

1강

NFT에 올라타기

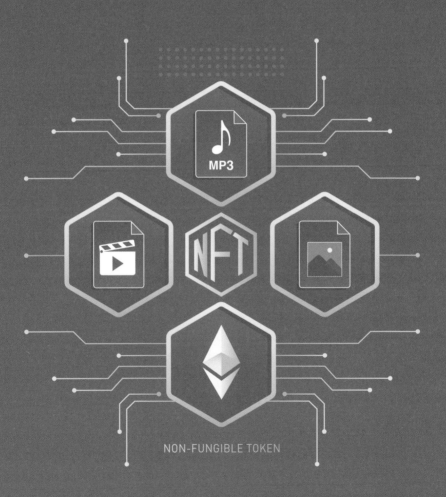

NON-FUNGIBLE TOKEN

NFT×기술

NFT는 어떻게 작동할까?

■ 블록체인의 탄생과 분산원장

NFT는 블록체인 기술을 활용해서 디지털 파일에 토큰을 다는 식으로 구현됩니다. 디지털 자산에 고유한 일련번호를 붙여서 그것을 현실 세계는 물론 디지털 세계에서도 유일무이한 것으로 만드는 거죠. 블록체인은 그야말로 NFT에 날개를 달아주는 기술입니다. 왜 그런지 알려면 일단 블록체인을 이해해야 합니다.

블록체인은 비트코인이 뜨면서 사람들에게 알려졌죠. 비트코인은 2008년에 일어난 금융위기가 사실은 중앙통제적인 금융 시스템 때문이라는 것을 깨달은 사람들의 열망하에 탄생한 통화입니다. 따라서 비트코인의 원래 의미는 '투자로 큰돈을 벌어보자'가 아니라 '금융 시스템을 민주화하자'에 있습니다.

블록체인은 '분산원장' 기술을 기반으로 거래를 구현합니다. '원장'이란 거래 기록을 말합니다. 보통은 거래를 보증하는 믿을 만한 중개자가 그 기록을 보관하기에 기업이나 정부, 은행 등이 거래의 주체가 되죠. 그런데 분산원장은 말 그대로 원장이 사람들에게 나뉘어서 보관됩니다. 관리 역시 사람들 사이의 합의를 통해 이뤄지죠. 그래서 '탈중앙화'라고 합니다. 기존 거래가 중개자들이 거래를 움켜쥐고 좌지우지할 수 있는 것이었다면, 블록체인 기반 거래는 중간자를 빼버리고 거래 당사자끼리 만나 계약을 체결하고 그것을 모든 유저가 지켜보면서 인증하는 것입니다. 왕을 빼버리고 시민들끼리 사회 계약을 맺는 것, 이것이 민주주의잖아요. 그래서 블록체인을 금융의 민주화라고 할 수 있습니다.

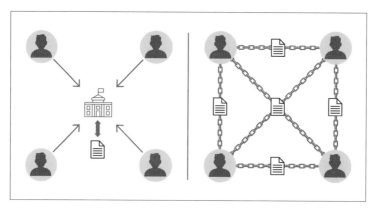

중앙집중형 네트워크　　　　　탈중앙화된 블록체인의 네트워크

'블록'은 거래 정보가 담긴 단위인데요. 거래가 이루어지면 참여자들에게 블록을 전송하고, 그 거래의 타당성을 반 이상이 인증하면 거래가 승인되면서 거래가 이루어집니다. 그 블록들이 체인을 이루어 연결되기 때문에 블록체인이라고 부르죠. 이것이 바로 '블록체인'으로 대표되는 1세대 블록체인의 특징입니다.

■ 2세대 블록체인의 핵심, 스마트 계약

블록체인이 거래에서 더 중요한 역할을 차지한 것은 '이더리움'으로 대표되는 2세대 블록체인이 론칭되면서부터입니다. 2세대 블록체인은 조건이 수반된 자동 거래를 가능하게 합니다. 이를 '스마트 계약Smart Contract'이라고 하는데, 스마트 계약을 거래 조건에 넣어 자동으로 거래가 체결되게 합니다. 이해하기 쉽도록 부동산 매매에 이 방식을 적용해보겠습니다. 부동산 거래를 할 때는 확인해야 할 게 한두 가지가 아니죠. 보통은 거래 당사자가 이것들을 전부 다 알아봐야 하는데, 전문적인 지식이 없으니 공인중개사에게 맡깁니다. 따라서 공인중개사의 역할은 집을 보여주는 것으로 끝나는 게 아니라 거래가 이루어질 때 잘못되지 않도록 가이드를 주고 보증해주는 것까지가 중요합니다.

그런데 스마트 계약에서는 이런 조건들이 전부 충족돼야 계약이 이루어지도록 아예 처음부터 짜여 있어요. 행정적이고 금전적인 증명이 있어야 실제 거래가 일어나게 되어 있으니 거래가 투명하고 안전해지죠. 중개자가 없기 때문에 수수료도 절약되고 거래 기간도 단축됩니다. 블록체인상의 거래는 기본적으로 이런 스마트 계약을 전제로 합니다.

그 결과 블록체인 거래는 크게 두 가지를 달성하게 되는데, '신뢰'와 '단축'입니다. 중개자 없이 거래 당사자들 간에 직접적인 거래가 이뤄지고, 거래 과정에서 발생하는 불필요한 비용이 모두 절감되죠. 그리고 미리 설정한 일정 조건이 충족돼야 계약이 체결되기 때문에 누군가가 중간에 끼어 있는 것보다 더 높은 신뢰도를 가지게 됩니다.

이런 두 가지 특성을 이해했다면 이것이 산업적으로 얼마나 무궁무진한 응용 가능성이 있는지도 짐작할 수 있을 겁니다. 예를 들어 블록체인 거래를 통해 딸기를 구매한다고 해볼까요? 블록체인에는 딸기를 재배하기 위해 쓴 방법을 포함하여 수확 후 구매자에게 도착하기까지 거치는 모든 유통 과정이 기록됩니다. 이때 재배 과정에서 농약을 썼다면 아예 계약이 체결되지 않게 조건을 설정할 수도 있어요. 어느 정도 기간 내에 유통된다 등과 같은 정보의 처리도 자동으로 진행됩니다. 그렇다면 내가 그 딸기를 살 수 있다는 사실만으로도 안전하고 좋은 상품이라는 점이 증명된 것이나 마찬가지죠. 게다가 구매 과정에서 품질이나 유통에 대해 보증해주는 명목으로 떼어가는 중간 마진이 없어지므로 가격도 합리적이 되고 구매까지 걸리는 기간도 단축됩니다.

블록체인, NFT에 날개를 달다

블록체인을 이해했다면 이것이 디지털 자산에 적용될 때 왜 그것의 효용성이 배가되는지 이제 어느 정도 이해가 갈 겁니다. 현실 세계에서의 현물은 중간에서 누군가 장난을 치더라도 어쨌거나 물품의 형태로 남아 있으니까 조금은 안심이 됩니다. 그런데 디지털 자산은 그것을 통제하는 중앙에서 어떤 결정을 내려 한순간에 무無로 만들어버릴 수도 있습니다. 극단적으로 보자면, NFT가 높은 가격에 팔렸다고 하더라도 거래 기록을 조작해서 그 거래를 없었던 것으로 할 수도 있다는 얘기입니다.

하지만 거래 기록을 분산원장의 형태로 저장하면 그런 위험을 원천적으로 차단할 수 있습니다. 아무도 컨트롤하지 않지만 모든 사람이 동시에 지켜보면서 거래를 보증하고 간접적으로 거래에 참여하기에 자신이 거래한 디지털 자산에 확신을 가질 수 있습니다. 어떤 디지털 자산이 누구의 것이라는 사실을 거래에 참여한 모든 사람이 보증하니까요.

그림 파일이나 사진 같은 디지털 자산이 하나 있다고 해봅시다. 이 자산에 고유한 일련번호인 토큰을 달아, 즉 NFT로 만들어 소유합니다. 그리고 그 소유권을 블록체인에 기록하는 거죠. 그러면 다른 사람이 그것을 복사해가더라도 그 디지털 자산이 자신의 소유임을 블록체인상의 모든 사람이 증명해줍니다. 이를 간단한 도식으로 이해해볼 수 있습니다.

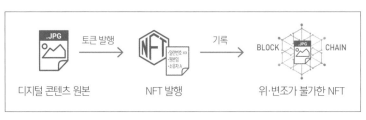

디지털 파일에 NFT가 붙는 과정

이때 소유권을 다른 사람에게 넘기면 블록체인에 그 사실이 기록되고, 이 역시 블록체인상의 모든 사람이 보증해줍니다. 따라서 돈을 주고 NFT를 샀다면, 새로 산 사람은 확실하게 자신의 소유임을 보장받을 수 있죠.

게다가 2세대 블록체인을 쓰면 조건이 수반된 스마트 계약이 가능해진다고 했잖아요. 그 거래 조건에 '거래가 한 번 일어날 때마다 몇 퍼센트를 원작자에게 준다'라고 해놓으면, 최초의 주인은 이후 거래가 일어날 때마다 계속 수익을 나눠 받게 됩니다. 실제로 디지털 아트에서는 대개 거래가 일어날 때마다 거래대금의 일정 정도가 원작자에게 돌아가도록 조건이 설정되어 있습니다. 전통적인 그림 거래에서는 경매가가 100억 원이라고 해도 원작자에게 득이 될 건 없었죠. 물론 명성은 올라가겠지만, 직접적인 수익을 얻진 못하니까요.

하지만 블록체인 기반의 스마트 계약에 따라 이뤄진 거래라면, 100억 원이라는 거래가 중에서 사전에 정한 비율에 따라 원작자에게도 수수료가 돌아갑니다. 이 비율은 처음 NFT를 발행할 때 직접 계약 조건에 넣을 수 있어요. 1%라고 하든, 10%라고 하든 자유입니다. 만약 10%로 정했다면, 10억 원 정도가 원작자에게 돌아가는 거죠. 그다음 거래에 그 작품이 200억 원이 됐다면, 약 20억 원이 또 돌아가는 거고요.

이 조건은 블록체인에 기록되어 있기 때문에 거래가 언제, 어디서 일어나는지를 원작자가 알지 못해도 일단 거래가 이루어지면 거래액 중 10%가 원작자의 통장으로 입금됩니다. 여러분, 혹시 ATM에서 잔액조회를 할 때 어디서 눈먼 돈이 날아와 내 통장에 꽂혀 있으면 좋겠다고 생각해본 적 없으신가요? NFT 작가가 되면 이런 일을 실제로 경험하게 될 겁니다. 물론 팔리는 NFT 작가인 경우에 말이죠.

NFT×인문·경제

NFT는 왜 가치가 있을까?

■ NFT 인문학: 디지털 세상의 아우라

NFT가 뭔지는 알겠는데, 그게 왜 이렇게 화제가 되는 건지 도대체 이해할 수 없다는 분들이 많을 겁니다. NFT가 세상에 하나밖에 없다는 '희소성'을 부여한다고 하는데, 디지털 자산이라는 건 복제가 가능하기 때문에 실제로 하나밖에 없지는 않거든요. 어쩌면 '세상에 하나밖에 없다는 기분'을 부여한다는 것이 더 맞는 게 아닐까 싶기도 합니다. 희소성만 가지고는 설명하기 힘든 무언가가 더 있는 듯합니다. 그래서 이런 의문을 조금 더 파고들어 NFT의 인문학적인 부분과 경제학적인 부분을 이야기해보겠습니다.

먼저 인문학적인 의미를 살펴보겠습니다. 반 고흐의 그림을 본적이 있나요? 대부분 한 번 이상은 봤을 겁니다. 프랑스나 뉴욕에 가서 진품을 보지는 않았다고 해도, 인터넷상에서 손쉽게 접할 수 있는 게 고흐의 그림들이니까요. 우산, 수건, 책 표지, 머그컵 같은 데서도 쉽게 만날 수 있고요. 고흐의 그림들은 상당히 많이 복제되고 가공되어 세상 곳곳에 널리 퍼져 있습니다.

예전에 제가 선물받은 그림 얘기를 해볼게요. 고흐는 아니고 마르크 샤갈의 작품입니다. 제가 고흐보다는 샤갈을 좋아한다는 것을 아는 지인이 선물한 그림입니다. 〈생일〉이라는 작품인데요, 샤갈이 아내의 생일을 맞이하여 그린 행복한 모습의 작품이죠. 당연히 진짜는 아닙니다. 〈생일〉을 인쇄해서 액자에 넣어 마치 진짜처럼 보이게 한 실제 사이즈 포스터입니다. 그런데 가만히 보고 있자면 원래 화가의 그림과 얼마나 큰 차이가 있나 싶기도 해요.

사실 전문가가 아니면 고흐의 그림과 고흐 그림을 전문가가 모사한 작품을 구분하긴 어렵습니다. 게다가 요즘은 전문 모사꾼도 필요 없고, AI가 딥러닝으로 학습한 화가의 화풍을 그대로 구현하니 더더욱 그렇습니다. 물론 원본을 보면 원본만의 기상이 있는 것 같은 느낌이 들긴 합니다.

예전에 발터 벤야민이라는 평론가가 원본에는 원본만의 '느낌적인 느낌'이 있다고 이야기했습니다. 그걸 그는 '아우라^aura'라고 불렀어요. 한 번쯤은 들어본 적이 있을 겁니다. 아우라는 독일식 발음이고, 영어로는 '오라'입니다. 성인이나 부처 등을 묘사할 때 뒤에 등장하는 후광도 '오라'라고 부르죠. 한국말로는 '영기靈氣'라고 번역하는데, 뜻이 잘 통하는 것 같지는 않습니다. 그래서 그냥 '아우라'라는 말 그대로 쓰이는 편입니다. '아우라'라는 말은 원본만이 가진 독특한 분위기, 고고한 그 무엇 정도로 해석돼요. 〈모나리자〉를 교과서나 책에서만 보다가, 파리의 루브르 박물관에서 원본을 보면 왠지 모르게 감격에 젖어 '아, 이게 진짜구나' 하고 보게 되는 그런 느낌이죠.

NFT는 '디지털 작품의 아우라'라고 보면 됩니다. 다만 예술 작품의 아우라라는 것은 우리가 그렇게 느낄 뿐 실제로 증명되는 것은 아닙니다. 게다가 사진과 미술은 구분이 가능해도, 원본을 그대로 모사한 복제본과 진품은 미술 전문가가 아니면 구분이 힘들잖아요. 그러니까 진품에서 아우라를 느낀다기보다는 '진품이라니까 진품인가 보다' 하는 게 보통이죠.

그런데 NFT는 '이게 바로 진품이다'라는 인증서를 작품에 달아 줍니다. 어떤 디지털 미술 작품이 있을 때, 그 작품에 '이것이 오리지널이다'라는 정보를 더한 다음 이를 블록체인 기술을 통해 많은 사람이 보증하는 것입니다.

■ 복제본이 많을수록 가치가 상승한다고?

미술 작품은 전문가가 아니면 진품임을 알아보기 어렵지만,

NFT는 정보를 보면 진위가 바로 파악되기 때문에 누구라도 진품
인지 아닌지를 알 수 있죠. 그런데 많은 분이 이런 의문을 가집니
다. 디지털 작품이라는 것은 복제가 가능하고 복제본과 원본 간에
별 차이가 없는데, 원본이라는 것이 가치가 있느냐 하는 거죠. 어쩌
면 미술 작품도 마찬가지 아닐까 싶습니다. 요즘엔 AI가 그림도 그
리는데, 고흐의 그림 그리는 패턴을 학습한 AI가 고흐의 그림을 똑
같이 그렸다면 일반인은 구분하기 어렵죠.

여기서 생각해봐야 할 점은 이것입니다. 복제된 그림이 여러 개
있으면 고흐 작품의 가치가 훼손되느냐 하는 거죠. 훼손되기보다
는 오히려 가치가 높아집니다. 작품이 널리 알려지고 유명해질수
록 고흐에 대한 평가도 높아지고, 그가 직접 그린 유일무이한 진품
은 더 큰 가치를 갖게 되죠.

즉 복제본이 많이 알려져서 그림이 유명할수록 오히려 원본의
가치는 상승합니다. NFT 작품 역시 마찬가지입니다. 어차피 파일
이라 복제가 가능해 순식간에 퍼질 수도 있기 때문에 위험하다고
생각하는 사람이 많은데요. 이는 디지털 자산이라고 하니, 자산이
라는 말에 집중해서 금덩어리와 헷갈리는 거예요. 내 금을 누군가
가 똑같이 복사해서 가지고 있다고 하면, 그리고 내 금이 아니더라
도 금이 세상에 너무 많아서 가치가 떨어지면 내가 가진 금덩어리
의 자산 가치도 하락하거든요. 그런데 디지털 자산에서 굳이 그런
류를 따지자면, 정보를 담은 문서 정도가 그럴 거예요. 같은 정보를
많은 사람이 알면 정보가 아닌 그냥 상식이 되죠. 정보가 값어치를

스티브 잡스의 자필 이력서
출처: RR Auction

갖지 못할 겁니다. 그래서 정보를 담은 문서에는 NFT가 안 붙어요.

NFT가 되는 것은 의미가 있는 것들입니다. 예를 들어 스티브 잡스가 쓴 첫 번째 이력서는 NFT로 만들어져 2만 3000달러에 팔리기도 했습니다. IT계의 신으로 떠받들어지는 '스티브 잡스의 첫 자필 이력서'라는 의미가 있기 때문에 이 NFT가 가치를 가지는 거죠.

이런 디지털 자산은 존재가 알려지는 것이 다음 경매에서 훨씬 유리합니다. 세상 사람들이 많이 알고 유명할수록 값어치가 오르니까요. 고흐는 살아생전에 그림을 한 점밖에 팔지 못했고, 사후에 『반 고흐, 영혼의 편지』라는 책이 베스트셀러가 되면서 순식간에 스타덤에 오른 화가입니다. 만약 어떤 부자가 고흐의 그림을 너무 좋아해서 그의 그림을 전부 사들여 집에서 혼자서만 감상했다면, 고흐의 그림은 당시 많은 무명 화가의 작품과 마찬가지로 지금 우리에게는 아무런 값어치가 없을 것입니다. 그 부자 외에는 고흐를 아는 사람이 없을 테니까요. 고흐가 세계적으로 유명해졌기 때문에 고흐의 그림에 자산 가치가 생긴 거죠.

NFT도 마찬가지예요. 알려지고 유명할수록 값어치가 오릅니다. NFT로 팔린 그림이나 물건들이 인터넷에서 큰 제재 없이 사용되는 게 그 때문입니다. 그런 자산을 가진 사람들로서는 자기 자산을 홍보해주는 것이나 다름없으니 제재할 이유가 없죠.

■ NFT 경제학:
디지털 가상자산에 대한 욕망

이번에는 경제학 측면에서 이야기를 해보죠. 우리가 물건을 살 때는 두 가지를 고려합니다. 사용성과 자산성이죠. 내가 사용하려고 사는 물건이 있고, 사두면 값이 오르리라는 기대를 안고 사는 것들도 있습니다. 놀랍게도 NFT는 이 두 가지 측면을 다 가지고 있습니다.

사용성이라는 이야기를 하면 디지털 자산인데 어떻게 사용성이 있느냐고 생각할 수 있지만, 아바타의 의류나 게임의 아이템 등은 가상세계에서 유용하게 쓰이는 것들입니다. 게다가 사용한다고 해서 가치가 떨어지는 것도 아니죠.

자산성은 NFT화된 디지털 아트, 음악, 영상들을 예로 들 수 있습니다. 실제 그림이 거래되는 것과 마찬가지로, 시간이 지나서 작가의 지명도가 올라가고 작품이 유명해지면 NFT의 가치도 오릅니다. 마치 금이나 비트코인을 가지고 있는 것처럼 자산적인 성격이 강하죠.

하지만 NFT를 이렇게만 이야기하는 건 조금 단순하게 본 것입니다. NFT에는 사용성과 자산성이 마주치는 지점에서 형성되는 조금 더 미묘한 특성이 있습니다. 다소간의 차이는 있지만, 소유욕은 인간이라면 누구나 가지고 있는 원초적인 욕구입니다. 그런데 자신의 소유를 다른 사람에게 알리는 것은 또 다른 문제입니다. 현금을 소유하고 있는 사람은 자신이 가진 현금의 양이 얼마인지 다른 사람에게 알려지는 걸 원치 않을 것입니다. 알려지면 여기저기 손 벌리는 사람들이 생기고 질투의 타깃이 될 수도 있는 데다, 심지어는 세무 조사를 받을 수도 있으니까요. 현금을 가지고 있다는 사실만으로도 내심 든든하고 마음이 편안해지면 그만이지, 이것을 굳이 다른 사람들에게 널리 알릴 필요는 없겠죠.

집을 소유하고 있는 사람은 반반입니다. 자신만의 사생활을 지키고 싶어 하는 사람은 자신의 집을 SNS 같은 곳에 올리지 않습니다. 반면 자신의 집을 자랑하고 싶어 하는 사람들은 '오늘의 집' 같은 앱에 사진과 영상을 올려 한껏 꾸민 인테리어를 자랑하기도 합니다.

NFT 자산은 '자랑해야 하는 소유물'입니다. 다른 사람들에게 보여 널리 알려져야 자산의 가치가 유지되고 상승할 수 있기 때문이죠. NFT를 누구나 팔 수 있다고 해서 아무나 팔 수 있는 것은 아닙니다. 말하자면 자신의 사진을 NFT화해서 NFT 거래 사이트에 올려놓으면 판매 가능성은 생기지만, 실제 그것을 사가는 사람이 없으면 팔리지는 않는다는 말이죠.

다른 사람의 소유욕을 자극하고 싶다면 그 작품이 어떤 의미가 있는지 설명해야 합니다. '세상에서 유일한 당신만의 것'이라는 서사 외에도 그 디지털 자산이 가진 스토리가 있을 때, 팔리는 NFT가 됩니다. 그리고 무엇보다 유명하면 팔립니다. 사람들 입에 오르내리면 그것을 소유하고 싶어 하는 사람들이 생기고, 그들이 경쟁을 하면 자산으로서의 가치가 상승하죠. 희소성은 물건의 수를 줄여서 만들 수도 있지만, 사고 싶어 하는 사람의 수를 많게 해서 만들 수도 있어요. 그래서 유명 연예인의 작품이나 포토카드, 잘 알려진 웹툰, 애니메이션, 드라마 등이 NFT화됩니다.

현실에서 나이키가 한정판을 만드는 것과 비슷한 이유입니다. 사용성 측면에서 볼 때 운동화는 세일을 잘만 이용하면 3만~4만 원대에도 충분히 신을 만한 것을 살 수 있습니다. 그런데 10만 원이 넘는 신상품을 사는 건, 심지어 20만~30만 원짜리 한정판을 사는 것은 단순히 사용성만 따지지 않기 때문입니다. 사용성으로만 보면 리셀resell(재판매) 시장에서 한정판 중고품이 200만~300만 원하는 것을 설명할 수 없습니다.

명품도 마찬가지죠. 지유GU라는 브랜드에서 영화사들과 협력한 '그래픽 필름 로고 티셔츠' 시리즈를 발매했는데, 그중 파라마운트 영화사의 티셔츠가 인터넷에서 화제가 된 적이 있습니다. 왜냐하면 명품 브랜드 구찌Gucci에서 그것과 거의 비슷한 디자인의 티셔츠를 발매한 적이 있었거든요. 둘 다 파라마운트 로고를 썼기 때문에 디자인은 완전히 똑같다고 보면 됩니다. 차이점이 약간 있었는데, 구찌 제품에는 티셔츠 뒷면에 구찌 로고가 크게 박혀 있었다는 거예요. 그런데 가격 차이는 '약간'이 아니었습니다. 지유의 티셔츠는 발매 시에 853엔이었어요. 한화로 환산하면 9000원 정도입니다. 그런데 구찌의 티셔츠는 590달러로, 70만 원 가까이 됩니다. 77배가 넘게 차이 나죠.

NFT가 만들어주는 디지털 가상자산은 단순히 소유욕을 자극한다고 해서 되는 게 아닙니다. 과시하고 싶다는 욕망, 구별되고 싶다는 욕망, 자랑하고 싶다는 욕망을 자극해야 합니다. 구찌와 지

구찌의 파라마운트 로고 티셔츠(앞과 뒤)와 지유의 티셔츠(오른쪽)
출처: 구찌, 지유 홈페이지

유의 옷을 품질이나 디자인으로 비교하는 것은 의미가 없습니다. 사람들은 구찌를 입는다는 사실 자체에 돈을 지불하는 거거든요. 다시 말해 구찌는 티셔츠를 파는 것이 아니라 '구찌의 티셔츠를 입는다'라는 서사를 파는 것입니다. 그래서 명품들은 브랜드 스토리나 이미지, 매장 관리 등에 돈을 쏟아붓죠. 고객들이 자랑할 만한 브랜드로 관리하는 거예요.

■ 소유와 소유권 사이 어디쯤

NFT 가상자산화의 성패는 이 미묘한 지점을 잘 이해하는 데 달려 있습니다. NFT를 컬렉터블, 그러니까 수집품으로만 이해하고 접근하는 사람들이 있는가 하면, 암호화폐처럼 이해하고 뛰어드는 이들도 상당수입니다.

컬렉터블은 소유에 대한 욕망이 어느 정도 있지만, 암호화폐는 소유권에 대한 욕망이 있을 뿐 대상 자체에는 그다지 관심이 없습니다. NFT를 시장의 관점에서 보자면 이런 고객들이 섞여 있는 곳이라고 할 수 있습니다.

그래서 NFT 자산은 그 중간 어디쯤에 좌표를 찍습니다. 암호화폐는 그저 시장의 움직임에 따라 가격이 정해지고, 그 등락에 맞춰 보유하고 있는 것을 팔거나 살 뿐입니다. 하지만 컬렉터블은 작가의 이름값, 이미지, 현재 상황 그리고 시장에서의 인기나 반응, 커뮤니티 활동 등 다양한 요인에 의해서 가격이 결정됩니다.

자신이 NFT로 발행한 디지털 아트의 가격을 높이고 싶은 작가라면 그냥 그림을 파는 것이 아니라 그림이 나오기까지의 스토리, 이미지, 브랜드를 파는 것이라고 생각해야 해요. 실제로 잘나가는 작가들은 자신의 그림을 산 사람들을 위해 또 다른 그림 작품을 선물하거나 이벤트를 만들어 커뮤니티를 형성합니다. 그 그림을 가지고 있다는 사실이 작가와 유대감을 형성하고 있다는 느낌을 주거든요. 이런 것들이 NFT 자산의 가치를 높여줍니다.

달리 말해 NFT를 소유하고 싶은 사람이라면 이런 부분까지 잘 고려해서 살 필요가 있는 거죠. NFT 초창기에는 그저 유명하다는 이유만으로 웹툰, 드라마, 예능, 영화, 연예인 관련 작품 등이 NFT화된 자산으로 팔리기 시작합니다. 그런데 이런 지점을 이해하지 않고 그냥 디지털 파일을 NFT화해서 판매만 하면 초창기에는 어느 정도 팔 수 있지만, 무수히 많은 NFT가 등장하는 시점에는 금방 경쟁력을 상실하게 됩니다.

신기하고 새로운 기술이라는 생각에 유저들이 지갑을 여는 건 1~2년일 거예요. 시간이 갈수록 세계관을 만들고, 스토리를 입히고, 유저들과 소통하는 인문학적 접근 그리고 수요와 공급을 이해하고 마케팅과 브랜드 관리에 집중하는 경제학적 접근이 동시에 이루어져야 성공할 수 있습니다.

억 소리 나는 NFT의 역사

■ NFT의 시발점: 크립토펑크

NFT 중에서 크립토펑크CryptoPunks2가 첫손가락에 꼽힌다는 것
은 누구도 부인할 수 없습니다. 그 전에도 디지털 아트를 거래하려
는 시도는 있었지만, 오늘날 NFT라는 개념을 처음 적용한 프로젝
트는 크립토펑크라고 할 수 있습니다.

크립토펑크는 매트 홀Matt Hall과 존 왓킨슨John Watkinson이 만든 라
바랩스Larva Labs가 2017년에 시작한 프로젝트입니다. 회사 이름에
들어간 '랩스'는 연구소라는 뜻인데요, 실제로 여러 가지 실험적인
프로젝트를 수행하고 있습니다. 이 회사의 대표적인 실험 프로젝

트 중 하나가 바로 크립토펑크예요.

크립토펑크라는 어마어마해 보이는 이름에 비해 실제로는 8비트 스타일, 그러니까 지금 그래픽 기준으로 보면 옛날 저해상도 화질 같은 느낌의 얼굴 아이콘일 뿐인데요. 중요한 것은 이 1만 개의 얼굴들이 모두 다르게 생겼다는 거예요. 더 정확하게 말하자면 얼굴은 같은데 수염, 모자, 안경, 파이프, 머리색 등의 조합이 다 다른 거죠. 이것들은 6039명의 남자와 3840명의 여자 아이콘으로 이루어져 있고, 나머지 121개는 사람이 아닙니다. 좀비 88개, 유인원 24개, 외계인 9개로 구성되어 있습니다.

눈치채셨겠지만 9개밖에 없는 외계인 캐릭터가 가장 비쌉니다. 2021년 11월 기준 최고가로 판매된 1위, 2위가 바로 외계인입니다. 둘 다 4200이더리움(혹은 이더^{ETH}. 이더리움의 기본 통화)에 판매됐는데요. 1위와 2위가 갈린 이유는 거래가 이루어질 때 이더리움의 시세 때문입니다. 2021년 11월 이더리움과 달러 환율을 기준으로 한화로 환산하면 231억 원 정도 됩니다.

놀라운 것은, 처음 시작은 아주 미약했다는 거예요. 처음 크립토펑크들을 세상에 내놓을 때는 1만 개 중에 9000개를 무료로 풀었어요. 그런데도 사람들이 안 가져가서 줍는 사람이 임자였죠.

그리고 오늘날 NFT를 만드는 데 쓰이는 ERC-721 토큰 프로토콜을 쓰지 않고, ERC-20으로 작업을 했습니다. 이게 무슨 말이냐 하면, 우선 ERC는 'Ethereum Request for Comments'의 약자입니다. 우리가 대체 불가능한 토큰이라고 이야기할 때 이더리움 기

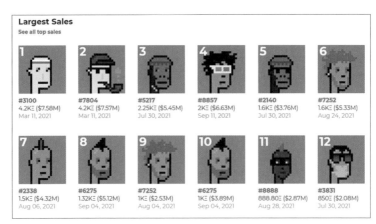

다양한 크립토펑크들
출처: 라바랩스

반에서는 ERC-721 토큰을 가리킵니다. 반면 ERC-20 토큰은 대체가 가능합니다. 라바랩스는 크립토펑크를 만들기 위해 ERC-20 코드를 수정하면서 작업했고, 겨우겨우 대체 불가능한 품목들을 만들어낼 수 있었습니다. 이런 과정이 있었기 때문에 대체 불가능한 토큰이 필요하다는 자극을 받을 수 있었고, 그에 따라 ERC-721을 개발할 수 있었던 거죠. 조금 더 쉽게 말하자면, 크립토펑크를 만들다가 좀더 시스템적인 것이 필요하다고 생각해서 대체 불가능한 토큰을 개발했고 그것이 오늘날 NFT라는 개념의 핵심이 됐다는 겁니다. 그런 면에서라도 크립토펑크는 NFT의 시발점이라는 평을 듣습니다.

오늘날 3D에 성교한 그래픽이 넘치는 가운데서도, 언뜻 팩맨이나 갤럭시 같은 오락실 게임 캐릭터로 보이는 작품들이 왜 이렇게 비쌀까 하는 생각이 들지 않나요? 앞서 설명한 것처럼, 크립토펑크의 의미가 남다르기 때문에 명품 같은 느낌도 있는 거죠. NFT 시장이 워낙 급변하므로 NFT계의 1년은 일반적인 시간의 10년과 같다는 이야기도 있습니다. 그렇다면 2017년에 시작한 크립토펑크는 NFT계의 시계로 치자면 40~50년은 됐다는 거잖아요. 골동품을 수집하는 듯한 느낌도 있는 거죠.

■ 최초의 NFT 게임: 크립토키티

오늘날 크립토펑크 못지않게 유명한 또 하나의 프로젝트는 크립토키티CryptoKitties3입니다. 일명 '고양이 게임'이죠. 캐나다에 있는 엑시엄젠Axiom Zen이 시작했는데, 여기서 분사되어 나온 것이 바로 대퍼랩스Dapper Labs입니다. 대퍼랩스는 NFT 사업을 주력으로 하고 있죠.

크립토키티 프로젝트는 2017년 10월에 테스트 버전을 공개하고, 12월에 정식 서비스를 출시했어요. 크립토펑크가 같은 해 6월에 시작했으니까 시간적으로 보자면 불과 4~6개월 차이지만, 확실히 크립토키티는 진화를 했습니다. 대체 불가능한 토큰이라는 말에 어울리는 ERC-721 토큰 프로토콜을 사용한 것입니다.

크립토키티는 서로 다르게 생긴 고양이들을 수집하는 것이 기본인데, 여기에 게임성을 집어넣었어요. 그래서 '최초의 NFT 게

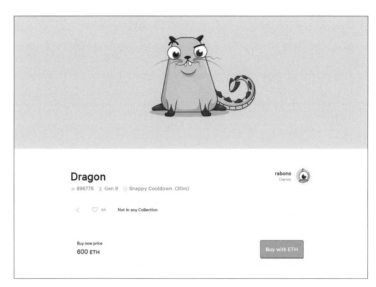

가장 비싼 크립토키티인 크립토키티 드래곤(2021년 11월 기준)
출처: 크립토키티

임'이라고도 일컬어집니다. 서로 다른 고양이들을 교배해서 새로운 고양이들을 얻게 하는 건데, 핵심은 이때 태어나는 새로운 고양이 역시 기존의 고양이들과 다르게 생겼다는 겁니다. 만약 희귀한 고양이가 탄생하면, 이들을 장터에서 이더리움으로 거래할 수 있습니다. 그야말로 세상에 하나밖에 없는 나만의 고양이를 가지게 되는 것인데, 가격이 어마어마합니다. 지금까지 최고가에 거래된 고양이는 크립토키티 드래곤인데요, 600이더리움입니다. 2021년 11월 시세로 무려 33억 원 정도입니다.

하지만 크립토키티는 최근 들어 '몰락했다'는 소리를 들을 정도로 거래가 활발하지 않습니다. 홈페이지에 들어가 보면 아주 평범한 고양이들의 경우 0.005이더리움에 팔려고 올라와 있는 것을 많이 볼 수 있어요. 한화로 3만 원이 좀 안 되는 가격입니다. 블록체인 데이터 업체인 댑레이더Dappradar에 따르면, 2021년 11월 기준 하루 이용자가 41명입니다.[4] 2017년 론칭 당시는 하루 활성 사용자 수가 1만 4914명에 달하기도 했는데,[5] 그에 비하면 '몰락'이라는 표현이 지나친 것도 아니죠.

크립토키티의 문제는 크립토키티 자체보다는 퍼블릭 블록체인인 이더리움의 문제입니다. 일단 이더리움이 무척 느리고 불안정하다는 지적은 늘 있었고, 더 중요한 점은 번식이나 거래가 한 번 발생할 때마다 이더리움에 꼬박꼬박 수수료를 지불해야 한다는 것입니다. 이 게임은 사실상 교배해서 거래를 하는 것이 다인데, 한 번 게임을 할 때마다 돈을 계속 내야 한다는 얘기거든요.

이후 이루어지는 비슷한 프로젝트에서는 이더리움 체인에 사이드 체인side chain을 덧붙인다든가, 다른 체인을 쓰는 방법으로 해결책을 찾았지만, 초창기 프로젝트인 크립토키티는 이더리움 기반 프로젝트의 문제를 고스란히 가지고 있죠.

■ 최초의 NFT 기반 플랫폼: 디센트럴랜드

2018년 3월에 론칭한 이더리움 기반의 VR 플랫폼 프로젝트가 있습니다. 전년도인 2017년 8월에 기업공개를 통해 35초 만에 투자자 1만 명으로부터 270억 원을 투자받았죠. 당시에는 이 프로젝트를 'VR 플랫폼'이라고 불렀지만, 지금은 이런 종류의 플랫폼을 호칭할 때 '메타버스'라는 말을 씁니다. 그러니까 2018년에 이미 NFT 기반의 메타버스 플랫폼 개념이 나왔다는 거예요. 그 플랫폼의 이름이 디센트럴랜드^{Decentraland}입니다.[6]

디센트럴랜드[7]의 핵심은 디지털 부동산인 랜드^{land}를 사고팔 수 있다는 것입니다. 이 랜드는 NFT화되어 있어서 산 사람의 소유권이 증명되고, 랜드에 건물을 짓거나 콘텐츠를 얹어서 자신이 산 가격 이상으로 가치를 올릴 수도 있어요. 디센트럴랜드를 '부동산 게임'이라고 생각하는 사람도 있는데, 그렇게 보자면 '부동산 개발 게임'이라는 말이 보다 적절합니다. 부동산 거래뿐 아니라 자신이 소유한 부동산에 갤러리를 지어서 입장권 수입을 얻을 수도 있고, 영화관을 지어서 영화 티켓을 팔 수도 있으니까요. 실제로 게임 회사 아타리는 디센트럴랜드 안에서 카지노를 열었습니다.[8] 아바타가 처음 소환되는 '제네시스 광장'에는 이벤트를 알리는 포스터들도 있어서, 그 포스터에 '점프 인'하면 바로 이벤트 장소로 이동할 수도 있죠.

재미있는 사실은 디센트럴랜드가 메타버스 아바타 기반이어서 아바타들이 플랫폼 안에서 돌아다니는데, 그러다 보면 동선이 생긴다는 거예요. 아바타들의 동선이 많은 지역이 번화가가 되고, 당연히 번화가의 부동산은 비싸집니다. 현실과 굉장히 비슷하죠. 2021년 11월 초에 디센트럴랜드 중심지에 있는 땅이 20만 마

디센트럴랜드 내 제네시스 광장의 이벤트 안내판
출처: 디센트럴랜드

나MANA에 팔렸는데요, 11월 말 기준으로 한화 7억 8000만 원 정도
가 됩니다.[9] 이 정도면 현실의 부동산 못지않은 가격이죠.

  디센트럴랜드의 거래는 '마나'라는 토큰으로 가능하며, 이 마나
는 암호화폐 거래소에 상장되어 있어 현금화가 가능합니다. 디센
트럴랜드 사이트에서 유저끼리 거래한 다음 개발사에 현금화를 요
청할 필요 없이 바로 거래소에서 현금으로 바꿀 수 있게 한 거죠.

  디센트럴랜드는 처음부터 완성된 형태로 만들어진 것이 아닙
니다. 처음에는 2차원의 부동산만 확보하는 정도의 형태였는데, 지
금은 부동산 거래뿐 아니라 아바타를 위한 여러 가지 물품 역시
NFT로 거래되는 3차원의 종합적인 메타버스 플랫폼으로 진화했습
니다. 하다 보니 이렇게 된 것이 아니라 디센트럴랜드가 처음부터
계획한 것이었죠.

  2021년 10월 페이스북이 사명을 '메타'로 변경하면서 서구권

에서 메타버스에 대한 관심이 치솟았는데요. 그때 가장 큰 수혜를 본 곳이 디센트럴랜드입니다. 2021년 11월 기준 디센트럴랜드 코인의 시가총액은 6조 원에 달합니다.

■ NFT 최초의 의미 있는 상업적 확장 가능성: NBA 톱숏

크립토펑크에는 프로젝트라는 이름이 붙어 있죠. 크립토펑크가 제일 처음이라는 의미가 있어서 지금도 인기가 있지만, 경매 시장에서 크립토펑크의 가격이 계속 오르는 또 다른 이유는 1만 개만 발행됐다는 제한성 때문입니다. 이미 발행된 NFT들의 가격은 앞으로도 계속 오를 텐데, 추가 발행이 되지 않기 때문에 가치가 희석될 염려가 없습니다.

NFT 작가들의 작품들도 한정판이라는 수식어가 붙어야 유의미한 가격이 형성되죠. 그런데 크립토키티 개발사인 대퍼랩스가 NFT를 상업적으로 활용할 방법을 찾아냈습니다. 바로 NBA와의 협업입니다.

미국은 원래 카드 컬렉터블 시장이 발달한 나라입니다. NBA나 메이저리그 선수들의 경우 카드가 제작되고 그 카드를 수집하는 컬렉터들이 있어서 희귀하고 오래된 카드일수록 굉장한 고가에 거래되고는 합니다. 대퍼랩스는 그 카드를 디지털화하고 NFT를 붙여서 판매하는 게임을 만들었어요. 그게 바로 2020년 하반기에 시작된 NBA 톱숏^{NBA Top Shot}입니다.

NBA 톱숏은 NBA 스타플레이어의 라이브 영상 형식의 카드예요. NBA의 역사적 순간이 담긴 영상을 카드로 수집해 간직할 수도 있고, 카드를 모아 그 영상의 주인공이 되는 선수들로 팀을 구성해 다른 사람과 비교·경쟁할 수도 있습니다. 팀을 꾸려 경쟁하는 기능은 아직 잘 돌아가지 않는데, 수집하는 것만으로도 엄청난 인기를 끌었습니다.

그리고 단순히 카드를 계속 발급해서 파는 것이 아니라 주기적인 이벤트를 통해서 팩을 팔기도 하고, 카드 몇 개를 모으면 보너스 카드를 주는 등 다양한 재미 요소를 주어서 수집 욕구를 자극합니다. 나올 확률이 적은 카드를 뽑은 사람은 대박을 치는 거죠.

2020년 10월에 오픈해서 2021년 11월에는 누적 매출이 7억 3000만 달러에 달했어요. 그중 르브론 제임스의 덩크 장면 카드는 딱 49장만 발행됐는데, 경매를 통해 21만 달러에 거래되기도 했습니다. 동영상 카드 한 장이 2억 5000만 원이나 하는 셈이죠.

대퍼랩스는 세계 최대 종합격투기 단체인 UFC와도 계약했습니다. 그리고 무엇보다 2022년에는 스페인 프로축구 리그 라리가와 협약을 맺고 NFT를 발매할 예정이라고 합니다.[10] 축구를 좋아하지 않는 사람도 레알 마드리드나 FC 바르셀로나의 이름은 알 정도로, 스페인 축구는 전 세계적으로 유명합니다(사실 이 두 클럽만 유명하다고 말할 수도 있지만요). NBA의 인기가 북미 지역에만 편중

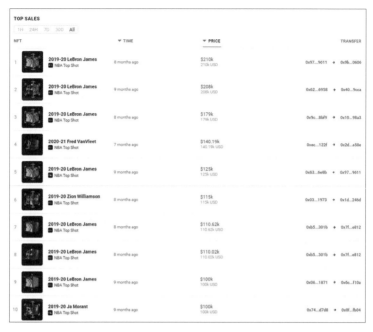

댑레이더에서 집계한 NBA 톱숏 역대 최고 거래 Top 10
출처: 댑레이더

되어 있는 반면, 라리가는 전 세계적인 축구 팬을 거느리고 있으니
이 새로운 프로젝트가 NBA보다 못할 것 같지는 않네요.

■ 대중의 관심을 집중시킨 NFT 작품:
〈매일: 첫 5000일〉

NFT가 대중에게 본격적인 관심을 받기 시작한 것은 2021년

들어서입니다. 결정적인 계기를 선사한 주인공은 디지털 아티스트 비플Beeple(본명: 마이크 윈켈만Mike Winkelmann)이죠. 크리스티 경매에서 비플의 작품이 NFT 경매 사상 최고가인 6934만 달러에 팔린 일이 일어난 겁니다. 2021년 11월의 환율로 한화 818억 원 정도 되는 돈입니다. 비플의 작품 〈매일: 첫 5000일Everydays: The First 5000 Days〉인데요, 이 작품은 한 번에 그려진 게 아니에요.

비플이 경매 때문에 이름이 알려져 벼락부자가 된 건 맞지만, 갑자기 그림을 그리기 시작한 것은 아닙니다. 무명이었던 2007년 5월부터 매일 그림을 그려 하루에 하나씩 인터넷에 올렸어요. 비플의 〈매일: 첫 5000일〉은 그렇게 5000일 동안 매일 그린 그림을 모아서 하나의 파일로 만든 것입니다. 그러니까 이 작품은 14년 동안 그려진 작품인 셈이에요. 그렇다고 쳐도 1년에 58억 원쯤 되는 거니까, 엄청난 가격이라는 사실은 변하지 않죠.

비플의 경매 소식은 대중에게는 그야말로 충격이었습니다. 복사도 가능하고, 심지어 인터넷에서 검색하면 흔히 볼 수 있는 디지털 파일 따위가 800억 원이 넘는 돈에 팔린다는 것이 도무지 이해가 안 됐거든요. 그 전에는 몇몇 컬렉터(수집가)나 얼리어답터, IT 개발자들만 알고 있던 NFT라는 개념이 대중에게 널리 알려지기 시작한 것이 이때부터라고 할 수 있습니다.

비하인드 스토리를 들려드리자면, 비플 작품의 경매에는 일종의 음모론이 돌기도 했습니다. 낙찰자가 NFT 펀드인 메타퍼스Metapurse의 창립자인데, 그가 NFT 가격을 띄우기 위해서 일부러

〈매일: 첫 5000일〉 © 2021, Beeple(Mike Winkelmann)

높은 가격을 썼다는 얘기도 있어요. 하지만 그 점을 고려해도 엄청나게 높은 가격임에는 틀림없습니다. 의도가 NFT 띄우기라면 성공한 셈이죠.

여기서 그쳤다면 비플의 작품은 아주 예외적인 현상이 됐을 텐데요. 2021년에는 대중의 관심을 끌 만한 거래 소식이 계속해서 전해졌습니다. 디지털 아티스트나 개발사들이 참여해서 만든 의도된 컬렉터블이 아니라 실로 다양한 대상들에서 일어난 거래였어요.

NFT 거래의 활성화:
밈을 비롯한 다양한 대상으로 확산

2021년 4월에는 〈재앙의 소녀disaster girl〉가 180이더리움에 팔렸습니다. 당시 신문에 5억 원에 팔렸다는 기사가 나왔는데, 2021년 11월 현재는 이더리움 시세가 배로 뛰었으니 10억 원 가까이 되는 셈입니다.

〈재앙의 소녀〉는 한국에는 비교적 덜 알려졌지만, 서구권에서는 굉장히 유명한 인터넷 밈Meme입니다. 밈은 『이기적 유전자』의 저자 찰스 도킨스가 만든 말로, '문화적 유전자' 같은 개념입니다. 사람들이 문화나 사상, 종교 등을 공유하는 현상을 설명할 때 사용하죠.

〈재앙의 소녀〉는 동네 화재 현장을 구경하는 네 살짜리 아이의 사진입니다. 아버지가 찍어서 사진 대회에 출품했는데, 네티즌들이 이를 발견하고 널리 유행시켰어요. 네티즌들은 살짝 웃을 듯 말 듯 화재 현장과 대비되는 아이의 얼굴에 여러 가지 대사를 넣으며 밈으로 써먹었습니다. 나중에 알려졌지만, 당시 건물을 철거하기 위해 소방서 감독하에 일부러 낸 불이었기 때문에 그렇게 비극적인 상황은 아니었다고 해요.[11] 그래도 네 살 아이가 마치 내가 불을 낸 사람이라는 듯한 표정으로 찍힌 사진은 많은 네티즌에게 패러디의 영감을 주었습니다.

지금도 '재앙의 소녀'라는 키워드로 검색해보면 많은 사진이

〈재앙의 소녀〉 ⓒ 2005, Dave Roth

나옵니다(특히 구글에서 'disaster girl'로 검색해보세요). 저작권이라고는 전혀 없는 사진처럼 엄청난 패러디 작품들이 올라와 있어요. 이처럼 '모두의 저작권'처럼 쓰고 있는 사진을 누군가가 많은 돈을 내고 산 겁니다. 실제로 NFT 사진을 샀다고 해서 저작권이 생기는 것도 아니고, 오로지 원본의 소유권만 가지는 건데도 말이죠. 이렇게 누구나 마음만 먹으면 당장 다운받을 수 있을 정도로 흔한 인터넷 밈 사진도 NFT 거래가 됩니다. 오히려 이런 사진은 유명하니까 NFT 거래에서 아주 비싼 값이 매겨지죠.

밈뿐만 아니라 디지털화할 수 있는 여러 가지 기록 역시 NFT 경매에 등장하기 시작했습니다. 2021년 5월에는 이세돌 9단이 인

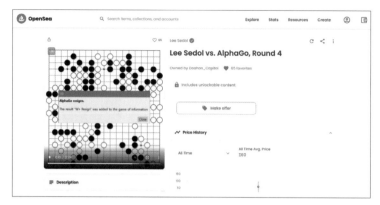

오픈시ㅣOpenSea에 올라온 이세돌 9단과 알파고의 대국 기보 NFT
출처: 오픈시

공지능 바둑기사 알파고를 이긴 대국 기보(바둑을 둔 내용의 기록)
가 60이더리움에 팔린 적이 있어요. 동영상 기보 외에도 이세돌의
사진과 서명이 담긴 파일입니다. 당시 시세로 2억 5000만 원 정도
였는데, 2021년 11월 시세로는 3억 4000만 원 정도 됩니다.

■　　　　**'돈 버는 게임'의 등장: 엑시 인피니티**

NFT 경매 기록이 매일 보도되면서 대중이 NFT에 크게 관심
을 갖게 되긴 했지만, 아직도 '뭐 이런 걸 다' 정도로 여기는 사람이
많습니다. 아무래도 '경매'니 '수집'이니 하는 단어들은 대중과 거
리감이 있는 것이 사실이거든요. 그런데 NFT에 게임을 적용하면

서 비즈니스화의 가능성이 활짝 열렸습니다. 주식시장이 NFT에 민감하게 움직인 시점도 경매에서 한두 점이 얼마에 팔렸다는 사실이 보도됐을 때가 아니라, NFT에 게임을 적용해서 '돈을 버는 게임이 나왔다'라는 소식이 들렸을 때입니다. NFT를 비즈니스화하는 데 가장 가능한 형태를 찾았다고 생각하는 거죠.

그 포문을 연 것이 '엑시 인피니티Axie Infinity'입니다. 베트남 스타트업인 스카이마비스Sky Mavis가 개발한 게임으로, 엑시라는 캐릭터를 이용해 던전을 공략해서 돈을 벌 수 있습니다. 그리고 자신이 가진 캐릭터를 교배해서 나온 새로운 엑시들도 팔 수 있게 되어 있어요. 엑시 인피니티는 2018년에 서비스를 시작한 게임인데, 2021년에 와서야 유명해졌습니다. 결정적인 계기는 자체 사이드 체인인 로닌Ronin을 개발하고 나서예요.

앞서 크립토키티가 몰락한 이유는 비싼 이더리움 이용비(뒤에서 자세히 다루겠지만, 이를 '가스비gas fees'라고 합니다)를 지불하다 보니, 결국에는 버는 돈보다 쓰는 돈이 많아서라고 했잖아요. 스카이마비스는 이더리움의 메인 체인main chain에 살짝 붙어 있는 사이드 체인으로 로닌을 만들고, 그것을 바탕으로 엑시 인피니티를 돌리게 했어요. 그랬더니 이더리움 가스비가 확 줄어든 거예요. 2021년 4월부터 적용하기 시작했고, 그때부터 엑시 인피니티의 생태계가 눈에 띄게 확장됐습니다. 2021년 11월 기준으로 엑시 인피니티 가상화폐AXS의 시가총액(최대 공급 기준)은 391억 달러, 한화로 약 46조 1184억 원입니다.

엑시 인피니티
출처: 스카이마비스

　엑시 인피니티는 게임성이 떨어진다느니, 온종일 해도 한 달에 100만 원이 최대라느니 하는 얘기가 나오고 있어요. 그래서 베트남이나 필리핀처럼 임금이 낮은 곳은 괜찮지만, 한국 정도만 해도 게임을 전업으로 삼기에는 부족하다고들 합니다. 하지만 중요한 것은 엑시 인피니티를 기점으로 중·대형 게임사들이 너도나도 '플레이 투 언Play to Earn, P2E', 즉 돈 버는 게임에 뛰어들었다는 거예요. 앞으로 수익성과 게임성이 더 나아진 게임들이 많이 론칭될 테고, 그중에서 대작이 나올 가능성도 큽니다. 게임은 메타버스와 매우 가까운 친척 관계잖아요. 결국 P2E 게임이 경제활동이 가능한 메타버스 세상으로 가는 하나의 교두보가 될 것입니다.

NFT와 메타버스 그리고 암호화폐

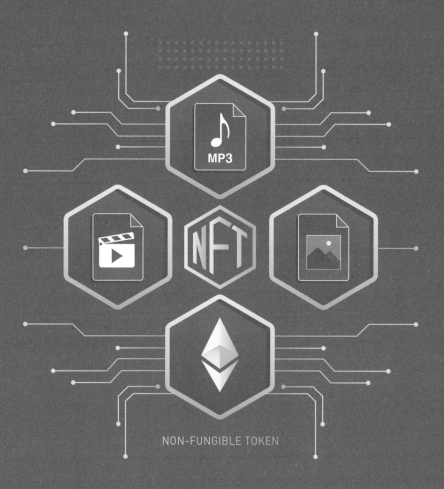

NON-FUNGIBLE TOKEN

NFT는 왜 이렇게
핫해졌을까?

■ **45억 원에 팔린 개 사진**

2017년에 크립토펑크 프로젝트가 시작됐고 2018년에는 NFT를 기반으로 하는 디센트럴랜드 플랫폼이 등장했을 정도로, NFT는 이미 예전부터 존재하던 개념이고 기술입니다. 그런데 최근 들어서 핫해진 이유는 무엇일까요?

처음에는 상상을 초월하는 NFT 경매 소식이 간간이 전해지면서 대중의 관심을 끌었습니다. 물론 '픽셀 쪼가리' 같은 이모티콘 하나에 몇십억 원씩 한다는 이야기가 예전에도 미디어에 소개되긴 했습니다만, 어디까지나 IT 전문가들이나 '덕후(어떤 분야에 열정을

도지 밈의 실제 주인공 사진
출처: 온라인 경매사이트 조라(Zora)

가지고 열중하는 사람)'의 영역이었죠. 그런데 점점 프로젝트나 아트가 아니라 일상적인 작품들이 NFT로 팔린다는 소문이 들려왔습니다.

예를 들어 2021년 6월에는 '개 사진' 한 장이 1696.9이더리움에 팔렸습니다. 팔릴 당시 시세가 45억 원 정도였는데, 11월에는 이더리움 시세가 2배가 됐으니 약 93억 원에 개 사진을 판 셈이에요. 바로 도지코인DOGE을 낳게 한 유명한 시바견 밈의 NFT화된 원본 사진입니다.

2010년 사토 아쓰코는 자신의 반려견 '가보스'의 사진을 개인 블로그에 올렸습니다. 이 사진이 텀블러Tumblr나 레딧Reddit 등의 웹사이트를 통해 빠르게 확산되면서 도지 밈을 낳았어요. 그 사진에 영감을 받아서 만들어진 암호화폐가 도지코인입니다. 특히 테슬라 CEO인 일론 머스크가 사랑하는 코인으로 유명해졌죠.

생각해보면 사토가 한 일은 그저 블로그에 반려견 사진을 올린 것뿐입니다. 그런데 10년 후 그 사진이 100억 원 가까운 수입을 가져다준 거예요. 일반인이 크립토펑크 프로젝트 같은 작업을 할 수는 없지만, 사랑하는 반려동물의 사진을 SNS에 올리는 것은 누구나 할 수 있고 사실 일상적으로 하고 있는 일이잖아요. 도지 밈의 경매 소식은 대중에게 '나도 할 수 있을 것 같아!'라는 생각이 들게 했습니다.

■ NFT에서 투자가 아닌 비즈니스가 보이기 시작

NFT가 사람들에게 알려지자 가장 먼저 활성화된 곳이 미술품 시장입니다. 이 시장에는 '갤러리 권력'이라는 말이 있는데, 미술품을 만드는 작가와 그것을 소비하는 소비자 사이를 매개해주는 것이 갤러리밖에 없어서입니다. 소비자 역시 갤러리를 드나드는 소수로 한정될 수밖에 없으니, 특히 신인 작가나 덜 유명한 작가들의 작품은 갤러리에서 선택하는 작품, 갤러리에서 밀어주는 작품 위주로 팔릴 수밖에 없어요.

그런데 NFT 시장은 미술품과 소비자를 직접 연결합니다. 이럴 때 두 가지 장점이 생기는데요. 첫째는 중간 유통 단계인 갤러리가 필요 없다는 겁니다. 그래서 소비자들이 갤러리의 권유가 아니라 자신의 취향에 따라 작품을 고르게 되죠. 갤러리에 걸기에는 급진적이고 가볍다고 생각되던 작품들도 얼마든지 팔릴 수 있고, 오히려 이런 작품들이 더 잘 팔리는 경향도 있어요.

또 한 가지 장점은 소비자가 늘어난다는 겁니다. 미술 작품을 사리라고 생각도 하지 않았던 사람들이 NFT 작품을 사기 시작한 거예요. 꼭 미술 작품이라서 산다기보다는 재테크 측면에서 디지털 자산을 구입한다는 의미로 사는 거지만, 결과적으로 작가들은 작품을 팔 수 있게 됐고 미술의 저변도 넓어졌습니다. 재테크가 이유이더라도 다음에 팔릴 만한 작품이어야 하기 때문에 사는 사람 입장에서는 이런저런 요소를 고려하게 됩니다. 그러면서 미술에 대한 안목도 조금씩 갖춰가고요.

재테크 바람은 컬렉터블 시장에도 강하게 불었습니다. 한국 사람들에게는 조금 낯설지만 미국인들은 원래 운동선수의 카드를 수집하는 데 열광해서 그에 따른 시장도 있는데요. 카드를 NFT화해서 보다 편리하게 사고팔 수 있도록 만들었습니다. 더 중요한 것은 보다 많은 사람에게 노출되기 시작했다는 거죠. 그게 바로 NBA 톱숏이에요.

NBA 톱숏 카드를 한국에서도 쉽게 거래할 수 있는데, 이 자체가 엄청난 확장성을 보여주는 거죠. 그렇지 않으면 철저하게 미국 덕후들을 위한 내수 시장에 불과했을 텐데, NFT를 통해서 디지털화하니까 금방 글로벌 시장으로 발돋움한 거예요. 댑레이더에서 집계한 NBA 톱숏의 통계를 보면 2021년 11월을 기준으로 전체 참여자는 48만 명 정도이고, 지금까지 거래액은 7억 3444만 달러입니다. 한화로 환산하면 8700억 원 정도예요. 요즘엔 시장을 분석할 때 워낙 조 단위가 많아서 이 정도면 그렇게까지 대단한 건 아니라고 볼 법도 한데요. 이 수치를 시간상으로 비교해보면 생각이 달라집니다. NFT 데이터 플랫폼 크립토슬램CryptoSlam에 따르면, 2021년 1월에는 사용자가 1만 8000명 정도였고, 누적 거래량이 2942만 달러였거든요.[12] 그러니까 10개월 만에 사용자는 2700%가 늘었고, 거래액은 2500% 성장한 겁니다.

NBA 톱숏의 성공을 보면서 많은 사람이 비슷한 생각을 합니다. 비즈니스가 가능하겠다는 거죠. 스포츠 경기는 매일 열리고, 그 안에서 명장면들은 항상 나오며, NFT는 글로벌하게 발행할 수 있으니까요. 지속 가능성이 보이는 겁니다. 그러니 각국 스포츠 리그들이 NFT화를 검토하는 것도 당연하겠죠. 우리나라의 프로야구를 주관하는 KBO도 NFT 사업을 준비하고 있습니다.[13]

NFT가 2021년 들어서 핫해진 것은 비즈니스적으로 의미 있는 가능성이 보이기 시작했기 때문입니다. 경매를 통한 컬렉터블이나 예술 작품 시장은 가끔 돌출되는 흥미로운 결과(의외로 높은 경매가) 때문에 언론의 관심을 끌기는 해도, 그것이 지속 가능한 비즈니스적 의미를 가진다고 생각하기는 힘듭니다. 예술품 시장도 마찬가지인데요, 고가의 그림이 팔린다고 해서 그런 그림들을 대량으로 생산해 대중의 손에 쥐어줄 순 없거든요. 그러는 순간 이미 고가로 팔리는 그림의 가치가 하락하니까요. 1만 개로 한정 발행된 크립토펑크는 한정 발행이니까 의미가 있지, 대량생산된다고 하면 바로 가치를 잃어버리게 됩니다.

이런 시스템에서 거래되는 돈은 투자의 개념은 될 수 있어도 비즈니스의 개념은 가지기 힘듭니다. 희소성으로 인해 수집 대상이 될 수는 있겠지만 비즈니스적으로 조금 더 많은 가치를 새로 창출하면서 확장될 가능성은 없다는 이야기죠.

그런데 스포츠 리그처럼 일정한 루틴이 있는 시스템이 NFT화되어 컬렉터블 시장을 형성한다면, 비즈니스가 될 수 있거든요. 스포츠 리그뿐만이 아니죠. 영화나 드라마, 예능 프로그램 등도 NFT를 발행할 수 있어요. 팬들이 있고 의미 있는 장면들이 나올 수 있는 모든 곳에서 NFT 비즈니스가 가능하다는 얘기입니다.

■　NFT의 저변 확대를 예고하는 소식들: '합병', '합작'하는 연예기획사들

2021년 하반기 대한민국에 NFT 열풍이 분 데에는 미디어의 역할이 큽니다. 2021년 말에는 포털에 올라오는 기사 중에 'NFT'와 '메타버스'가 없으면 휑하겠다는 생각이 들 정도로 이 두 단어가 경제, 기술, 사회, 문화 면에 걸쳐 두루두루 언급됐습니다. 메타버스와 관련된 기사는 주로 ○○○에서 메타버스를 '시작'했다는 것이었고, NFT에 관한 기사는 주로 △△△가 □□□와 합병해서 NFT 사업을 '준비'한다는 이야기였습니다. 예를 들어 다음과 같은 기사죠.

> 방탄소년단^{BTS}의 소속사인 하이브와 가상자산(암호화폐) 거래소 업비트 운영사인 두나무가 BTS의 굿즈를 대체 불가능 토큰^{NFT}으로 발행하기 위해 주식 맞교환(스왑)을 추진한다. 미국에 조인트벤처^{JV}를 설립, NFT를 넘어 메타버스(가상세계)의 콘텐츠 사업까지 확대한다는 전략이다.[14]

이런 기사들이 정말 많았습니다. 기업들이 합작을 하든 합병을 하든, 아니면 혼자서 확장을 하든 대부분의 기사가 ○△□ 기업에서 NFT를 '준비'한다는 내용이었어요. 그렇다면 준비한 사업이 시작되는 때는 언제일까요? 2022년입니다. 2022년부터 시작되어야지, 늦으면 선수를 빼앗겨서 시장에서 치고 나갈 수가 없거든요.

따라서 2022년에는 NFT가 연일 사람들의 입에 오르내리는 핵심 이슈가 될 것입니다. 2021년에 준비한 비즈니스들이 본격적으로 시작되면서 홍보·마케팅이 집중될 테고, 참전하는 NFT 사업들의 사이즈도 달라집니다. '합작'이나 '합병' 키워드가 들어가는 기사들의 주체 중에는 연예기획사가 많거든요. 글로벌 K-팝 스타들을 보유한 기획사들 말이죠. 이 스타들의 IP(지식재산권)를 이용한

NFT는 대상 자체가 이미 글로벌인 데다가, 원래 굿즈 같은 상품을 구입하는 데 돈을 쓰는 이들입니다. 비즈니스의 규모가 다를 수밖에 없는 거죠.

지금도 NFT 아트 작가들의 프로젝트는 기하급수적으로 늘고 있지만, 그동안의 양에 비해서 그런 것이지 사실 대중에게는 크게 피부에 와닿지 않습니다. 아무리 디지털로 대중화될 가능성을 열었다지만, NFT 미술 작품 거래가 실제로 대중화된 것은 아니거든요. 그런데 BTS나 블랙핑크의 NFT는 다릅니다. 앞서 언급했던 스포츠 리그의 NFT 비즈니스 가능성과도 차원이 달라요.

NFT가 비즈니스가 되면, NFT 작품을 처음에 살 사람들은 아무래도 적극적인 팬층이겠죠. 한국 프로야구는 코로나19 발발 직전인 2019년에 1년 동안 야구장을 찾은 관중이 728만 명이었어요.[15] 물론 그중 상당수가 반복해서 경기장을 찾은 이들이겠지만, 야구장에 안 가도 NFT를 살 정도의 열정을 가진 팬들도 있을 테니 이 정도가 잠재적인 NFT 구매자의 수치라고 생각해봅시다. 그런데 블랙핑크가 2020년 9월 제페토ZEPETO에서 글로벌 팬사인회를 열었을 때 참여한 인원이 4600만 명이에요.[16] 프로야구의 1년간 관중보다 한 번 열린 블랙핑크 팬사인회가 6~7배의 참여자를 모았다는 겁니다(한국 프로야구를 깎아내리는 것이 아니라 그만큼 글로벌 시장과 K-팝의 영향력이 대단하다는 것을 보여드리고자 함이니 오해 없으시길 바랍니다).

NFT의 저변 확대를 예고하는 소식들:
'확장'하는 게임사들

'합작'이나 '합병' 키워드로 언급되는 곳에 연예기획사들이 많았다면, '확장' 키워드는 대부분 게임사가 차지했습니다. 이들은 디지털 소유 증명인 NFT를 '돈 벌면서 게임한다'라는 개념으로 대중에게 이해시켰습니다. 대중은 게임성만 어느 정도 된다면(약간의 재미만 있다면) 당연히 같은 시간을 투자해서 돈을 쓰는 것보다는 버는 것을 선호하겠죠.

게임사들은 NFT를 게임과 결합시키겠다는 비전을 속속 발표했습니다. 게임사들의 NFT 관련 비전을 정리해봤습니다. 다음 장에 나올 표를 보면 알 수 있듯이, 이전부터 가상화폐 거래소나 NFT 기업 등에 투자한 게임사도 있지만 대부분의 게임사가 3분기 실적발표 콘퍼런스콜에서 비전을 밝혔습니다. 3분기는 7~9월이고, 이에 대한 실적발표는 10월 또는 늦으면 11월에 열립니다. 왜 2021년 하반기, 그것도 11월 이후에 NFT에 대한 관심이 고조됐을까요? 그 시기에 게임사들이 너도나도 NFT를 결합한 P2E 게임 출시 비전을 발표했기 때문이죠.

전 세계 게임 시장의 규모는 2020년 기준 1700억~1800억 달러(한화 202조~214조 원) 정도로 추정됩니다.[17] 이런 시장이 NFT를 향해서 달려가기 시작한 거예요. 사실 그동안 게임 시장은 수익 모델이 '아이템 판매' 정도로 제한적이었거든요. 돈을 써야 이길 수

게임사	NFT 관련 비전
위메이드	• '미르 4' 글로벌 버전에 블록체인 기술인 NFT와 유틸리티 코인 적용 • 2021년 말까지 블록체인 게임 100개 출시 목표 • 선데이토즈 최대 주주
엔씨소프트	2021년 3분기 콘퍼런스콜에서 "NFT, 블록체인과 게임의 결합이 엄청난 기회를 안겨줄 거라 믿고 있고 준비 중"이라고 발표
넷마블	블록체인과 NFT 관련 게임 개발 중
펄어비스	2021년 3분기 실적 발표 후 콘퍼런스콜에서 "NFT와 관련해 내부에서 고민하고 있고 이에 대한 일정, 게임 개발 등 공유 가능한 부분 있으면 향후 공유할 것"이라고 밝힘
카카오게임즈	2021년 3분기 실적발표 후 주주서한에서 스포츠와 NFT, 메타버스 분야에 대한 사업 확장 공지
웹젠	2021년 3분기 실적발표에서 "해외 게임 시장에서 사업성을 인정받은 NFT 등의 블록체인 기술을 우선 사업 대상으로 정하고 사례 분석 및 관련 산업계와의 협의를 시작했다"라고 밝힘
게임빌	• 코인원에 944억 원을 투자해 2대 주주 지위 확보 • 블록체인 게임 회사 '애니모카브랜즈'와 NFT 전문 기업 '캔디디지털', 미국 블록체인 플랫폼 기업 '미시컬게임즈' 등에 전략적 투자 진행
넥슨	지주사인 NXC가 가상자산 거래소 코빗 인수 후 최대 주주 유지
플레이댑	RPG(역할수행게임) 〈신과함께〉 P2E 서버 출시
NHN	2021년 3·4분기 실적발표 콘퍼런스콜에서 "최근 업무협약(MOU)을 체결한 위메이드 블록체인 게임 플랫폼 위믹스를 통해 내년 상반기 중 NFT 연동 게임을 출시하고자 계획을 수립하고 있다"라고 발표
선데이토즈	강점인 캐주얼 게임 개발 노하우를 활용한 NFT 기반 퍼즐, 슬롯 게임을 준비하며 급변하는 게임 시장 대응에 나설 계획
네오위즈	• 2021년 3분기 실적발표에서 내년에 블록체인 기술을 결합한 P2E 서비스를 선보이겠다고 밝힘 • 블록체인 전문 계열사인 네오플라이 보유

국내 게임사들의 NFT 관련 비전

있다면서 유저들에게 비난도 많이 받았고요. 그래서 새로운 모델이 필요했는데, 엑시 인피니티나 미르 4처럼 NFT를 활용한 P2E 게임 성공 모델이 나타나니까 기수가 급격하게 NFT로 쏠린 것입니다. 따져보면 게임사들이 그전부터 암호화폐 회사나 거래소에 투자하는 등 기반을 다져왔기 때문에 갑자기 사업의 방향을 튼다기보다는, 이제야 대중에게 발표를 했다는 표현이 더 맞긴 합니다.

그런데 이렇게만 보면 마치 우리나라 게임사들만 3분기에 NFT에 흥분한 것 같잖아요. 그렇지 않습니다. 전 세계적으로 NFT 시장 자체가 3분기부터 술렁인 거예요. 글로벌 사업을 하고 있는 우리나라 게임사들이 그 촉을 발휘한 거고요.

댑레이더에 따르면 2020년 전 세계 NFT 거래액은 총 9500만 달러였습니다. 그런데 2021년에는 1분기에만 12억 3000만 달러가 됐어요. 2020년 한 해보다 2021년 초 3개월의 거래액이 12배 이상 급증한 거죠. 2분기에도 비슷한 수준인 12억 4000만 달러를 기록했어요. 더 놀라운 사실은 3분기에만 106억 7000만 달러를 기록했다는 거예요.[18]

2021년 3분기까지 9개월간의 거래액이 2020년 한 해 거래액의 140배쯤 되는 겁니다. 그 대부분이 3분기에 발생했고요. 한국에서만 NFT가 유행하고 주목받은 게 아니라는 거죠.

급격히 우상향하는 NFT 거래 시장의 규모는 NFT가 개인적인 재테크 차원을 넘어 비즈니스적으로 유의미하다는 것을 나타내고 있습니다. 그 점이 명확해진 해가 2021년이었고, 특히 3분기였거

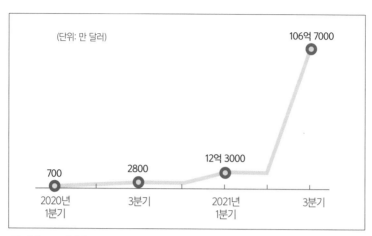

(단위: 만 달러)

106억 7000

12억 3000

2800

700

2020년
1분기

3분기

2021년
1분기

3분기

전 세계 NFT 거래액
출처: 댑레이더

든요. 그래서 2021년 하반기에 NFT라는 것이 대중에게 알려졌다
고 할 수 있어요. 기업들이 본격적으로 관심을 가지고 사업에 대한
비전을 내놓았으니까요.

2022년부터는 기업들이 NFT 사업을 본격적으로 전개할 것입
니다. 그러면 NFT는 알려지는 것을 넘어 본격적인 대중화의 길로
들어서게 될 겁니다.

메타버스의 미래 전망에서
NFT가 빠지지 않는 이유

■ NFT가 '핫'하기도 하지만 '중요한' 키워드인 이유

이번 장에서는 NFT가 중요한 이유를 살펴보려고 합니다. '핫하다'와 '중요하다'는 비슷해 보이지만 조금 다릅니다. 핫하다는 것은 인기가 있다는 것, 즉 트렌드라는 의미죠. 트렌드는 한동안 부상하다가 사라질 수도 있습니다. 한때의 유행처럼 말이죠. 하지만 '중요하다'라고 이야기하는 내용은 인기를 떠나서 다가올 미래의 큰 축을 차지하게 되죠. 따라서 반드시 알고 익혀야 합니다.

알파고가 이세돌 9단에게 이긴 후 한국 사회에서는 AI가 한동안 엄청나게 트렌디한 키워드였습니다. 금방 난리가 날 듯이 AI를 외쳐댔는데, 지금은 조용합니다. 그러면 AI는 정말 유행처럼 지나가는 이야기였을까요? 대중의 관심에서 멀어졌을 뿐, AI는 트렌디한 키워드만이 아닙니다. 중요한 키워드이기도 하죠. 이미 AI가 우리 생활 속에 파고들기 시작했습니다. 예컨대 네이버의 파파고 번역은 점점 쓸 만해지고 있고, 온라인 쇼핑을 할 때는 AI가 맞춤 상품을 추천해줍니다. 우리에게 대출을 해줘도 되느냐 하는 것도 AI가 판단하고 있어요. 인공지능 과학자들은 2024년에는 AI가 통·번역에서는 사람을 능가하게 되리라고 말합니다. 중요한 국제회의 말고 웬만한 통·번역은 AI가 하게 되면서 통·번역사들의 일자리가 심각하게 위협받는 시점이 곧 올 겁니다. AI를 이용한 저렴하고 대중화된 서비스가 나올 테니까요.

NFT 역시 핫하기도 하지만, 중요하기도 합니다. 핫한 이유는 앞서 살펴봤으니, 그러면 중요한 이유는 무엇일까요? 그건 바로 다가오는 연결의 미래 '메타버스'의 기본 토대가 되는 것이 NFT이기 때문입니다.

■ 메타버스는 도대체 언제 오는 건가요?

메타버스 역시 굉장히 핫한 키워드입니다. 그런데 유저 입장에서 메타버스에 대해 알고 싶어서 막상 들어가 보려면 제페토나 이프랜드Ifland 같은 플랫폼밖에 없습니다. 아니면 기업이나 지자체들이 3D로 구현해놓은 공간을 메타버스라고 주장하는 곳 정도입니다. "이게 뭐야?" 하는 소리가 절로 나올 지경이죠.

그건 메타버스가 아직 오지 않은 미래이기 때문입니다. 메타버스라고 하면 영화 〈레디 플레이어 원〉 같은 환상적인 세상을 기대하는 사람이 많은데, 아직 그렇게까지 기술이 발전하지 않아 실망하기 쉽죠. 하지만 메타버스는 반드시 오는 미래입니다. 왜냐하면 연결의 방식이 바뀌거든요. 엔비디아나 메타, 마이크로소프트 등 메타버스에 대한 비전을 밝힌 모든 기업이 입을 모아 하는 이야기가 '메타버스는 차세대 연결의 방식'이라는 겁니다.

'차세대'는 '지금 세대' 다음에 오는 거잖아요. 지금 세대는 스마트폰이에요. 지금 우리 생활 가운데 스마트폰이 차지하는 비중을 생각해보면 메타버스가 얼마나 중요한지 상상이 갈 겁니다. 게다가 스마트폰은 업무의 보조 도구로는 쓰여도 그 이상의 역할은 힘든데, 메타버스는 직장 자체가 될 수도 있습니다. 메타버스로 출근해서 거기서 근무하기도 하니까요.

지금 론칭되는 비즈니스는 대부분 스마트폰을 활용하는 식으로 수익 모델이 설계됩니다. 지난 10여 년간의 경험을 보면 그런 서비스들이 글로벌 서비스로 발돋움하기도 했죠. 우버, 에어비앤비, 각종 SNS 기업을 보면 말입니다. 한국에서는 배달의민족이나 야놀자 같은 기업들이 유니콘 기업(매출 1조 원 이상인 기업)이 됐습니다. 그런데 연결 방식의 표준이 메타버스로 가면 이런 기업들 역시 메타버스를 활용하는 비즈니스에서 나올 뿐 아니라 대다수의 기업이 메타버스에서 비즈니스를 전개하게 됩니다. 사람들이 모여 있는 곳에 비즈니스가 있고, 경제가 있는 것이니까요.

게임이나 아바타 꾸미기 같은 테마가 아닌 업무와 소셜이 테마인 메타버스가 준비되고 있어요. 우선 메타의 '호라이즌Horizon' 같은 소셜 메타버스가 북미 지역에서 베타테스트 중입니다. 그리고 마이크로소프트도 3차원 그래픽 솔루션 '메시Mesh'와 화상회의 솔루션인 '팀즈Teams'를 합한 협업 툴을 론칭할 것이라고 연례 인사이트에서 CEO가 직접 밝혔습니다. 이는 협업 툴을 출시하기 위한 것이 아니라 마이크로소프트가 메타버스로 가는 첫걸음일 뿐이라는 얘기도 함께요. 명확하게 밝히지 않았을 뿐, 애플이나 구글도 관련 기기를 꾸준히 출시하면서 메타버스를 향해 나아가고 있습니다.

IT 기업이나 시장조사 업체들은 2024~2026년도를 메타버스 대중화의 원년으로 보는 듯합니다. 일례로 메타의 CEO 마크 저커버그가 "앞으로 5년 내 페이스북은 소셜 기업에서 메타버스 기업으로 전환될 것"[19]이라고 선언했습니다. 많은 사람이 이 말에서 '메타버스 기업'에만 집중하는데, 여기서 주목해야 할 부분은 '5년 내'거든요. 왜 하필이면 5년일까요? 1~2년이나 3년, 또는 안전하게 10년 후가 아니라 말이죠. 오큘러스 퀘스트라는 기기까지 개발해서 보급하고 있는 이 기업이 판단하기에 하드웨어나 소프트웨어적으로 대중화의 기반을 온전하게 갖출 수 있는 시간을 5년으로 판단했기 때문입니다.

글로벌 시장조사 업체들은 '2025년 정도에는 VR 시장이 얼마 정도로 성장할 것'이라고 예측치를 내놓는데, 이 역시 왜 2023년이나 2027년은 아닐까요? 대중화되어서 수치가 느는 시기가 이때라는 판단인 거죠.

그렇다면 앞으로 4~5년 정도가 메타버스를 준비하는 기간이라고 할 수 있습니다. 하지만 4~5년 후에 메타버스가 갑자기 시작되는 게 아니죠. 이런저런 서비스가 나와서 하나둘씩 사용해보다가 어느새 자신도 모르게 메티즌metizen, 즉 메타버스 시민이 되어 있을 것입니다. 스마트폰이 처음 나왔을 땐 피처폰과 스마트폰이 섞여서 쓰였는데, 어느 순간 정신을 차려보니 대부분 스마트폰을 쓰고 있는 경험이랑 비슷하죠. 업무와 휴식, 사람들과의 커뮤니케이션 등이 메타버스에서 이루어진다면 메타버스 시민이 되지 않을 수 없게 됩니다.

■ NFT를 이해한다는 것은 경제 관념이 바뀌어야 한다는 것

그러면 도대체 NFT와 메타버스의 관계는 무엇일까요? 건축을 할 때는 그냥 토지 위에 집을 짓는 게 아닙니다. 집이 제대로 설 수 있게 기반을 다지는 토목공사가 반드시 필요합니다. 단단하게 다진 토대 위에 지어야 집이 탄탄하게 설 수 있잖아요. NFT는 메타버스라는 집을 짓기 위한 토목공사라고 생각하면 됩니다. 경제활동이 핵심인 메타버스에서 그 전제가 되는 디지털 소유 증명이 먼저 확고히 자리 잡아야 한다는 거죠. 그래야 신뢰가 생겨서 거래가 일어나고, 경제가 돌아가니까요.

NFT는 디지털 자산입니다. 그리고 디지털 자산의 소유 증명이기도 합니다. 누구 것이냐가 명확하니까요. 해커가 훔쳐 가거나 개발사에서 담당자가 실수로 삭제해버려도 그것이 내 것임이 증명되기 때문에 재산상의 손실을 입지 않게 됩니다.

타인에 의해서 하루아침에 존재가 부정되고 사라져버릴 수도 있는 것을 돈을 주고 살 수는 없잖아요. 자본주의 사회는 이런 신뢰를 바탕으로 유지됩니다. 우리가 집을 사기 위해 은행에서 대출을 받을 때도 몇억 원이나 되는 돈을 실제 007 가방에 담아서 주지는 않잖아요. 그저 통장의 숫자를 고쳐줄 뿐이죠. 누군가가 장난질을 하려면 할 수 있는 상황인데도, 우리는 그 숫자를 믿고 거래를 합니다. 대출받은 돈을 집주인에게 건넬 때도 내 통장의 숫자가 집주인 통장의 숫자로 바뀔 뿐이죠. 이런 거래는 시스템에 대한 신뢰가 있어야 이루어질 수 있습니다.

NFT는 메타버스상의 거래에 신뢰를 불어넣는 전제가 됩니다. 내가 산 물건이 어느 날 갑자기 사라지지 않는다는 보장이자, 내 것이 틀림없다는 증명인 거죠. 이런 것이 탄탄히 깔려야 메타버스에서의 거래가 활성화될 수 있습니다.

그래서 메타버스 세상이 오기 전에 NFT가 먼저 와야 하는 것입니다. NFT로 탄탄하게 수도관도 깔고, 토대도 다지고 해야 그

메타버스의 토대가 되는 NFT

위에 건설하는 메타버스라는 집이 굳건할 수 있습니다. 메타버스와 NFT가 같이 이야기되고 발전하는 것은 그래서 당연한 거죠.

조금 더 크게 보면 NFT에 대한 이해와 인정은 디지털 경제에 대한 인정이라고 할 수 있어요. 많은 기성세대가 손에 잡히지도 않고 실제 입을 수도 없는 아바타 의류에 돈을 쓰는 것을 이해할 수 없다고 말합니다. 금이나 은으로만 거래하던 사람들이 처음 지폐를 보고, '종이 쪼가리에 불과한 것을 받고 소중히 키운 곡물을 내주다니?' 하고 놀라는 것과 비슷하죠. 말도 안 되는 일이거든요. 마르코 폴로의 『동방견문록』은 지금은 유명한 책이지만, 처음 세상에 나왔을 때는 거짓말이라는 의심을 많이 받았어요. 그의 말을 믿지 못하게 한 결정적인 에피소드가 종이를 돈처럼 사용한다는 진술이었죠. 그래서 그가 죽을 때까지 유럽 사람들에게 『동방견문록』은 아라비안나이트 비슷한 재미있는 전설로 치부됐습니다.

글로벌 가상자산운용사 그레이스케일은 메타버스가 NFT와 결합해 1조 달러(한화로 약 1200조 원) 규모의 웹 3.0 시장을 창출할 수 있다는 보고서를 발표했습니다. 이 보고서가 말하는 웹 3.0이란 분산형 인터넷을 지칭하는 것으로, 웹 2.0과의 가장 큰 차이점은 가상세계 내 자산이 실물경제로 이어진다는 점이라고 합니다.[20] 즉 가상자산과 실물 자산의 경계가 흐려진다는 얘기죠.

　　NFT를 이해하고 인정한다는 것은 자신의 경제 관념이 확장되거나 바뀌어야 한다는 이야기입니다. 평생 실물만 거래하고 살아온 사람들에게 디지털 자산을 실제 재산처럼 인지하기란 쉽지 않은 일이죠. 하지만 NFT를 받아들여야 그 토대 위에 건설되는 메타버스 경제에 합류할 수 있어요. 따라서 NFT를 이해하는 것은 미래를 위한 준비에서 매우 중요한 일입니다.

NFT 거래의 핵심이 되는
블록체인과 암호화폐

■ 암호화폐와 NFT의 관계는?

암호화폐와 NFT의 관계를 헷갈려하는 사람이 많습니다. NFT가 디지털 자산이라고 하니까, '암호화폐 = NFT'로 생각하는 사람도 있어요. 거듭 이야기하지만, NFT는 디지털 자산 증명 기술이자, 소유권 증명입니다. 그 결과로 디지털 자산이 자신에게 남게 되니 확장된 의미에서 디지털 자산으로 쓰이기도 하죠. 암호화폐가 뜻하는 자산과 다른 점이라면, NFT로 증명되는 자산은 집이나 자동차 같은 물건인 거죠. 암호화폐는 그냥 돈인 거고요.

내가 가진 암호화폐와 다른 사람이 가진 암호화폐의 가치는 동일합니다. 친구가 가진 1비트코인이 7000만 원인데, 내가 가진 1비트코인은 70만 원인 상황은 있을 수가 없습니다(그렇다면 아마 자신이 가진 것은 비트코인캐시일 겁니다. 다른 화폐라는 거죠). 그런데 NFT는 같은 것이라도 가치가 다를 수 있습니다. 예를 들어 같은 메타버스 안에서 바로 옆 공간을 샀다고 해봅시다. 그런데 A가 산 공간은 아바타들의 왕래가 빈번한 사거리에 있고, B가 산 공간은 사거리에서 한두 블록 들어간 곳에 있다면 똑같은 면적이라도 가격이 다릅니다. 앞서 말했듯이 당연히 번화가에 있는 공간이 비싸죠.

NFT가 물건이라면 암호화폐는 돈이라고 생각하면 되긴 하는데요. NFT는 사실 물건이라기보다는 디지털 자산을 증명하는 것이니까 디지털 코드에 물건처럼 의미를 부여하는 것을 의미합니다. 그래서 그런 자산들이 거래되는 메타버스의 토대라고 이야기하는 거고요.

■ 왜 NFT는 암호화폐로 거래하는 걸까?

NFT 기술은 2세대 스마트 계약 기능이 있는 이더리움 기반의 블록체인을 활용해 생성됩니다. NFT화란 자신이 가진 디지털 파일에 대체 불가능한 토큰을 붙이는 것을 말하는데요, 이 작업을 민팅minting이라고 합니다. 'mint'라는 단어에는 '박하사탕'이라는 뜻이 있지만, '(화폐를) 주조하다'라는 뜻도 있거든요. 그러니까 앞으로도 이 책에서 NFT화라는 말 대신 민팅이라는 말을 쓰면, 디지털 파일을 NFT화한다는 뜻으로 이해하면 되겠습니다.

NFT가 애초에 이더리움의 스마트 계약 시스템을 기반으로 만들어진 것이다 보니 처음 설계된 NFT 판매 플랫폼이나 시스템들은 이더리움으로 주로 거래됐습니다. 지금은 여러 스마트 계약 기능이 있는 다른 암호화폐를 쓰기도 하지만, 여전히 NFT 거래는 주로 이더리움으로 이뤄집니다. 비트코인 다음으로 유명한 암호화폐여서 화폐의 안정성과 호환성이 높다는 장점도 있기 때문입니다.

NFT 거래에 현금을 가져온다면 문제가 아주 복잡해집니다. 이더리움 기반의 블록체인을 활용해서 NFT를 만들었다고 하면, 그 NFT 발행에 참여한 채굴자들(분산원장을 기록한 사람들)에게 이더리움을 줘야 하거든요. 이더리움을 채굴했으니 보상이 이더리움이어야 하잖아요. 만약 NFT 거래가 현금으로 이뤄지면 그것을 이더리움으로 바꿔야 하는데, 이 환전 과정이 만만치 않습니다.

그리고 NFT나 암호화폐는 모두 글로벌을 기준으로 하거든요 (그래서 한국에서 발행하는 NFT 작품들도 소개 글을 거의 영어로 써요). 그러면 글로벌 현금을 모두 받아야 합니다. 그 자체도 쉽지 않은 일인 데다가, 유저들은 환율과 암호화폐 시세라는 변동성 리스크를 이중으로 지게 되죠. 따라서 전 세계 어디서나 쓸 수 있는 암호화폐가 훨씬 더 편하고 합리적인 방법입니다.

게다가 암호화폐 거래는 아직 세금 문제의 제약을 받지 않기 때문에 이 역시 실제 돈을 가지고 거래하는 것에 비해서 또 하나의 장점이 되기도 합니다. 암호화폐 거래에 대해서는 각국 세무기관이 추적을 할 수가 없어요. 굳이 자국의 화폐로 바꿔서 은행에 넣지 않는 한 세금 문제는 신경 쓸 필요가 없죠. 암호화폐 거래에 참여하는 사람들 대부분이 암호화폐는 언젠가는 가치가 올라간다고 믿기 때문에, 굳이 자국 화폐로 환전하지 않고 가지고 있는 경우가 많습니다.

■ NFT 암호화폐 거래 시의 문제점

이더리움 기반의 거래에 문제가 발생하기 시작한 것은 역설적으로 이더리움의 가치가 상승했기 때문입니다. 이더리움이 유용하게 쓰이다 보니 가격이 상승한 거예요. 쓰임새가 많은 암호화폐는 상대적으로 가치를 더 인정받잖아요.

문제는 민팅을 하거나 플랫폼에서 거래를 할 때 수수료가 발생한다는 겁니다. 민팅을 할 때 이더리움 시스템을 이용하는 대가로 지불하는 돈을 '가스비'라고 합니다. 정확하게는 이더리움을 전송할 때 받는 수수료죠. 이더리움의 영문 철자 앞부분이 '이더Ether'인데요, 그게 석유화학물질 에테르와 표기가 같습니다. 그래서 이더리움재단이 장난기를 발휘해 수수료 비용을 '가스Gas'라고 이름 지었다고 합니다(영미권에서는 주유소를 가스 스테이션이라고 부르죠). 그래서 '화폐를 주조'할 때 '가스비'를 내게 된 거예요.

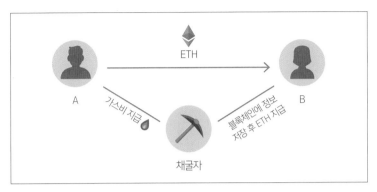

가스비 지급 과정
출처: 팩트경제신문

앞서 설명했듯이 블록체인이란 여러 사람이 참여해서 블록을 설정하고 보증해주는 것인데요(보증에 참여하는 것을 '채굴'이라고 합니다), 참여해주는 사람들에게 대가를 줘야 참여한 보람이 생기겠죠. 그 대가가 암호화폐인데, 보증을 필요로 한 사람들이 낸 수수료가 여기에 쓰입니다.

수수료는 고정되어 있지 않아요. 보증을 필요로 하는 사람이 많고, 보증을 할 사람이 그보다 적으면 가스비는 올라갑니다. 문제는 그러다 보니 이더리움 가격도 오르고, 가스비도 올라 한 번 민팅하는 비용이 기하급수적으로 높아졌다는 거예요. 2019년에 3월에 가스비를 계산해보니 75원 정도였습니다. 이때는 1이더리움이 50만 원 정도였습니다.[21] 그런데 이더리움 가격이 오르면서 가스비가 급등하게 된 거예요.

Y차트닷컴Ychart.com에 따르면 2021년 5월에는 평균 가스비가

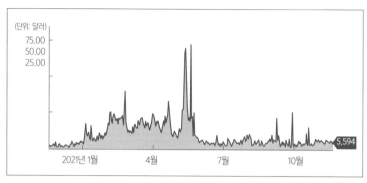

평균 가스비 추이
출처: Ychart

71.72달러까지 가기도 했어요. 11월에는 그나마 안정세를 찾아서 5,594달러로 내려와 있기는 합니다. 그래도 한 번 민팅을 하는 데 6000~7000원 정도 내는 건데요, 75원이면 만들던 NFT를 거의 100배에 가까운 돈을 내야 만들 수 있게 된 거예요. 한번 발행할 경우 몇십만, 몇백만 원에라도 팔리는 작가라면 별로 부담이 안 되 겠지만, 잘 안 팔리는 작가나 일반인이 호기심으로 몇 개 민팅해서 NFT를 팔아보기에는 부담되는 수준이죠.

가스비는 고정되어 있지 않습니다. 사람들이 많이 몰리면 갑자 기 올라가게 돼요. 2021년 10월에 〈오징어 게임〉 NFT가 론칭됐는 데요. 많은 사람이 무료 NFT라는 소리에 민팅을 하려고 했다가, 가 스비가 50~100달러 사이를 왔다 갔다 하니까 그냥 포기하기도 했 어요.

앞서 최초의 NFT 게임인 크립토키티의 예를 들며 '이더리움 수 수료가 많이 들어서 몰락하는 분위기'라고 말한 것이 이해가 될 겁니다. 가스비는 거래할 때뿐 아니라 NFT에 기록될 때도 들어갑니다. 즉 고양이가 새로 태어나거나 게임 안에서 어떤 활동을 할 때 그것이 기록될 필요가 있으면 계속 가스비가 들어가는 거예요. 그것을 유저들은 '이더가 녹는다'라고 표현합니다. 몇 번만 움직여도 수수료로 큰돈을 지불하게 되니까요.

■　가스비 문제의 해결책은?

그래서 최근에 론칭되는 NFT 플랫폼들은 이더리움보다 훨씬 싼 수수료를 기반으로 하는 블록체인을 이용합니다. 자체 체인을 만들기도 하고, 기존에 있던 이더리움 체인에 새로운 그룹을 형성해 우회하는 사이드 체인으로 만들기도 합니다. 이렇게 하면 가스비가 상당히 저렴해집니다.

민팅하는 플랫폼에 따라서 저렴한 가스비를 내거나 아예 가스리스gasless, 즉 무료 민팅을 할 수도 있습니다. 다만 거래가 활발하고 호환성 좋은 곳의 가스비는 여전히 비쌉니다. NFT 발행 플랫폼의 핵심은 커뮤니티인데, 커뮤니티가 발달해서 자신이 발행한 NFT를 잘 홍보해줘야 그나마 팔릴 가능성이 생기거든요. 무료 민팅이라고 해도 커뮤니티가 없으면 아무도 사가는 사람이 없으니, 무료라고 해서 무조건적으로 선택되는 것은 아닙니다. 예를 들어 대표적인 NFT 거래소인 오픈시OpenSea는 가스비가 비싸기로 유명

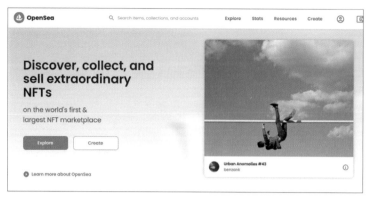

오픈시의 메인 화면
출처: 오픈시

하고, 민터블^{Mintable}에서는 가스비를 따로 들이지 않고도 NFT를 만
들 수 있습니다.

NFT 거래 플랫폼 수수료 문제

NFT 거래 시 또 한 가지 비용이 듭니다. 자신이 만든 NFT가
거래될 때인데, NFT 거래소에 수수료를 지불하게 됩니다. 오픈시
의 거래 시장 수수료는 팔린 값의 2.5%입니다. 이 역시 암호화폐로
지불하죠.

보통 플랫폼들은 거래를 활성화하기 위해 NFT를 산 사람들을
위해 이벤트를 하는 등 여러 유인책을 제공하는데, 오픈시는 그런
것이 전혀 없습니다. 그럴 필요도 없을 만큼 사람들이 대부분 여기

로 오거든요. 블록체인 전문 매체인 더블록The Block에 따르면 2021
년 8월 NFT 거래금액이 30억 8000만 달러인데, 그중 오픈시의 거
래대금이 30억 달러로 전체의 97.4%에 해당한다고 합니다.[22]

그래서인지 단순히 거래 시장만 제공하면서 수수료를 2.5%나
받는 것은 부당하다는 비판을 받는데도 오픈시는 전혀 아랑곳하지
않습니다. 이 정도의 시장 비중이면 그럴 만하기도 하지만, 이런 독
점적 질서가 무너져서 수수료 인하 경쟁이 일어나는 것이 NFT 거
래 활성화에는 조금 더 도움이 될 것 같네요.

NFT가 풀어야 할
6가지 과제

■ **<모나리자>를 NFT화할 수 있을까?**

코로나19가 끝나고 모처럼 해외여행을 떠난다고 해봅시다. 파리로 가볼까요? 아직 관광객이 본격적으로 밀려들지는 않아 편하게 그림을 볼 수 있을 듯해서 루브르 박물관에 가기로 했습니다. 루브르 하면 역시 〈모나리자〉죠. 교과서에서만 보던 〈모나리자〉가 코로나19를 이겨낸 우리를 반겨줍니다. 그 알듯 말듯 신비스러운 미소로요. 루브르에서는 사진 촬영이 가능하거든요. 그래서 아이폰 13으로 제일 앞에서 사진을 찍었어요. 숙소에 돌아가서 찍은 사진들을 보는데, 〈모나리자〉가 기가 막히게 찍힌 거예요. 편집 앱을 써서 이렇게 저렇게 보정까지 했더니, 마치 사진작가가 찍은 사진 같습니다. 멋진 사진이 생긴 김에 NFT로 만들어서 거래소에 내보기로 했습니다. 민팅도 금방이거든요. 자, 과연 이게 가능할까요?

놀랍게도 가능합니다. 〈모나리자〉는 퍼블릭 도메인으로 저작권 보호 기간이 지난 저작물이거든요. 그러니 〈모나리자〉에는 아무런 권한이 없지만, 그것을 사진으로 찍는 순간 사진은 자신의 저작물이 됩니다. 그래서 '모나리자'가 아닌 '〈모나리자〉 사진'을 NFT로 만들어서 판매한다고 할 때 법적으로는 문제 될 것이 없어요. 실제로도 정확한 〈모나리자〉 사진은 아니지만 〈모나리자〉를 이용한 패러디 작품은 이미 굉장히 많아요.

지금까지는 이런 시도들에 대해 시장의 호응이 별로 없어서 그

〈모나리자〉를 패러디한 NFT들
출처: 오픈시

다지 쟁점도 되지 않았습니다. 어차피 올려도 잘 팔리지 않고요. 원래 포스트모더니즘의 중요한 창작 기법이 패러디죠. 기존 권위에 도전하고 해체한다는 의미에서요. 그러니 패러디 작품은 어느 정도 인정해줄 수 있습니다.

그러면 살짝 비틀고 변형한 〈모나리자〉의 패러디가 아니라, 진짜 〈모나리자〉 그림을 NFT화하는 것은 가능할까요? 놀랍게도, 이 역시 가능합니다. 2021년 3월에 싱가포르 기반의 글로벌아트뮤지엄이 구스타프 클림트, 빈센트 반 고흐, 에드가 드가, 폴 세잔 등 유명 예술가들의 작품을 NFT로 판매하려고 했다가 각 작품을 소장하고 있는 미술관이나 박물관들의 항의를 받고 중단한 적이 있습니다.[23] 법적으로는 퍼블릭 도메인 작품들을 민팅할 수 있는데, 도덕적으로는 비난을 받게 된다는 거죠. 사람들은 인류 공동의 문화유산을 개인이 사유화해서 자신의 이익을 위해 쓰는 행위가 비윤리적이라고 생각하는 거예요.

그리고 지금까지 NFT 작품이 거래되는 플랫폼들은 거기에 대해서 별다른 제재를 하지 않았는데, 혹시라도 그런 시도가 많아진다면 플랫폼 차원에서 규정을 마련할 것입니다. 유튜브가 윤리적인 이유로 키즈 유튜버들의 영상에 대해 뒤늦게 제한을 두었듯이 말이죠.

이와 비슷한 문제가 하나 있는데, 부동산 메타버스의 랜드마크 이용에 관한 것입니다. 아직까지 공론화되지는 않았어요. 최근 생기는 부동산 메타버스들은 웬만하면 NFT와 암호화폐를 적용하는

데요. 그건 곧 자신이 산 땅의 소유를 증명한다는 얘기거든요. 그러면 현실에서는 우리 집인데, 우리 집이 속한 땅을 어스2^{Earth2}에서는 우즈베키스탄 사람이 가지고 있고, ZIQ월드^{Ziq world}에서는 부산 사는 사람이 가지고 있는 경우도 생길 수 있습니다. 그러면 '당신들이 뭔데 현실의 내 땅을 가지고 거래를 하냐?' 하는 마음이 들기도 하겠죠.

하지만 그렇다고 현실의 소유권이나 가격에 영향을 미치는 것은 아니기 때문에 그냥 넘어갈 수 있는데요, ZIQ월드에서는 도시의 랜드마크만 따로 NFT로 파는 방식을 시도한다고 해요. 그러면 서울타워나 경복궁, 청와대 등이 개인의 소유가 되어 재테크의 수단이 되는 거죠. 랜드마크는 그 도시의 고유한 IP라고 할 수 있는데, 도시의 IP를 이용해서 엉뚱한 사람들이 돈을 버는 것입니다.

아직까지 도시 랜드마크라는 IP에 대해서 권리를 주장하는 사람은 없기 때문에 이런 일이 큰 문제가 된 적은 없습니다만, 그 도시를 대표하는 랜드마크인 만큼 엉뚱하게 이용당하지 않도록 조치가 필요하다는 생각이 듭니다. 부동산 메타버스들은 랜드마크를 사서 개인이 개발할 수 있도록 한다는데, 그러면 (아직 이런 일이 일어나진 않았지만) 예컨대 일본 사람이 광화문을 사서 광화문 현판 위에 일장기를 걸어놓는 일도 생길 수 있다는 얘기거든요. 제도적·법적으로는 아무런 문제도 없는 경제행위이지만, 국민감정을 건드릴 수 있는 일이잖아요.

퍼블릭 도메인에 대한 NFT가 어떤 기준으로, 어디까지 이용될 수 있을지에 대한 가이드라인이 아직 마련되지 않았기 때문에 앞으로 이에 대한 분쟁이 일어날 것으로 보입니다.

■ 소유권과 저작권은 다르다

NFT는 새로 생긴 형태의 거래 상품입니다. 디지털 자산이니까요. 그전에는 디지털 코드가 자산이 될 것이라는 생각조차 못 했죠. 그래서 문제는 이와 관련한 법규나 제도, 규칙 등이 없다는 것입니다. 게다가 NFT 자체의 성격이 모호하기도 합니다. 기존의 법이나 제도는 실물이 존재하는 상태에서 그 실물의 거래가 이루어지는 것을 전제로 만들어진 거잖아요. 따라서 '물성 없는 자산'이라는 특성을 가지는 NFT에는 적용할 수 없는 거죠.

그리고 또 하나 NFT의 방식 또한 상당히 모호합니다. NFT는 디지털 파일도 아닌 디지털 파일의 거래 기록이에요(그래서 혹자는 '영수증'이라고 표현하기도 합니다). 소유 증명이긴 하지만, 실제 디지털 파일의 저작권과는 달라요. 굳이 따진다면 디지털 파일의 소유권은 가지지만 저작권은 없는 겁니다. 극단적인 가정이지만, 자신이 산 NFT를 그저 자신만 집에서 볼 수 있을 뿐 어디에 올리거나 전시하거나 이용할 수 없다는 얘기거든요.

물론 디지털 아바타 NFT를 산 경우에는 자신의 프로필 사진으로 쓴다든가 하는 식으로 이용하긴 하죠. 그래도 아트 쪽에서 이런 저작권 문제는 계속 생길 것 같습니다. 2021년 6월에 우리나라를 대표하는 화가들인 이중섭, 박수근, 김환기의 작품들이 NFT 경매로 나온다고 예고됐는데요. 이때도 그림의 소유자는 그림을 소유할 뿐 화가의 상표권과 지식재산권은 유족이나 재단이 따로 가지고 있어서 저작권자들의 반발을 샀습니다. 결국 NFT 경매는 취소됐습니다.[24]

조금 다른 예이긴 합니다만, 최근 쿠엔틴 타란티노 감독이 자신이 감독한 영화 〈펄프 픽션〉 중에서 최종 편집 때 삭제된 일곱 장면의 오리지널 대본을 NFT로 만들어 경매에 올릴 계획이라고 밝혔습니다. 이에 영화의 저작권을 가진 영화사 미라맥스가 소송을 제

타란티노 NFTs 메인 화면
출처: 타란티노 NFTs

기했습니다.[25] 미라맥스는 타란티노 감독이 시나리오 일부를 출판할 권리는 있지만, 이것을 NFT로 판매할 권리는 가지지 않는다고 주장했어요. 30여 년 전 영화이기 때문에 계약서에 NFT에 대한 사항이 있을 리가 없잖아요. 영미법은 판례가 중요한 관습법이다 보니 법원이 어떻게 판단할지에 따라 과거 영화에 대한 NFT 저작권의 문제가 어느 정도는 정리되지 않을까 생각합니다.

■　내가 마지막 사람은 아닐까?

앞서 NFT가 주목을 받기 시작한 결정적 이유는 게임이나 메타버스 같은 비즈니스에 응용될 수 있기 때문이라고 이야기했습니다. 이를 다시 말하면, 그 전에도 여러 건의 NFT 경매 결과가 이슈가 되긴 했지만 비즈니스적으로 관심을 받는 계기는 되지 못했다는 얘기입니다. 그 이유는 경매 참여자들의 심리 때문입니다.

지금도 NFT 미술이나 컬렉터블 경매에 참여하는 사람들은 불안감을 하나 가지고 있어요. 자신이 이 작품을 사는 마지막 사람이 아닐까 하는 거죠. 이를 이른바 '폭탄 돌리기'라고 표현합니다. 초창기에 무료 또는 아주 저렴한 값에 NFT를 받은 사람들은 괜찮지만, 그 후에 큰돈을 주고 구입한 사람은 자기보다 더 높은 가격에 구입해줄 사람을 찾아야 합니다. 많이도 필요 없고 자신이 가진 것을 사줄 사람 한 명만 구하면 되는데, 그 사람을 구하지 못할 수도 있다는 생각이 드는 거죠. 그래서 NFT 경매 시장은 일종의 피라미드 판매 조직이 아니냐 하는 비아냥을 받을 때도 있어요. 비즈니스적으로 안정감 있게 소비자들을 계속 창출하기에는 한계가 있다는 얘기죠.

앞으로 NFT 아트나 컬렉터블들은 계속 론칭이 될 텐데요, 이 중에 어떤 것들이 오래가고 값어치가 오를지 옥석을 가리는 안목이 필요합니다. 안 그러면 비싸게 주고 산 자신의 NFT가 정말 자신의 컴퓨터 안에서만 머물 수도 있으니까요.

■　　　　　　　　　　　　　**묻고 따따블로 가!**

NFT 거래는 주로 암호화폐로 이루어지죠. 그러다 보니 자신이 산 NFT 자산의 가치가 이중적인 리스크를 가지게 됩니다. NFT 가치가 떨어지는데 암호화폐 가치도 같이 떨어진다면 손해가 이만저만이 아니겠죠. 예를 들어 1이더리움을 주고 작품을 샀는데, 같은 가격에 내놓아도 안 팔리더라고 해봅시다. 그래서 0.5이더리움에 내놓았는데 그사이에 이더리움의 가치가 폭락해서 반값이 됐다면 어떨까요? 원래 투자했을 때의 기준으로 보면 4분의 1 토막이 난 셈이에요. 게다가 가스비나 수수료도 내야 합니다. 결국 위험이 '따따블'로 겹치면 자신이 산 NFT의 가치가 '0'으로 수렴할 수도 있습니다.

반대로 이는 '따따블'로 오를 수도 있다는 얘기이기도 합니다. 실제로 2021년이 그런 해였습니다. 한국 가상화폐 거래소인 업비트 기준으로 2021년 1월 4일의 이더리움 가격은 1이더[ETH, 이더리움 네트워크의 기본 통화]에 143만 원이었습니다. 그런데 11월 20일에는 1이더가 536만 원을 기록했습니다. 만약 1월에 NFT 그림을 1이더에 사서 11월까지 가지고 있었다면 NFT 그림의 가치가 여전히 1이더여도, 암호화폐의 가격 상승으로 가치가 3배 이상 오른 셈이 된 거예요.

■ NFT의 모호한 신분

NFT는 가상자산이기도 하고 아니기도 합니다. 이게 무슨 말일까요? 2021년 11월에 피력한 금융위원회의 견해 때문입니다. 금융위원회는 11월 한 달 동안에만 가상자산이라고 했다가 또 아니라고 하는 등 왔다 갔다 하는 견해를 피력했습니다.[26, 27]

NFT가 가상자산으로 분류되면 특정금융정보법 때문에 규제를 심하게 받게 됩니다. 자금세탁방지 보고 의무 이행이나 정보보호 관리체계[ISMS] 등 인증도 해야 해서 고비용 사업구조가 되어버리죠. 말하자면 금융위원회가 NFT 사업의 활성화를 바란다면 가상자산이 아니라고 해석하는 것이 맞고, NFT를 중앙의 통제하에 두고 싶다면 가상자산이라고 해석하는 것이 맞습니다. 물론 어떤 상황이 세계적인 경쟁력이 있을지는 사람마다 생각이 다를 것입니다.

NFT를 기존의 금융법으로 판단하거나 규제하기에는 적절하지 않은 점들이 있죠. 그래서 국회에는 NFT 같은 가상자산과 관련하여 여러 법안이 제출되어 있는데, 대부분 급하게 만들어진 것이라 불안한 측면이 있습니다. 입법부든 행정부든, 기본적으로 미래 산업이 될 NFT에 대해서 가능성을 최대한 열어주자는 입장이긴 합니다. 그렇지만 아직 NFT에 대한 경험이 적어서 과연 그런 취지에 걸맞은 법이 나올지 알 수 없는 상황입니다. 일단 과세를 어떻게 해야 할지도 모르고요.

요약하자면 지금 NFT는 기존의 법으로 쓸데없는 규제를 하는 것은 피하자는 분위기이긴 하지만, 조만간 만들어질 법이 과연 어떤 수준일지 알 수 없다는 겁니다. 원래 블록체인이라는 것은 탈중앙화를 지향하는 기술입니다. '디파이DeFi'라는 말이 자주 쓰이는데요. 탈중앙화를 뜻하는 'Decentralize'와 금융을 의미하는 'Finance'의 합성어로 블록체인 기술을 바탕으로 한 탈중앙화 금융을 가리킵니다. 정부나 기업 등 중앙기관의 통제 없이 인터넷만 연결되면 블록체인 기술로 다양한 금융 서비스를 제공하는 것을 뜻하는데요. 블록체인 기반의 NFT 역시 가능한 한 중앙의 통제를 벗어나는 걸 전제로 하죠. 반면 중앙은 언제나 통제하려고 하고요. 그래서 언제 어떤 규제가 있을지 모른다는 규제 리스크가 남아 있는 거죠.

환경문제

코인계에서 테슬라 CEO인 일론 머스크의 영향력은 대단합니다. 트윗 한 줄로 암호화폐 시세를 순식간에 폭락시키거나 폭등시키죠. 특히 2021년 2월에는 앞으로 비트코인을 이용해 테슬라 차를 구매할 수 있다고 발표했는데요, 실제로 3월이 되어 결제 수단에 비트코인을 추가하자 비트코인의 가격이 20% 이상 치솟기도 했습니다.[28]

그런데 비트코인 결제를 시작한 지 두 달을 다 채우지도 못한 5월 13일에 머스크는 "비트코인 채굴과 거래로 인해 석탄을 중심으로 한 화석연료 사용이 급증하고 있기 때문에 비트코인으로 테슬라 차량을 구매할 수 없다"라고 다시 트윗을 날렸습니다. 채굴 작업에 많은 전력이 들고, 그 전력이 화석연료를 필요로 하기 때문에 환경에 부담을 준다는 거죠.

NFT 역시 블록체인 기반이기 때문에 채굴이 필요하고, 마찬가지로 환경에 해를 끼칠 수 있습니다. 디지털화의 파급 효과를 연구하는 플랫폼 디지코노미스트Digiconomist의 이더리움 에너지 소비 지수에 따르면, 단일 이더리움 1개를 거래할 때 발생하는 탄소발자국은 2021년 11월 기준 88.71kgCO_2입니다. 이는 비자VISA 거래 19만 6612건 또는 유튜브 시청 시간 1만 4785시간의 탄소발자국에 해당한다고 합니다.[29]

NFT 역시 환경에 부담을 주는 것이 사실인데요. 암호화폐 옹

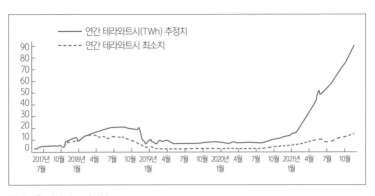

이더리움 에너지 소비 지수
출처: 디지코노미스트

호론자들은 실제 환경에 끼치는 영향이 과장됐다고 말합니다. 글로벌 에너지 회사 브리티시페트롤륨[BP]과 비트코인채굴협회에 따르면 2021년 2분기 기준으로 전 세계 에너지 소비량은 16만 2194 테라와트시[TWh]인데 이 중 비트코인의 에너지 소비량은 0.1%에 불과하다고 합니다.[30]

옹호론자건 폐지론자건 양쪽 다 추정치이기 때문에 어떤 숫자가 더 정확한지 알 길은 없습니다. 특히 폐지론자들에게는 숫자가 중요치도 않은데, 아무리 적은 수치여도 과연 암호화폐라는 게 지구에 필요한지가 문제라는 입장이거든요. 즉 환경에 미치는 영향에 대한 견해 차이가 아니라 암호화폐의 필요성에 대한 견해 차이의 문제로 보입니다.

하지만 메타버스나 NFT는 오고 있는 미래이기에, 부정한다고 오지 않는 건 아닙니다. 전력 소모가 덜한 블록체인 기술을 찾는 것이 더 현실적인 방법이 아닐까 싶어요. 일론 머스크도 비트코인 채굴에 소요되는 신재생에너지가 50% 수준이 되면 지불 결제 수단으로 비트코인을 받는 계획을 재개할 것이라고 밝히기도 했습니다.

그래도 NFT에는 환경에 대한 이슈가 계속 따라붙을 것으로 보입니다. 특히 대중화 과정에서 문제가 될 수 있습니다. 한 예로 BTS의 NFT가 발표되자마자 바로 다음 날 트위터에 '#하이브불매', '#보이콧하이브NFT', '#BoycottHybeNFT', '#ARMYsAgainstNFT' 등의 해시태그가 등장했습니다. BTS는 유엔 총회에서 기후변화에 대해 이야기하기도 하는 등 그동안 계속적으로 환경에 대한 메시지를 펼쳐온 그룹인데, 환경을 해치는 NFT 비즈니스를 한다는 것은 말이 안 된다는 주장입니다.[31]

■ 이제 시작하는 단계의 NFT

NFT는 이제 시작 단계입니다. NFT의 시작은 NFT 자체의 시작이기도 하지만, 메타버스의 시작이기도 합니다. 그러니만큼 초창기에 불거지는 문제들을 숙고해서 해결하고 가야 합니다. 급하다고 덮어두었다가는 이후 전개될 광범위한 비즈니스에 지속적으로 악영향을 미칠 수 있으니까요.

NFT가 대중화되기 시작하는 시점부터는 중요한 문제들을 그때 그때 때우기보다는 사회적인 논의와 합의를 거쳐서 잘 조율하고, 그에 합당한 방법들을 찾아가야 하겠습니다. 탄탄한 디지털 세상을 만들기 위해서 기초공사를 제대로 해야 하니까요.

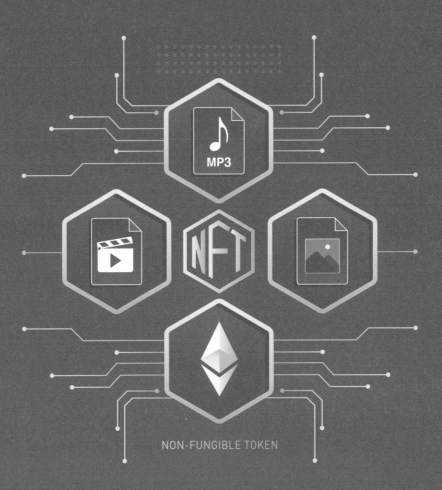

3강

NFT 투자로 돈 벌기

NON-FUNGIBLE TOKEN

NFT 아트

미술은
어떻게 재테크가 될까?

▪ 코로나19가 만들어낸 새로운 미술 소비자들

NFT 아트가 지금처럼 주목받은 데에는 아무래도 코로나19 영향이 큽니다. 2019년 코로나19가 전 세계를 덮치자 가장 먼저 타격을 받은 분야가 여행, 숙박, 이벤트, 전시 등 사람들이 모이고 이동해야 하는 업종들이었습니다.

나중에는 국가 차원에서 '몇 명 이상 집합 금지'라는 규칙을 만들기도 했지만, 그러기 전부터 사람들은 꼭 필요한 모임이나 외출이 아니면 자제했죠. 예컨대 동네 슈퍼마켓은 어쩔 수 없이 가야 하지만, 갤러리나 전시회 같은 곳은 코로나19 감염의 위험을 무릅 쓰고 갈 필요는 없는 곳들이죠. 그러다 보니 미술 시장 역시 코로나19의 직격탄을 맞았습니다.

콘서트 등 공연 시장은 메타버스상으로 옮겨가며 살길을 모색했죠. 그런데 거기서 글로벌 시장의 위엄을 체감하게 됐습니다. 2021년 8월에 게임 메타버스인 포트나이트Fortnite에서 3일 동안 열린 팝스타 아리아나 그란데의 공연에 전 세계에서 관람객 7800만 명이 모였습니다.[32] 온라인으로 연결되는 메타버스라서 우리나라 인구보다 더 많은 인원이 한곳에 모일 수 있었던 거죠. 이런 위력을 알게 된 음악 시장에서는 메타버스를 적극적으로 준비하고 있습니다.

미술 시장은 어떨까요? 마찬가지입니다. 미술 시장 역시 코로나19 탓에 지형도가 변하고 있습니다. 하지만 음악 시장과는 약간 판도가 다르긴 합니다. 음악 시장이 기존의 팬들을 온라인상에서 만났다면, 미술 시장은 기존의 시장 참여자들이 아닌 새로운 참여자들을 끌어냈거든요.

미술계의 보수적인 성향을 고려할 때, 코로나19가 잠잠해지면 다시 오프라인 갤러리들이 중심이 된 현물 미술 작품 거래들이 일어날 수 있는데요. 동시에 온라인으로 새롭게 열린 메타버스 갤러리도 있을 것입니다. 다만 고객층이 다르죠. 오프라인 중심으로 움직이는 갤러리에 모여드는 고객층이 기존의 고객이라면, 온라인 중심의 미술품 거래 시장에 모여드는 사람들은 코로나19 시국에 유입된 새로운 고객일 것입니다.

그라임스의 경매 소식

온라인으로 미술 작품을 거래하는 것은 그전에도 가능하긴 했습니다. 온라인 쇼핑몰을 이용해서 사면 되는 거죠. 하지만 미술 작품에는 고가가 많고, 아무래도 현물을 봐야 한다는 니즈가 있었기 때문에 그렇게 활성화되지는 못했어요. 그렇다고 코로나19가 현물을 보지 않아도 미술 작품을 살 수 있다는 의식을 새롭게 만든 것은 아닙니다.

코로나19로 미술 작품 거래가 활성화됐다고 말할 수도 있지만, 정확하게는 NFT 기술에 의해서 완전히 다른 미술 시장이 창출됐다는 것이 보다 옳은 표현입니다. 그래서 기존과 다른 고객이 유입된 거죠.

초창기에 NFT 아트를 구입한 사람들 중에는 IT 업계나 금융업 종사자들이 많았어요. NFT 작품이나 컬렉터블의 유명한 경매 결과들을 봐도 최종 구입자가 IT 업계 종사자인 경우가 많았습니다. 초창기에는 일반인이 NFT라는 개념을 이해하는 것도 어려웠으니까요. 온라인에서 무한 복제 가능한 그림을 큰돈을 주고 산다는 데 의아해했죠.

그래서 처음에는 NFT 아바타인 크립토펑크나 일종의 NFT 게임이라고 할 수 있는 크립토키티 같은 컬렉터블에서 시장이 열렸어요. 그런데 일론 머스크가 NFT 아트의 가능성을 제대로 보여줬습니다. '또 일론 머스크야?'라고 생각할지도 모르겠네요. 정확히 말하면, 일론 머스크의 전 연인으로도 알려진 캐나다 출신 가수 그라임스입니다. 그 전에도 NFT 아트가 발행되고 거래됐지만, 전 세계적으로 화제가 되면서 실물도 아닌 그림의 소유권을 사는 데 돈을 쓸 수 있다는 개념을 널리 전파한 주인공이죠.

2021년 3월 초에 그라임스Grimes 는 〈워 님프War Nymph〉라는 제목의 디지털 그림 컬렉션 10점을 온라인 경매에 올렸는데, 이 그림들이 580만 달러에 팔렸어요.33 당시 환율에 따라 다르지만 한화로 65억~70억 원 정도 됩니다. 제가 '그라임스의 그림'이라고 하지 않고 '일론 머스크의 연인인 그라임스의 그림'이라고 한 이유는, 대부분의 보도에 일론 머스크의 이야기가 빠지지 않는 데다가 그림의 주제가 화성을 수호하는 아기 천사이기 때문입니다. 화성에 식민지를 건설하는 게 꿈이라서 연일 스페이스X를 통해 사람들을 우주로 보내고 있는 일론 머스크의 이미지와 연결되지 않을 수가 없

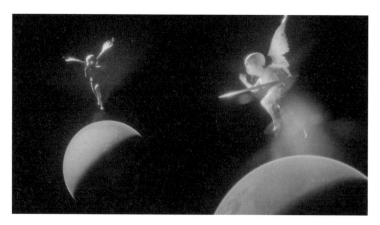

〈워 님프〉 © 2021. Grimes
출처: '니프티 게이트웨이' 인스타그램

었죠. 그래서 일론 머스크 '버프(캐릭터의 능력치를 일시적으로 끌어올리는 효과를 의미하는 게임 용어)'를 받았기 때문에 고가에 낙찰된 것이 아닌가 하는 분석이 많아요.

■ NFT 역대 최대의 경매, 비플의 등장

그런데 그라임스의 놀랄 만한 그림 판매 소식은 금방 새로운 이슈에 묻혀버립니다. 2021년 3월 18일에 처음 100달러로 시작했던 디지털 아티스트 비플의 작품이 크리스티 경매에서 6934만 달러에 팔렸기 때문이에요. 마감 1시간 전까지 1200만 달러 정도였는데 최종적으로 800억 원이 넘는 가격에 낙찰된 거예요(역시 경매는 마지막 1시간이 백미죠).

그의 작품 〈매일: 첫 5000일〉은 현재까지 NFT 아트 거래 사상 최고의 가격을 고수하고 있고, 실제 미술품까지 다 쳐도 현존하는 작가 중 세 번째 고가입니다. 그의 앞에 있는 사람은 제프 쿤스와 데이비드 호크니입니다. 경매가 이뤄지면 작품을 내놓은 사람에게 돈이 돌아가는 것이지 실제 화가들한테 돈이 가는 건 아니거든요. 그런데 비플은 직접 경매에 NFT를 출품한 것이기 때문에 수익을 고스란히 가져갈 수 있었습니다.

그라임스의 경매 결과와 거의 언달아 보도된 비플의 경매 결과는 전 세계가 NFT 아트의 가능성에 눈을 돌리는 계기가 됐습니다.

〈미싱 앤드 파운드〉 © 2021. Mari Kim
출처: 마리킴 홈페이지

많은 작가가 NFT 아트에 본격적으로 뛰어들었는데요, 더 중요한
사실은 NFT 아트 컬렉터들을 만들어냈다는 것입니다. 잘만 고르
면 NFT 아트가 돈이 되겠다는 것을 사람들이 알게 된 거죠.

그 무렵 한국에서도 기술 투자 서비스 기업 피카프로젝트가 시
도한 한국 최초의 NFT 미술품 경매가 있었습니다. 여기에서 현대
미술가인 마리킴의 작품 〈미싱 앤드 파운드Missing and Found〉가 288이
더리움에 낙찰됐습니다. 당시 시세로는 6억 원 정도였는데, 2021
년 11월의 시세로 보면 15억 원이 넘습니다. 이를 계기로 NFT 아
트라는 개념이 '지구촌 화제'나 '세상에 이런 일이' 정도의 이야기
에서 '지금 우리의 현실'로 바뀌게 된 거죠.

■ 한국 NFT 작가들의 활동

앞서 언급한 그라임스나 비플, 마리킴이 '최초'는 아닙니다. 놀 랄 만한 경매 결과 덕분에 이들이 사람들에게 NFT 아트를 알려주 는 역할을 한 거죠. 실제 NFT 아트는 이미 2017~2018년에도 꾸 준히 시도됐습니다. 그리고 NFT가 아니더라도 디지털 작품 활동 을 하는 작가들은 많았습니다. 그들이 NFT를 알게 되면서 NFT 작가들이 갑자기 늘어난 것처럼 보일 뿐이죠.

예를 들어 한국에서 가장 유명한 NFT 작가 중 한 명이 '미상' 입니다. '작가 미상'이라고 할 때 그 미상을 예명으로 쓰고 있어요. 미상은 2015년부터 꾸준히 디지털 아트 작가로서 창작 활동을 하 다가, 2021년 1월 1일에 처음으로 NFT라는 것을 알게 됐습니다. 그리고 3월 2일 새벽 4시 46분에 처음으로 NFT 아트 플랫폼인 슈 퍼레어SuperRare에서 〈오드 드림Odd Dream〉이라는 작품을 14.7이더리움 에 팔았습니다. 당시에는 2600만 원 정도 되는 가격이었죠.

외국 작가들뿐만 아니라 한국 작가들의 NFT 작품 활동도 꽤 활발합니다. 먼저 NFT 세계에 발을 들인 작가들이 클럽하우스와 오픈 카톡방을 통해서 노하우를 알려주고, 그것을 배운 작가들이 민팅해서 경매에 성공하는 사례들이 계속되고 있습니다.

그런 스터디의 결과 2021년 3월 23일부터 4월 5일까지 크립 토복셀Cryptovoxels이라는 메타버스의 누 갤러리Nu Gallery에서 70여 명 의 아티스트가 참여한 NFT 전시가 열렸습니다(크립토복셀은 자신

〈오드 드림〉 © 2021. Mr. Misang
출처: 미상 홈페이지

이 산 땅에 건물을 지어 이용하는 부동산 기반의 메타버스인데, 갤러리가 유난히 많이 들어서서 지금은 NFT 갤러리가 많이 모여 있는 메타버스로 인지되고 있어요). 처음에는 이윤성 작가가 크립토복셀에 전시관을 열자 몇몇 작가가 자신의 작품도 걸어달라고 부탁해서 시작된 일이라고 하는데, '이왕 하는 거 제대로 해보자' 해서 기획전이 된 겁니다.[34]

그 후에는 조금 더 기업적인 모습으로 전시회가 열리기도 했습니다. 2021년 4월에는 한동이 작가와 가상 공간 제작 업체인 NFT OASIS VR이 공동으로 주최한 '제1회 KOREAN ARTIST OASIS'가 열려 88명의 NFT 작가가 참여했습니다. 7월에는 유진갤러리에

〈더 스토리 오브 마티 팰리스 호텔〉 © 2021. 하정우
출처: 클립 드롭스(표갤러리 제공)

서 '마이 컬렉션 위드 NFT**My Collection with NFT**'를 열어 국내에서 주목
받는 NFT 작가들을 소개했어요.[35]

조금 더 대중적인 모습으로는 카카오의 등장이 눈에 띕니다. 카
카오의 자회사인 그라운드X가 가상자산 지갑인 클립**Klip**을 오픈하
면서 NFT 작품을 유통하고 보관하는 클립 드롭스**Klip Drops** 서비스를
선보였거든요. 여기에 나온 작품 중에서 하정우의 〈더 스토리 오브
마티 팰리스 호텔**The Story of Marti Palace Hotel**〉이라는 작품이 대중의 관심
을 끌었고, 4만 7000클레이(한화 약 5600만 원)에 낙찰됐습니다.

카카오톡에 디폴트로 들어 있는 클립 서비스는 카카오톡을 쓰
는 사람이라면 누구나 접근할 수 있습니다. 그러니까 우리의 주머
니에 이미 NFT 지갑이 들어 있는 셈이에요. 모르고 있었을 뿐이
죠. 그만큼 NFT 작품에 대한 접근성도 상당히 좋아졌습니다. 다만

이 플랫폼이 외국의 NFT 거래소처럼 글로벌하게 성장하느냐 아니냐는 앞으로의 행보에 달려 있겠죠. NFT 아트는 생각보다 가까이 우리 곁에 다가와 있습니다.

■ NFT 아트가 재테크가 될까?

2021년은 NFT 아트의 기본을 다지는 시기였습니다. 디지털 작업을 하는 작가들이 NFT 아트로 넘어오면서 공급자들이 많아졌어요. 공급자의 증가율에 비해서 수요자의 증가율은 조금 한정되어 있었죠. 그런데 기술적으로 점점 접근성이 좋아지면서 수요자들이 마음만 먹으면 쉽게 NFT 아트 시장으로 접근할 수 있게 되어가고 있습니다.

가끔 전해지는 '억 소리' 나는 경매 소식은 수요자들이 '마음을 먹는' 데 계기가 되곤 하죠. 2022년 이후에는 NFT 아트가 더 대중화될 것입니다. 결국 수요자가 늘어나야 시장이 형성되니까요.

다만 NFT 아트를 투자로만 접근할 경우 주의해야 할 점이 있습니다. NFT 아트가 아직은 유명한 작가의 작품 위주로 팔리고 있다는 사실이죠. 그리고 경매를 통해서 사거나 최초 판매에서 사는 경우는 있는데, 한 번 경매된 작품이 다시 시장에 나와서 가격이 높아지는 2차, 3차 판매 기록은 아직 많지 않다는 것입니다. 자신이 50만 원을 주고 작품을 샀다고 해서 그것이 꼭 50만 원인 것은 아니죠. 누군가가 다시 사줘야 가치가 있는 것이지, 팔리지 않는다면 0원이나 마찬가지입니다. 물론 팔릴 경우 1000만 원도 될 수 있지만요. 이런 점에서 암호화폐 같은 투자와는 다릅니다.

컬렉터블 시장에 비하면, NFT 아트를 재테크 개념으로 시스템적 접근을 하긴 어렵습니다. 개별 작가와 작품에 대한 지식이 있어야 자신이 산 NFT 아트가 나중에 가치가 오를지 아닐지 판단할 수 있으니까요. 그래도 전체적으로는 NFT 아트에 대한 접근성이 좋아지고 있고 NFT 아트에 관심이 있는 사람들도 늘어나고 있기 때문에 시장 상황은 좋아질 것입니다. 그리고 메타버스가 본격화되면서 소유한 작품을 걸어놓을 자신만의 공간이 생기므로 방문자에게 작품을 홍보할 수도 있습니다. NFT 아트의 사용성이 생기는 것이 메타버스로의 확장인 만큼, 메타버스가 본격화될수록 메타버스 안에서 자신의 공간에 그림을 걸어놓으려는 수요는 더 늘어날 것입니다.

다만 그래도 재테크 개념으로 NFT 아트에 접근하고자 한다면, 작가에 대해 연구하고 그림의 비전도 고민하면서 다양한 측면을 고려해야 합니다. 사실 작가가 유명할수록 잘 팔리는 경향이 있으니까 유명세를 따져보는 것도 괜찮고요. NFT 작가들은 SNS로 소비자와 소통하는 경우도 많기 때문에 그런 소통의 모습들, 작가를 중심으로 한 커뮤니티의 존재 등도 고려하는 것이 좋습니다. 작가와의 인터뷰를 다룬 미디어나 유튜브 채널도 있으니 열심히 찾아보시고요. 예를 들어 '메타버스 포럼'은 메타버스와 NFT 투자에 대한 여러 가지 소식을 전하는 유튜브 채널인데요. NFT 작가들의 인터뷰가 종종 올라오니까 여기에서 작가들의 세계관이나 생각들을 파악하면서 구매를 결정하는 것도 좋을 것입니다.

■ NFT 아트의 실제적 의의

NFT 아트가 미술에 대한 개념을 바꾸고 있습니다. 유일성이라는 미술 작품의 특징이 없어지고 그야말로 서로 간의 약속이라는, 어쩌면 조금은 감추고 싶었던 미술 작품의 진실이 그대로 드러나고 있어요. 대중 입장에서는 어떤 작품이 더 좋고, 어떤 작품이 덜 좋은지에 대한 개인적 호불호는 있을지 몰라도, 그런 호불호가 몇백억 또는 몇천억 원의 차이를 만들지는 않거든요. 갤러리나 경매사, 비평가들이 만드는 담론이 보통은 미술 작품에 대한 가치를 부여해왔죠.

NFT 아트 시장은 그런 중간상이나 중개자들을 모두 빼버리고 생산자와 소비자가 직거래를 하는 장입니다. 앞서 잠깐 언급했듯이 미술계에는 '갤러리 권력'이라는 말이 있습니다. 갤러리에서 선정해서 그림을 걸어주지 않으면 작가들 입장에서는 데뷔는 물론이고 그림을 판매할 길이 많지 않습니다. 물론 대부분의 갤러리가 좋은 작품을 사람들에게 소개한다는 사명감을 가지고 일하지만, 그렇지 않은 극소수 때문에 이런 말이 생기는 거죠. 그런데 NFT 아

메타버스 포럼의 유튜브 채널에 올라온 NFT 작가 인터뷰
출처: 메타버스 포럼 유튜브

트는 갤러리를 빼고 시장에서 유저들을 직접 만납니다. 그래서 데 뷔 자체도 쉬워요. 자신이 자신의 그림을 민팅해서 판매하면 되니 까요.

원래 비평가는 그림에 의미를 부여해주고 그것을 대중에게 설 명해주는 사람이죠. 그런데 NFT 아트의 구매자는 그런 비평가의 말에 관심이 없어요. 그림을 보고 마음에 들어서 사거나 작가의 유 명세를 보고 사거나 할 뿐입니다. 결국 NFT 아트에서는 비평가의 역할을 작가 자신이 합니다. 자신의 그림에 의미를 부여하는 거죠. 이를 위해 NFT 아트 작가들은 SNS를 통해 대중과 적극적으로 소통하고, 자신의 세계관을 확립해서 보여줍니다. 그런 세계관 안에서 창작 활동의 연속성도 담보하는 거죠.

창작자와 소비자가 뒤섞여 존재하는, 그리고 소비자 역시 쉽게 창작자가 될 수 있는 특이한 시장이 NFT 아트 시장입니다. 유튜브가 생기면서 유저들이 쉽게 영상의 생산자가 되고 공중파 방송국이 몰락해간 상황과 비슷합니다. 미술계에서는 NFT 아트를 통해 그런 상황이 이제 막 시작됐는데요, 지금의 속도라면 변화가 서서히 일어날 것 같지는 않아요. 아마도 정신을 못 차릴 정도로 급격한 변화가 일어나지 않을까 생각합니다.

미술 시장이 럭셔리 백화점 같은 분위기에서 벼룩시장 같은 분위기로 바뀌고 있습니다. 고급스러울지는 모르겠으나 대중과는 동떨어져 있던 럭셔리 백화점보다는 많은 사람이 예술을 향유할 수 있고, 생산자와 소비자의 구분 자체가 필요 없는 벼룩시장이 예술 시장에는 더 좋은 것이 아닐까 합니다. 예술은 모든 사람이 즐겨야지, 재벌 회장님의 개인 서가에만 존재해선 안 되잖아요.

그래도 아마 기존 예술품 시장이 없어지거나 하지는 않을 것입니다. NFT 아트를 계기로 미술을 즐기는 사람이 새로 생기는 거니까요. NFT 아트 유행의 중심에는 MZ세대가 있습니다. 그중에서도 구매력이 조금 더 있는 밀레니얼 세대가 더 비중이 크고요. 데이터 조사 기관인 피플세이Piplsay의 조사에 따르면, 미국의 밀레니얼 세대 중 41%가 NFT를 구매한 경험이 있고 영국은 45%가 NFT 구매 경험이 있다고 합니다.[36] 또 비플의 NFT가 크리스티에서 경매될 때, 참여자의 91%가 원래 크리스티 고객이 아니었다고 하죠. 58%가 밀레니얼 세대였고요.[37]

기존의 미술 시장과 새로 생기는 NFT 아트를 중심으로 한 미술 시장의 소비자들은 서로 다른 사람들일 것입니다. NFT 아트의 창작자 역시 기존의 예술가라기보다는 디지털 아트 작업이나 디자인 작업 등을 해오던 사람이 많습니다. 그렇게 본다면 NFT 아트는 예술의 저변을 생산자 측면과 소비자 측면 양쪽 모두에서 확대하는 거죠. 그래서 아마도 예술 시장은 소비자의 특성에 맞게 이원화된 시장으로 존재하지 않을까 싶습니다.

NFT 컬렉터블

덕후에서 비즈니스로

■ **원래 있던 컬렉터블 시장**

컬렉터블(수집품) 시장은 NFT 아트보다는 조금 더 산업적인 모습을 갖췄습니다. 그도 그럴 것이 결과물을 누가 창작하느냐의 문제거든요. NFT 아트는 기업이 거래의 장을 마련하고 수수료를 받을 수는 있지만, 직접 창작할 수는 없습니다. 그렇게 공산품이 되는 순간 가치가 없어지니까요. 그런데 컬렉터블은 기획에 따라 얼마든지 만들 수가 있어요. 초창기 성공한 NFT 프로젝트들은 그래서 대부분 컬렉터블이었죠. 크립토펑크처럼 1만 개 한정으로 발행된 아바타 이모티콘이나 크립토키티 같은 고양이들도 그렇고요. 특히

NBA 톱숏 같은 스포츠 카드 컬렉터블 시장은 꽤 견고한 비즈니스 구조를 보여줍니다.

컬렉터 입장에서도 NFT 아트는 개별적으로 알아야 하고 공부해야 할 것이 많지만, 상대적으로 컬렉터블 시장은 정보가 어느 정도 균질화되어 있어요. 카드라고 하면 어떤 카드가 희소하고 어떤 카드가 인기가 좋은지 어느 정도 알려져 있으니, 투자를 위해서라면 어떤 것을 사야 할지 비교적 가이드가 명확한 편입니다. 투자라는 측면에서 접근하기에는 컬렉터블이 NFT 아트보다는 조금 더 용이하죠. 그래서인지 지금까지 NFT 거래의 비중을 보면 컬렉터블이 57%, 아트가 29% 정도였습니다.[38]

원래 컬렉터블 시장은 NFT가 나오기 전에도 있었어요. 제가 열심히 보는 유튜브 채널 중에 히스토리 채널에서 하는 〈전당포 사나이들〉이라는 프로가 있거든요. 전당포라는 이름과 달리 골동품상 비슷한 것입니다. 라스베이거스에 있는 점포에 의뢰인이 역사가 있는 낡은 물건을 가져오면, 그것이 진품인지 아닌지 감정한 후에 협상을 통해 가격을 결정하고 매입하는 건데요. 정말 별의별 물건이 다 나옵니다.

그중 야구카드가 종종 나오는데, 미국에서는 프로야구 선수의 카드를 만들어서 유통을 많이 했죠. 다른 업체와 제휴해서 같이 유통하는 경우도 꽤 있었는데, 과자 회사와 제휴해서 과자 봉지에 카드를 집어넣는 게 대표적인 예입니다. 1936년에 명예의 전당에 오른 선수가 피츠버그 파이리츠의 유격수인 호너스 와그너인데요.

1909년 아메리칸타바코에서 담배에 야구카드를 넣었는데, 와그너는 동의를 하지 않았고 카드를 만들지 못하도록 소송까지 했다고 합니다. 그러는 바람에 전 세계에 57장밖에 남지 않아서 매우 희귀한 카드가 됐죠.[39] 최근 거래에서 호너스 와그너 카드가 660만 달러에 거래됐다고 해요. 담배 사면 나오던 카드가 78억 원 정도가 된 거예요.

원래 미국인이 야구를 좋아하는 데다가 야구카드의 전통이 오래되다 보니, 야구카드 컬렉터블 시장이 상당히 발달되어 있습니다. 그 밖에 농구나 풋볼 등에서도 다양한 형태의 선수 카드가 발행되고 있고요. 2019년 기준 미국의 스포츠카드 시장 규모는 138억 달러였다고 합니다.[40]

■ 70년 만에 바뀌는
메이저리그 야구카드 독점 사업자

미국의 야구카드는 톱스Topps가 70년 동안 독점해온 사업이었습니다. 톱스는 1938년 추잉 껌 회사로 출발해 1951년부터 야구카드 시리즈를 출시했고, 이후 메이저리그와 독점 계약을 체결해서 지금까지 70여 년간 야구카드를 생산해온 유일한 기업이었습니다. 우리나라 역사로 치면 6·25전쟁 이후부터 지금까지 한 상품을 한 회사가 만들어온 셈이에요. 그런데 2021년에 이 견고할 것만 같았던 독점체제가 깨진다는 소식이 들려왔습니다. 메이저리그가 2025년부터 파나틱스Fanatics를 새로운 공식 야구카드 사업자로 선정한다고 발표한 겁니다.

왜 메이저리그는 70년의 전통을 깨고 야구카드 업체를 바꾼 것일까요? 코로나19로 인해 스포츠카드 트레이딩 시장이 더 커졌습니다. 여기에 NFT라는 기술이 더해져서, 원본 증명이 되는 디지털 카드라는 가능성이 대두한 거죠. 이런 상황에서 아마도 NBA톱숏의 성공이 눈에 들어왔겠죠. 파나틱스는 원래 스포츠 의류 회사로 출발하여 계속 사업을 확장했습니다. 2021년에는 암호화폐 투자사로 잘 알려진 갤럭시 디지털, 그리고 SNS계의 유명 인사인 게리 바이너척과 함께 캔디 디지털을 설립해서 NFT 사업을 시작했어요.⁴¹ 그러니까 메이저리그가 파나틱스의 손을 잡았다는 것은 메이저리그 역시 본격적으로 NFT 카드로 넘어간다는 얘기인 거죠.

원래도 카드 컬렉터블 시장은 꽤 규모가 컸지만, 카드의 물성 때문에 한계가 있었습니다. 일단 위조 카드가 종종 등장했고, 도난이나 변질의 문제도 있었죠. 몇백만 원 주고 산 카드가 보관을 잘 못해서 가치가 '0'이 되는 일도 생길 수 있었던 겁니다. 그런데 NFT로 소유 증명이 된 디지털 카드가 이런 현물 카드의 약점을 말끔히 없앴습니다. 카드 컬렉터블 시장에서는 NFT가 날개를 달아줄 것으로 기대하고 있어요.

미국뿐 아니라 영국의 축구 리그인 프리미어 리그나 스페인의 축구 리그인 라리가처럼 세계적으로 많은 팬을 두고 있는 리그들

이청용 선수의 하이라이트 NFT
출처: 오픈시

도 모두 NFT 카드를 준비하고 있습니다. 그리고 한국 프로 스포츠 리그들도 NFT를 준비하고 있습니다. 블루베리메타라는 회사는 프로축구와 NFT를 발행하기로 하고, 2021년 11월에는 시험 삼아 울산현대 소속 이청용 선수의 NFT 카드를 NFT 거래소인 오픈시에 출시하기도 했습니다. 블루베리메타는 프로배구, 프로농구, 프로야구 은퇴선수협회 등과 MOU나 퍼블리시티권 계약을 맺어서 본격적인 NFT 카드 비즈니스를 벌이려고 하고 있어요.[42]

다만 한국 내수로는 카드 컬렉터블 시장이 충분히 유지될까 하는 우려가 있습니다. 아마도 회사와 리그의 홍보 역량이 중요할 것입니다. 글로벌 팬들에게 수집 붐이 일게 한다면 괜찮은데, 그냥 카드 발행했으니 알아서 사가라는 식으로 대응하면 사업 자체의 전망은 밝지 않습니다.

NFT 카드 시장은 접근성과 신뢰성이 높아진 만큼 완전한 팬이 아니어도 참여할 가능성이 큽니다. 재테크 차원에서 접근하는 이들도 일정 비율이 될 텐데, 그런 사람들을 세계에서 많이 끌어들여 시장 규모를 키우는 것이 관건이라고 할 수 있습니다. 그러면 눈덩이 효과로 더 큰 규모의 거래가 일어날 것이고, 이는 스포츠 리그 자체의 흥행과도 맞물릴 것입니다. NFT 카드를 흥행시키려면 글로벌 홍보 역량이 필요한데, 기존의 돈 쏟아붓는 마케팅으로 되는 것이 아니라 커뮤니티와 이벤트 관리 등 시장 참여자들과 교감을 일으키는 관리 측면으로 접근해야 할 것입니다.

■ 크립토펑크와 지루한 원숭이들

스포츠 카드는 원래 오프라인으로 존재하던 시장을 NFT로 온라인화해서 덩치를 키운다는 의미이고, 처음부터 온라인으로만 존재하는 컬렉터블 시장이 있죠. NFT에서 가장 의미 있는 첫 번째 프로젝트인 크립토펑크 역시 1만 개의 디지털 아바타를 발행하는 컬렉터블입니다. 디지털 아바타를 만드는 것인데, 현재까지는 이 아바타들이 SNS의 프로필 사진 정도로만 쓰이기 때문에 PFP^Profile Picture라고도 불립니다(하지만 아직까지 친근하지는 않아서 PFP보다는 아바타라는 말을 쓰도록 하겠습니다. 활용도도 더 높다는 느낌이니까요).

크립토펑크의 장점은 자동으로 생성된 1만 개의 아바타가 모두 다르기 때문에 말로만의 고유성이 아니라 실제 고유함을 가지고 있다는 것입니다. 이런 점이 컬렉터들의 공감을 얻은 데다가 최초의 NFT 프로젝트라는 상징성 때문에 아바타 하나의 가격이 그야말로 천정부지로 치솟았습니다. 지금도 크립토펑크가 가장 거래가 많이 일어나고, 가격도 가장 비싸죠.

다음 그림은 데이터 제공 업체인 댑레이더에 기록된 2021년 11월 21일 기준 24시간 동안 일어난 거래 Top 10입니다. 보다시피 순위권에 크립토펑크가 7개입니다. 재테크 차원에서 컬렉터블에 접근하려면 이렇게 거래가 활발한 아이템에 진입하는 것이 좋습니다. 대신 초기 자금이 좀 많이 들겠죠. 개당 가격이 너무 비싸졌으니까요.

NFT 컬렉터블로 유명한 것 중 하나가 '보어드 에이프 요트클럽Bored Ape Yacht Club'입니다. NFT 전체 거래량으로 보자면 Top 5 안에 들죠(나머지는 NFT 게임인 엑시 인피니티, NBA 선수 카드를 수집하는 NBA 톱숏, 크립토펑크입니다. 그리고 '아트 블록'이 있습니다. 아트 블록은 AI 알고리즘이 그린 그림을 무작위로 사는 구조예요. 무슨 그림인지 모르고 샀다가 나중에 나온 그림을 파는 것이라 운이 상당히 따라야 하는 컬렉터블입니다).

보어드 에이프 요트클럽은 자동 생성되는 1만 마리의 원숭이들 NFT입니다. 이 NFT를 발행한 창업자 네 명은 처음에는 NFT 초보자였습니다. 공부하면서 만든 프로젝트가 이 원숭이들이에요. 미국 NBA에서 뛰고 있는 농구선수 스테픈 커리의 트위터 프로필 사진

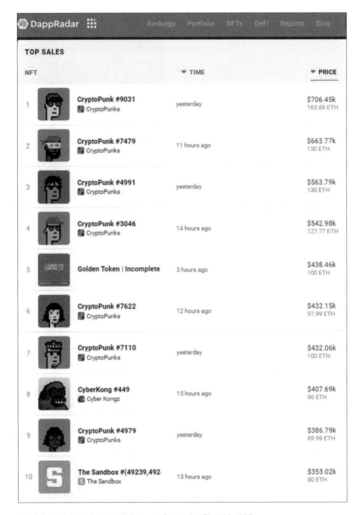

24시간 동안 일어난 NFT 거래 Top 10(2021년 11월 21일 기준)
출처: 댑레이더

이 바로 이 원숭이 중 한 마리여서 컬렉터들의 관심을 받기도 했습
니다.

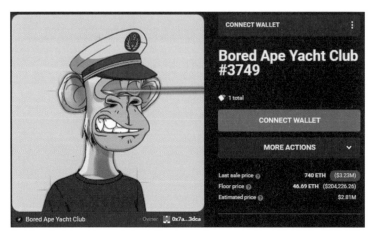

보어드 에이프 요트클럽 #3749
출처: 댑레이더

처음 이 프로젝트가 시작된 2021년 5월에는 원숭이 한 마리당 가격이 20~30달러 정도였거든요. 그런데 7월에는 평균 가격이 4000만 원 정도가 됐고, 지금은 한 마리당 수백만 달러를 호가합니다. #3749 원숭이는 740이더리움에 거래되기도 했습니다. 2021년 11월 시세로 보면 한화로 40억 원 정도 되네요.

NFT 컬렉터블에 관한 여러 프로젝트가 론칭되긴 하지만, 성공적으로 안착하는 것은 그중 몇 개에 불과합니다. 보어드 에이프 요트클럽은 성공한 쪽인데, 이들의 성공 요소는 재미입니다. 프로젝트 이름 자체가 조금 풍자적이기도 하죠. 암호화폐계의 속어로 'aping in'은 불확실한 것에 큰 투자를 하는 것을 말하는데요. 이들의 요트클럽이니까, 빠르게 부자가 된 사람들을 위한 클럽인 거예요. 할 일이라고는 밈을 만들거나 하는 것밖에 없는, 지루한bored 사

람들이죠.[43]

보어드 에이프 요트클럽은 그냥 한번 판매하고 그치는 것이 아니라 여러 가지 이벤트를 벌입니다. 한 예로 '보어드 에이프 켄넬 클럽Bored Ape Kennel Club'을 통해 유인원들을 위한 애완동물을 만들기도 했어요.

그리고 원숭이 보유자들을 위한 서비스를 이것저것 준비합니다. 한번은 25달러짜리 실물 모자 500개를 원숭이 소유자들에게만 팔았는데, 불과 몇 시간 만에 그 모자들이 수천 달러에 거래되기 시작했다고 합니다. 그리고 뉴욕 허드슨강에 실제 요트를 띄워놓고 원숭이 소유자들을 위한 파티를 열기도 했습니다. 래퍼와 록밴드 등이 공연했다고 하죠. 그야말로 부자들을 위한 요트클럽이네요. 저 원숭이 한 마리 가격을 생각하면, 그것을 소유하고 있는 사람들이니 별스러울 것도 없겠지만요. 그래서 이 이벤트는 너무 배타적이라는 비판을 받았다고 합니다.[44]

■ **컬렉터블에 처음 진입한다면**

컬렉터블은 원래부터 투자 개념이 강합니다. 예컨대 야구카드라면 팬심도 작용하지만, NFT 컬렉터블은 그런 것도 별로 없어요. 원숭이를 너무 좋아해서 보어드 에이프 요트클럽의 원숭이들을 사는 사람이 얼마나 되겠습니까. 오히려 별다른 의미가 없는 경우가 많아요. 그 의미 없음이 오히려 '힙'해 보이는 거죠. 보어드 에이프 요트클럽의 설립자 중 한 명은 가가멜이라는 이름을 씁니다. 여자 친구가 스머프를 모른다는 데 충격을 받아서 처음 프로젝트 시작할 때 택한 이름이래요. 이런 식으로 큰 의미를 두지 않지만 오히려 이런 것이 스토리가 됩니다. 사람들 입을 통해 전달되는 이야깃거리가 되는 거죠.

NFT 컬렉터블은 철저하게 투자라는 관점에서 접근하는 것이 좋습니다. 그리고 완전 초창기나 무르익은 컬렉터블에 들어가야지, 중간 정도 지점의 컬렉터블은 위험합니다. 처음 시작할 때는 가격이 낮거든요. 그러니까 론칭하는 것에 들어가서 몇 개 사놓으면 되는데요. 문제는 그것이 앞으로 잘될지 안될지 알 수가 없다는 거죠. 하지만 20개 정도 프로젝트에서 20만 원짜리 컬렉터블을 하나씩 선택해 400만 원어치를 샀다고 해도, 그중에서 하나만 1000만 원에 판다면 600만 원의 이익을 낼 수 있습니다.

또는 비싸더라도 거래가 활발한 컬렉터블을 사야 내가 산 컬렉터블을 사줄 다음 사람이 있습니다. 중간 정도 프로젝트는 가격이 어느 정도 나가는데, 자신이 산 컬렉터블을 사줄 사람이 더는 없을 수도 있거든요. NFT 거래 플랫폼이나 NFT 관련 데이터를 제공하는 사이트들을 참고하면 어떤 NFT 컬렉터블이 활발하게 거래되는지 알 수 있으니까 처음 진입할 때 꼭 참고하시기 바랍니다.

디지털 부동산

메타버스 부동산은 원래
NFT 머니 게임

■ 부동산 테마의 메타버스

지금은 메타버스의 초창기라고 할 수 있습니다. 그럼에도 대중이 메타버스라는 개념에 관심을 가지게 한 게 부동산 메타버스예요. 언론에서 메타버스를 소개할 때 '강남 땅을 2만 원에 샀다고?' 같은 헤드라인을 내놓는 경우가 종종 있었는데요. 부동산에 고통을 겪고 있는 서민들 입장에서는 어그로(관심을 끌기 위해 자극적인 내용의 글을 올리거나 악의적인 행동을 하는 것)인 줄은 알지만, 귀가 저절로 쫑긋할 수밖에 없는 이야기죠.

강남 땅을 2만 원에 살 수 있다는 이야기의 주인공은 부동산 메타버스인 어스2였습니다. 땅을 사고, 그것을 다시 더 비싼 값에 파는 일종의 부동산 게임이죠. 부동산 테마의 메타버스들은 기본적으로 한 단위 또는 한 구역의 땅을 사서 그것을 되파는 과정에서 값이 올라가는 구조가 핵심입니다. 어스2 같은 플랫폼은 창업주가 모노폴리 게임을 떠올리면서 만들었다고 하죠.

조금 더 종합적인 메타버스의 모습을 갖춘 디센트럴랜드 같은 플랫폼도 있습니다. 디센트럴랜드도 처음에는 부동산 테마의 메타버스로 시작했지만, 이제는 제법 종합적인 메타버스의 모습을 갖춰가고 있어요.

부동산 메타버스가 대중의 호응을 얻기 시작한 것은 NFT 기술의 발달 덕분입니다. 메타버스에서 부동산을 샀다고는 하지만, 사실 디지털 코드일 뿐이라서 큰돈을 들이기가 찜찜한 구석이 있었거든요. 어느 날 갑자기 개발사가 플랫폼을 접어버리거나, 코드를 지워버리거나, 부동산 판 돈을 지급해주지 않으면 그 돈은 그냥 날아가니까요. 이런 것을 '스캠scam한다'고 하거든요. '신용 사기'라는 뜻인데, 부동산 메타버스는 돈이 거래되는 만큼 유독 '스캠설'이 많았습니다.

그런데 NFT로 디지털 소유 증명이 되면서 개발사의 농간이 있다고 하더라도 어느 정도 방어할 장치가 마련됐습니다. 코드를 지워버려도 NFT로 증명이 되니 재산권을 방어할 수 있습니다. 개발사가 부동산 판 돈을 지불하지 않을지 모른다는 걱정에서도 해방됐죠. 보통 NFT는 암호화폐와 같이 가니까, 개발사에서 돈을 받는 것이 아니라 암호화폐 거래소에서 직접 환전해서 받아 가거든요. 어느 날 플랫폼을 접어버리는 것에 대해서는 NFT라고 해도 별다른 대응 방안이 없습니다. 하지만 플랫폼을 접어버릴 정도라면 그만큼 그 메타버스가 '망조'라는 얘기니까 어차피 자신이 가진 땅을 팔지는 못할 거예요(딱히 더 억울한 것은 아닌 셈이죠).

그래서 부동산 메타버스에 투자할 때는 무엇보다 메타버스 플랫폼을 잘 선택해야 합니다. 2021년 상반기만 해도 플랫폼 자체가 제한적이었는데, 2021년 하반기 들어서 이것저것 많이 생겼어요. 아마 2022년부터는 우후죽순으로 생겨날 겁니다. 그리고 꼭 부동산 테마의 메타버스가 아니더라도, 원래 메타버스라는 것이 가상 '공간'이기 때문에 공간을 유저들에게 유료로 분양할 가능성은 어떤 메타버스라도 존재하죠.

투자할 만한 부동산 메타버스에는 어떤 것이 있는지 플랫폼들을 기준에 맞춰 분류해보고, 유형을 정리해보겠습니다. 부동산 테마라고 해서 다 똑같지는 않습니다. 일단 지금까지 나온 부동산 테마의 메타버스들을 유형별로 정리해보겠습니다. 메타버스 플랫폼이 만든 세계가 현실과 얼마나 유사한지, 어떤 화폐를 기반으로 거래하는지, 어떤 방식으로 부동산을 이용해 수익을 얻는지, 이렇게 크게 세 가지 차원에서 구분할 수 있습니다.

부동산 테마의 메타버스 유형별 정리 1: 디지털 트윈형과 가상세계형

우선 디지털 트윈형 메타버스와 가상세계형 메타버스로 구분할 수 있습니다. 디지털 트윈이란 현실 세계와 똑같이 디지털 세계에 구현하는 것을 말합니다. 그리고 가상세계는 그야말로 가상의 세계를 창의적으로 만들어낸 거예요. 예를 들어 메타버스 커머스를 연다고 할 때 명동 거리를 똑같이 구현해서 거기서 가게 하나씩을 차지하고 상품을 팔면 디지털 트윈에 구현하는 것이죠. 반면 네버랜드에 피터팬과 아이들의 집 하나씩을 설계한 다음 거기서 물건을 팔면 가상세계가 되고요.

부동산 메타버스 역시 디지털 트윈형과 가상세계형으로 구분할 수 있습니다. 예를 들어 어스2는 디지털 트윈형입니다. 지구를 그대로 구현하거든요. 그래서 한국을 찾아 들어가 보면 자신이 살고 있는 곳을 찾을 수 있고, 그 땅을 살 수도 있습니다. 판매는 타일이라는 단위로 이뤄지는데, 위성지도상의 정사각형 타일을 사고파는 것입니다.

그리고 타일 소유자의 국적에 따라 그 나라 국기가 표시됩니다. 우리나라 청와대에 다른 나라 국기가 덮여 있거든요. 다른 나라 사람이 샀다는 얘긴데 그냥 어스2라는 한 플랫폼상의 디지털 코드일 뿐인데도 왠지 마음이 개운치가 않더군요. 그것이 바로 디지털 트윈의 위력이죠. 현실과 겹쳐서 생각하게 되니까요.

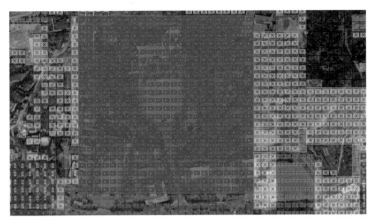

청와대를 뒤덮은 중국 국기
출처: 어스2

　그래서 디지털 트윈 부동산 메타버스는 실제 현실의 호재에 따라 부동산 가격이 오르내립니다. 한 예로 2021년 도쿄 올림픽이 끝난 후에는 파리 가격이 상승했어요. 다음 올림픽 개최지거든요. 또 유전이 터졌다고 하면 그 지역 땅값이 오르는 식이어서 네이버 카페에는 어스2 내의 지역 정보를 교환하는 모임도 있습니다.

　반면 가상세계를 기반으로 하는 부동산 메타버스는 해당 메타버스 유저들의 동선을 바탕으로 부동산 가격이 정해지는 경향이 있어요. 메타버스 안에서도 유저들이 많이 가서 점점 번화하는 곳이 있는데, 이런 곳의 부동산 가격이 높죠. 현실에서의 힌트가 없으니 메타버스 안에서 어느 지역이 개발되고 있고, 어느 지역에 사람들이 많이 가는지 잘 보면서 부동산을 골라야 합니다.

부동산 테마의 메타버스 유형별 정리 2: 암호화폐 기반과 가상화폐 기반

두 번째로는 암호화폐 기반과 가상화폐 기반으로 구분할 수 있습니다. 가상화폐를 기반으로 한 메타버스에서는 돈의 흐름을 개발사가 통제합니다. A와 B가 부동산 거래를 한다고 할 때 돈을 직접 주고받는 게 아니라 가상화폐 시스템을 통해서 하므로, 결과적으로 보면 개발사가 관여하는 셈이죠. A와 B 사이에서는 가상화폐로 거래되지만, 그것을 현금화할 때는 개발사에 사거나 파는 것이거든요.

암호화폐 기반 메타버스에서는 당사자 간에 거래가 직접 이루어집니다. 암호화폐는 메타버스 안에서 쓰는 통화인데, 보통은 그 통화들이 암호화폐 시장에 상장되어 있기 때문에 자신이 언제든지 암호화폐 거래소에서 현금화할 수 있거든요. 아직은 너무 먼 얘기처럼 들려서 그렇지, 암호화폐의 사용처가 많아지면 현금과 같다고 느껴질 거예요. 그래서 부동산 메타버스뿐 아니라 새로 만들어지는 메타버스들 역시 가능한 한 암호화폐를 기반으로 하고자 합니다.

NFT 기반의 메타버스들은 대개 암호화폐를 기반으로 합니다. 다시 말해서, 해당 플랫폼 안에서만 쓰일 수 있는 가상화폐 기반의 메타버스는 NFT가 적용되지 않은 것일 수 있다는 얘기예요. 개발사의 '장난질'에 취약할 수 있습니다.

부동산 테마의 메타버스 유형별 정리 3: 모노폴리형과 부동산 개발형

세 번째로는 모노폴리형과 부동산 개발형으로 구분할 수 있습니다. 모노폴리형은 부동산을 사고파는 과정에서 시세차익을 남기는 것이 목적인 메타버스입니다. 어스2나 업랜드Upland 등이 이에 해당합니다. 이런 메타버스는 디지털 트윈인 경우가 많아요. 그냥 위성지도만 있을 뿐인데 갑자기 어느 지역 땅값이 오르거나 하긴 어렵잖아요. 그러다 보니 부동산 가격이 현실의 호재와 연동되는 방식으로 갈 수밖에 없는 거죠.

부동산 개발형은 메타버스 내 땅을 사서 개발하는 것으로, 관심을 가질 만한 유형입니다. 물론 통행이 많은 번화가의 땅을 사면 그냥 가지고만 있어도 가격이 올라가겠지만, 그 땅을 개발해서 이점을 더 키우는 거죠. 메타버스에서 건물을 짓는 게 현실에서처럼 돈이 많이 드는 일은 아니거든요. 디자인이나 코딩의 문제죠. 공연장이나 NFT 갤러리를 지어 쓰임새를 만들면 사람들이 찾아오기 마련이고, 그러면 가치가 올라갑니다. 실제 현실에서도 부동산을 개발해서 시세를 끌어올리는 사람들이 돈을 많이 벌잖아요.

디센트럴랜드가 대표적입니다. 디센트럴랜드에는 소더비 경매나 크리스티 경매, 플레이보이 같은 기업이 많이 들어와 있습니다. 땅을 사서 갤러리를 지어 NFT 거래를 하고 있죠. 특히 한 지역에는 아타리라는 게임 업체가 들어와서 카지노를 지었어요. 그 덕에 디

크립토복셀의 거리
출처: 크립토복셀

센트럴랜드 안에서 카지노를 즐길 수 있게 됐죠. 이런 대규모의 부동산 개발도 일어나는 게 부동산 베타버스입니다.

크립토복셀도 땅을 사서 건물을 올리고 그 건물에 역할을 부여하는 것은 비슷한데, 이 메타버스에는 NFT 갤러리가 많아서 NFT 거래 메타버스로 자리매김했습니다(저도 여기 구석진 곳에 땅 하나 사놓을 수 있을까 하고 살펴봤는데, 조그만 땅이라도 400만 원씩 하더라고요. 그래서 포기했습니다).

앞으로 토털 메타버스는 기본적으로 부동산 개발형이 될 것으로 보입니다. 메타버스가 기본적으로 공간 개념이니까, 부동산 테마의 메타버스가 아니더라도 공간을 사고팔 수밖에 없거든요. 실제 사람이 거주하는 것처럼 부동산 개념도 생겨날 겁니다. 메타버스 내에 자기 소유의 집이 있어야 더 오래 머물게 되고 잘 꾸미고 싶다는 생각도 들 테니까요. 그럴 때 메타버스 내의 소비가 촉진되기 때문에 메타버스 플랫폼을 만드는 입장에서는 이렇게 갈 수밖에 없습니다.

당분간은 플랫폼을 개발하기가 조금 더 수월한 디지털 트윈형이 많이 론칭될 거예요. 하지만 그건 한계가 분명합니다. 장기적으로 보면 가상세계 기반의 암호화폐를 쓰고, 부동산 개발이 가능한 메타버스가 대세가 될 것입니다.

■ 부동산 플랫폼의 발전 단계에 따른 분류와 사례들

부동산 메타버스들은 대부분 비슷비슷한 3단계의 발전 과정을 지향합니다. 1단계에서는 땅 거래를 합니다. 2단계에서는 아바타를 만들고, 땅에 여러 건물이 들어서죠. 그리고 3단계에서는 그 건물들에서 여러 사회적 기능이 이루어집니다. 영화관에서는 영화가 상영되고, 도서관에서는 독서토론 모임이 진행되는 식으로요. 그러면 토털 메타버스로 발전하게 됩니다.

지금 론칭되는 부동산 메타버스들은 대부분 이런 지향성을 표방하고 있습니다. 문제는 과연 어떤 플랫폼이 3단계까지 갈 수 있는가 하는 거죠. 만약 3단계까지 가서 전 세계인이 들어오는 메타버스가 된다면, 그 안에 사둔 땅은 비트코인 버금가는 수익률을 기록할 수도 있어요. 대부분의 부동산 메타버스는 거래되는 땅의 개수를 제한해둡니다. 희소성이 있어야 가치가 올라가기 때문이죠. 땅은 희소한데 인원은 계속 늘어 사고자 하는 사람이 많아지면 당연히 땅값은 오르게 됩니다.

과연 어떤 메타버스가 끝까지 살아남을까요? 기껏 땅을 사놨는데, 메타버스 플랫폼 자체가 없어진다면 너무 억울하잖아요. 옥석 가리기가 중요한 것도 이 때문입니다.

디센트럴랜드

2021년 말 현재 기준으로 3단계까지 잘 구현된 부동산 메타버스는 디센트럴랜드입니다. 이곳에서는 아바타가 사회적 활동을 하고, 구역으로 나뉘어서 개발도 활발하게 일어나고 있어요. 실제로 카지노나 갤러리 등도 운영되고 있고요.

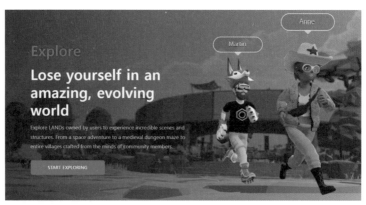

디센트럴랜드의 메인 화면
출처: 디센트럴랜드

디센트럴랜드의 땅은 '랜드'라고 불리는데요, 이 랜드는 NFT화되어 있어서 산 사람에게 소유 증명이 됩니다. 그리고 랜드의 개수가 총 9만 61개로 정해져 있어요. 랜드가 잘 팔린다고 해서 개발사가 수요를 늘리지는 못한다는 말입니다. 그리고 '마나'라는 화폐로 거래가 되는데요, 현재 암호화폐 거래소에 상장되어 있어서 얼마든지 현금화할 수 있습니다.

NFT 분석 사이트인 넌펀저블닷컴nonfungible.com에 따르면 랜드 1개 가격이 2019년 평균 780달러에서 2020년 894달러, 2021년 2700달러까지 상승했다고 합니다. 2년 만에 4배 가까이 뛴 거예요.

디센트럴랜드는 부동산 메타버스가 추구하는 3단계에 도달한 상태로, 유저들이 계속 유입돼 지금도 땅값이 올라가고 있습니다. 다만 이미 어느 정도 구축된 세계이기 때문에 몇 달 사이에 몇백 배로 오르는 극적인 수익률은 기대하기 어렵습니다. 예를 들어 지금 몇천만 원 하는 비트코인이 몇백 배로 오를 수는 없잖아요. 투자에서 '모순'이라는 단어와 가장 가까운 게 '안정적이면서도 수익성 좋은'이라는 말이 아닐까 해요.

어스2

극적인 수익률과 성장 속도, 직관적인 사용이라는 삼박자를 갖춰 한국에서는 가장 유명한 부동산 메타버스입니다. 지구를 디지털 트윈으로 복제한 땅에 10×10미터 단위의 타일을 사는 방식으로 부동산 거래가 이루어집니다. 우리가 아는 지형을 놓고 거래가 이루어지는 것이라 굉장히 친숙합니다.

　그런데 어스2는 부동산 메타버스의 발달 단계에서 보자면 아직 1단계예요. 그래서 땅 거래만 이루어집니다. 유저들은 현실 세계의 실제 땅값 동향을 보며 어스2에서 거래에 나서는데요. 따지고 보면 같은 타일인데도, 강남 위에 있는 것과 강원도 위에 있는 것 간에 차이가 엄청납니다.

　초기 플랫폼의 장점은 놀라운 수익률이 가능하다는 겁니다. 어스2가 론칭된 것이 2020년 11월이었는데 이때 타일 땅값이 0.1달러였어요. 그런데 2021년 10월 기준으로 한국 땅은 37달러 정도하고, 미국 땅은 61달러가 넘습니다. 미국 땅을 샀다면 1년도 안 되는 사이에 610배의 수익을 거둔 거죠.

　어스2의 단점은 암호화폐 시스템이 아니기 때문에 땅을 판다고 해도 그 돈을 받으려면 개발사에 요청을 해야 한다는 것인데, 이 과정이 쉽지 않다는 불만이 많아요. 연락이 잘 안 되고, 돈을 받기까지 한 달 이상 걸린 사람도 있다고 합니다.

　그리고 이처럼 부동산만 거래하는 시스템의 단점은 환금성이 떨어진다는 겁니다. 한국의 평균 땅값이 30달러라도 해도 내 땅이 팔려야 그 돈이 내 돈인 거지 안 팔리면 소용이 없잖아요. 디센트럴랜드 같은 부동산 개발형은 자기 땅에 건물을 짓고 용도를 정해서 땅의 매력도를 끌어올릴 수 있지만, 어스2 같은 모노폴리형은 할 수 있는 게 없고 누군가가 산다고 나설 때까지 마냥 기다려야 합니다. 안 팔리는 땅을 가지고 있으면 상당히 곤란해지죠.

그렇지만 어스2는 한국에서 인지도 1위의 메타버스 부동산 플랫폼이라고 할 수 있습니다. 부동산 메타버스의 성패는 얼마나 알려지느냐에 달렸거든요. 사람들이 들어와서 거래를 하고 수요가 있어야 공급이 있는 거니까요.

그 외: 메타버스2, 메타렉스, ZIQ월드

최근 들어 부동산 테마의 메타버스 플랫폼들이 속속 론칭되고 있어요. 기본적으로는 어스2와 비슷한 형태가 많습니다. 이름마저도 어스2와 비슷한 '메타버스2Metaverse2'도 있어요. 광고 모델로 유명 걸그룹까지 써가며 인지도 확장에 나서고 있는데, 관건은 유저 확보입니다. 실제로 상거래가 활발하게 일어나야 자기가 산 땅의 가격이 올라갈 테니까요. 장기적으로 토털 메타버스를 지향한다고는 하지만, 초창기 모습은 어스2를 많이 벤치마킹한 듯합니다. 초창기임에도 주요 지역은 가격이 생각보다 싸지 않은데, 손바꿈이 많지 않아서 일단 저는 관망하고 있습니다.

'메타렉스MetaRex'는 특이하게 실제 지도를 가져와서 지도의 지번을 사고팝니다. 그러다 보니 건물을 사거나 하는 일이 생길 수 있어요. 이런 점은 미국 기반의 업랜드라는 부동산 게임 플랫폼과 비슷한데, 메타렉스는 단순히 땅 거래만을 목적으로 하는 것이 아닙니다. 2022년에 론칭할 '메타라이브MetaLive'라는 메타버스 플랫폼과 연결해 건물을 짓고 생활하는 식으로 메타버스 라이프를 구축하는 기반이 된다고 합니다. 과연 성공적으로 안착할지는 조금 더

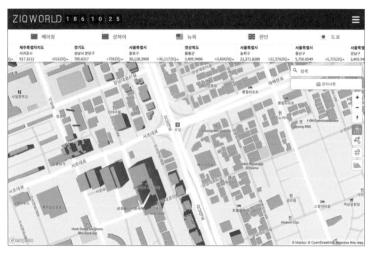

강남사거리 맵
출처: ZIQ월드

지켜봐야 할 것 같습니다.

ZIQ월드는 3D맵을 기반으로 한 메타버스 부동산 플랫폼입니다. 활발한 거래를 위해 유저가 산 가격의 30%를 얹어서 사겠다고 하면 강제로 판매가 되는 시스템을 도입한다고 예고했는데요, 성공 여부는 지켜봐야 할 것 같네요. 거래는 일어날 수 있겠지만, 자기 땅이 강제로 팔리는 것을 유저들이 좋아할지는 미지수거든요.

■ 어떤 부동산 메타버스가 돈이 될 수 있을까?

이 외에도 다양한 부동산 메타버스가 준비되고 있습니다. 당장 메타버스에서 돈이 되는 게 눈에 보이고, 성공적으로 론칭하면 순식간에 몇십 배의 수입이 나기 때문에 초창기 암호화폐처럼 우후죽순으로 생겨날 것입니다. 문제는 어느 플랫폼이 오래가느냐겠죠. 초창기에는 평균적으로 땅값이 저렴하기 때문에 오래가면 무조건 돈이 되긴 하겠지만, 어떤 메타버스가 끝까지 갈 수는 알 수 없습니다.

높은 수익률을 원한다면 새로 생기는 부동산 메타버스들에서 2~3만 원어치씩만 사두세요. 어떤 게 뜰지 모르니까요. 열 군데에서 2~3만 원어치씩 사려면 20~30만 원이 드는데, 이 중 하나만 어스2같이 300~600배의 수익률을 보여준다면 투자할 만하거든요.

어느 것이 제2의 비트코인이 될지는 모르지만 '가상세계', 'NFT가 적용된 암호화폐 기반의 부동산 개발형' 메타버스가 오래 살아남을 가능성이 큽니다. 현재 여기에 딱 들어맞는 메타버스가 디센트럴랜드인데, 이미 상당히 오른 상태죠.

장기적으로 봤을 때 오래가는 메타버스는 이후 이어지는 메타버스 부동산 계획이 3단계까지 도달할 플랫폼입니다. 오래가고 그만큼 많은 사람이 이용한다면 10년 후에 비트코인의 수익률을 넘볼 수도 있고요.

자신의 투자 성향에 따라 아예 초창기에 들어가서 적은 확률로 몇백 배의 수입을 노릴 수도 있고, 1~3년 정도 지난 후에 어느 정도 안정되는 것을 보고 들어가서 몇 배 정도의 수입을 노릴 수도 있을 것입니다. '몇 배'라고 해도 수익률로 보면 '몇백 퍼센트'이니 이것도 엄청난 거죠. 이런 수익률 때문에라도 당분간 부동산 메타버스는 상당히 핫할 것으로 보입니다.

디파이

NFT로 금융은
완전히 새로운 사업이 된다

■ **디파이의 대두**

차세대 금융으로 디파이Defi라는 말이 주목받고 있습니다. 앞서 언급했듯이 이는 곧 'decentralized finance'의 약자로, '탈중앙화된 금융'이라는 말입니다. 이것의 반대가 중앙화된 금융인데, 지금까지 금융의 모습이 그렇습니다. 중앙으로 지칭되는 금융권 그리고 그 뒤에 있는 국가 중심으로 경제가 움직여왔죠. 예를 들어 부동산 폭등 문제가 생기면 중앙 정부가 은행마다 금리를 인상하라고 지시하고, 그에 맞춰 은행들이 일제히 금리를 인상합니다. 이때 은행들은 대출금리는 대폭 인상하면서 저축금리는 소폭 인상해 예대마진(예금금리와 대출금리의 차이를 이용한 이익)을 많이 남기는 방향으로 적용하죠.

물론 이런 것들이 정책적으로 올바른 결정이어서 대중에게 바람직한 결과가 나온다면 뭐라 할 수 없겠죠. 그렇지만 시장이 일면만 가지고 움직이는 게 아니잖아요. 예상치 못한 또 다른 변수의 영향 탓에 결과적으로 대중에게 부담이 가중될 수도 있습니다. 인위적인 조정 때문에 말이죠.

2008년 금융위기를 계기로 경제가 몇몇 엘리트의 결정에 의해서 돌아간다는 것을 알게 된 대중은 경제의 민주주의를 꿈꾸기 시작했습니다. 그래서 나온 것이 중앙의 통제를 받지 않는 화폐인 비트코인입니다. 블록체인 기술로 중앙의 보증이 아니라 시민들끼리의 신뢰를 바탕으로 기능하는 화폐인 거죠. 그 이후 암호화폐는 계속 각국 정부와 힘겨루기를 하고 있습니다. 탈중앙화된 화폐로는 정부가 국가의 경제를 컨트롤할 수 없기 때문에 국가기관에 관계된 사람일수록 암호화폐를 반대하죠. 반면 민간 기업에 있는 사람일수록 암호화폐를 찬성하는 경향이 있습니다.

▪ 디파이의 핵심 키워드 중 하나인 NFT

디파이는 이런 흐름에서 탄생했습니다. 디파이가 암호화폐 열풍 당시 부각되지 못한 것은 암호화폐만을 대상으로 금융 서비스를 만드는 것에 한계가 있기 때문입니다. 암호화폐는 알다시피 변동성이 심한 데다가 각국 정부가 불법화하려고 자꾸 규제책을 내놓았잖아요. 최근 들어 디파이가 부각된 데에는 여러 상황이 있겠지만, 그중 하나가 바로 NFT의 등장입니다.

은행의 중요한 서비스는 대출입니다. 은행이 대중의 예금을 받아서 이자를 주는 이유도 대출을 할 실탄을 마련하기 위해서입니다. 중요한 사실은 은행이 그냥 대출을 해주지는 않는다는 겁니다. 보통은 담보를 잡죠. 주택 마련을 위해 대출을 받으면 바로 그 집을 담보로 잡기 때문에 "내 집은 내 것이 아니고 은행 거야"라고들 말하잖아요. 이처럼 대출을 실행하려면 담보가 있어야 하는데, 암호화폐 쪽으로 가면 그럴 수가 없는 거예요. 그런데 NFT를 통해서 자산이 증명된다면 이야기가 달라집니다.

자신이 디지털상에서 가진 땅, 집, 그림, 아이템, 아바타 등 여러 가지 것이 실제 자신의 것임을 증명해주는 것이 NFT죠. 그렇게 소유권이 확실해지면서 자산이 되는 거거든요. 자산은 담보 가치를 갖죠. 그게 담보가 될 수 있다는 얘기는 기존 금융권의 서비스가 그대로 적용될 수 있다는 얘기고요. KB금융지주 경영연구소가 발표한 연구보고서에는 "대표적으로 금융기관들은 디지털 자산 담보대출, 실물 자산의 디지털 유동화, NFT 거래소 등의 신규 금융 서비스로 비즈니스를 넓혀나갈 수 있다"[45]라고 적혀 있습니다.

당장 눈앞에 보이는 서비스가 바로 '디지털 자산 담보대출'입니다. 이전에는 자산 취급을 받지 못했던 디지털 자산이 실제 가치

평가를 받게 되면서 담보 역할을 할 수 있게 되니까, 은행의 주요 수입원인 대출이 성립될 수 있는 것입니다. 사실 그동안 은행이 늘 해오던 일이기도 하고요. 다만 담보로 잡던 자산이 실물이 아닌 디지털 자산으로 확대되는 것뿐입니다.

그런데 바로 이 지점에서 그동안 하지 않았던 새로운 서비스가 많이 파생됩니다. 예를 들어 NFT 자산을 담보로 잡을 때 그 가치를 어떻게 평가해야 할까요? NFT 자체도 변동성이 큰 데다 보통 암호화폐와 연동되기 때문에 이중의 변동성을 지니잖아요. 따라서 NFT 자산의 가치를 정확하게 평가해줄 서비스가 필요해집니다. 단순하게 지금의 가치만 측정하는 게 아니죠. 앞으로의 예측치까지 제공해줘야 은행이 담보로서의 가치를 결정할 수 있습니다.

NFT로 금융 서비스를 만들 때 가장 중요하면서도 시발점이 되

NFT뱅크의 메인 화면
출처: NFT뱅크

는 것이 바로 NFT 가치 평가 서비스입니다. NFT의 가치가 결정 돼야 이후 모든 서비스가 진행될 수 있으니까요. NFT뱅크^{NFTBank}가 이미 이런 서비스를 시작했는데, 앞으로는 NFT 가치 평가 서비스가 더욱 다양하게 출시될 것입니다.

그리고 디지털은 아니지만 이전에도 자산이 되지 못하던 실물이 있었거든요. 그런 것도 NFT를 적용해서 담보가 가능한 자산으로 만들어버립니다. 이를 '실물 자산의 디지털 유동화'라고 합니다. 앞선 보고서에는 그 예로 "고객이 기존에 보유하고 있는 금융상품의 NFT 디지털 증서를 발급받아 소유권을 증명하고 거래할 수 있도록 하는 솔루션"[46]을 들었습니다.

■　**금융권의 차원을 높여주는 NFT**

디지털에서 가지고 있던 자산은 그동안의 제도권 시각으로는 공식적인 자산이라고 인정하기 힘들었습니다. 그런데 NFT가 본격적으로 도입되면서 디지털 자산들이 실제 자산으로 증명되고 자산으로서의 가치가 생겼으므로 금융권에서는 실물 자산에 대해 해오던 서비스를 그대로 디지털 자산에 적용하면 됩니다. 디지털이기 때문에 조금 다른 부분이나 특성이 있을 텐데, 그런 부분에서 트랜스포메이션만 잘 적용하면 훨씬 더 광범위한 고객을 대상으로 비즈니스를 할 수 있습니다.

NFT는 금융권의 차원을 다르게 만들어줍니다. 조금 더 구체적으로는 영업 범위를 확장시켜주죠. 디파이가 탈중앙화잖아요. 여기서 중앙이란 결국 국가의 통제라고 할 수 있으니 디파이는 태생부터 글로벌 지향인 거예요. NFT는 바로 이런 지향점에 잘 맞는 기술이죠. NFT는 국가를 초월한 자산 증명이거든요. NFT로 증명된 자산은 세계 어느 나라나 동일하게 적용될 수 있습니다. 예컨대 NFT 기반의 부동산 메타버스인 디센트럴랜드 안에 땅을 샀다고 할 때 미국에서 산 사람과 한국에서 산 사람의 가격이나 NFT 소유 증명이 다르게 적용되지는 않습니다.

한국 실물 아파트의 등기부등본으로 미국 은행에서 대출을 받기는 쉽지 않을 것입니다. 일단 행정 체계가 다르니까요. 그렇지만 NFT 자산을 담보로 대출을 해주는 은행이라면 어디서나 비슷한 평가를 받을 수 있습니다. 그래서 NFT 자산을 거래하는 순간 금융권은 글로벌 서비스를 지향하게 되는 거예요.

NFT가 조금 더 인정받고 활성화되면 한국 실물 아파트의 소유 증명을 NFT화해서 이를 담보로 은행 거래를 하는 방법도 나올 수 있겠죠. 실물 자산을 NFT화하면 훨씬 더 유연하게 거래할 수 있으니까요. 아예 NFT 거래소를 차리고 NFT 거래가 일어나도록 유도하는 서비스도 등장할 수 있습니다.

■ 금융권의 NFT 기반 메타버스 진출

이제는 금융권이 NFT를 차세대 금융의 메가 트렌드로 뽑는 것이 이해가 갈 것입니다. 그런 거래들이 자연스럽게 일어나는 장으로 메타버스가 지목되기 때문에 은행권은 메타버스에도 적극적이죠. 한국에서 메타버스를 주도하는 산업이 바로 금융권, 그중에서도 은행들입니다. 신한은행은 아예 자체 메타버스 플랫폼을 개발하고 NFT와 암호화폐 코인을 도입하기 위한 기초 작업을 다져놓았습니다.[47]

NH농협은행은 '독도버스'라는 메타버스를 오픈합니다. 독도버스에서는 도민권 및 부동산 등 메타버스 내 아이템들이 NFT로 발행됩니다.[48]

2021년 초반에만 해도 금융권은 메타버스인 제페토에서 임원

메타버스 독도버스
출처: NH농협은행

회의를 하고, 이프랜드에서 신입사원 환영회를 하는 정도로 대응했습니다. 마케팅 차원이 아닌가 하는 의심이 들 정도였죠. 그런데 2021년 하반기 들어와서 분위기가 확 바뀌어 보다 실제적인 접근이 이루어지고 있어요. 시험 서비스들이 기획되고 있는데, 여기에는 2021년에 이루어진 NFT의 성장이 한몫 단단히 하고 있습니다. 금융권은 NFT를 통해 디지털 자산이 실물 자산처럼 인정받을 때 생기는 어마어마한 사업 기회를 보고 있는 겁니다.

지금 한계가 뚜렷하게 보이는 로컬 기반의 현실 금융이 글로벌 기반의 디지털 금융으로 바뀌는 순간, 금융권의 사이즈는 순식간에 달라질 것입니다.

금융권이 관여하지 않는 플랫폼 자체의 금융 서비스, 스테이킹

금융권이 참가하지 않는 플랫폼이나 프로젝트 자체의 관점에서 일종의 금융 서비스 비슷한 것이 있습니다. 바로 '스테이킹 Staking'인데요. 자신이 가진 암호화폐를 플랫폼이나 프로젝트에 일정 기간 예치해놓으면 그에 대해 이자를 받는 방식으로 구현됩니다. 은행에 예금하면 이자를 지급받는 것과 같습니다. 한 가지 다른 점은 스테이킹한 자신의 암호화폐가 일종의 지분이 된다는 건데요, 지분에 맞춰서 플랫폼이나 프로젝트의 검증 또는 의사결정에 참여할 수 있습니다. 우리가 은행에 예금을 많이 했다고 해서 은행이 운영 방안에 대해 우리의 의견을 물어보지는 않으니, 이 점이 둘의 차이점이라고 할 수 있죠.

스테이킹은 기본적으로 작업증명이 아닌 지분증명 방식의 블록체인 네트워크일 때 가능합니다. 작업증명은 흔히 '채굴한다'고 표현하는 암호화폐들에 적용됩니다. 연산 같은 작업을 수행하면 거기에 대한 보상으로 암호화폐를 주는 방식이에요. 반면 지분증명은 보유하고 있는 암호화폐의 지분이 많을수록 보상을 주는 방식입니다.

대표적인 암호화폐인 이더리움은 기존에 작업증명 방식이었는데, 이더리움 2.0으로 업그레이드한 후에는 지분증명 방식으로 거듭나려 하고 있습니다. 작업증명 방식은 채굴할 때 전력이 많이 소요돼 장기적으로 환경 파괴의 원인으로 지목되고 있기 때문입니다. 반면 지분증명은 지분 수대로 권한을 가지니까 따로 연산을 하거나 하는 작업이 불필요해서 전력 소모가 없고, 속도 역시 빨라집니다.

이더리움 스테이킹은 암호화폐를 활용한 안정적인 투자 방법으로 선호되고 있습니다. 이더리움을 장기간 예치하고, 그 대가로 이자를 받는 거죠. 암호화폐 투자를 하면서 '안정성'을 선호한다니 앞뒤가 안 맞는 느낌이기도 하지만, 이런 사람들은 이더리움이 장기적으로는 지금보다 훨씬 성장할 테니까 그냥 들고 있겠다고 생각하는 겁니다. 그런데 그냥 들고 있으니 스테이킹해서 매월 이자라도 받자는 거죠.

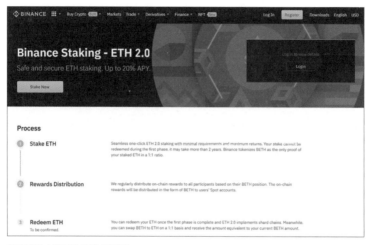

이더리움 스테이킹 안내 페이지
출처: 바이낸스

암호화폐 거래소인 바이낸스는 이더리움을 예치하면 이자로 BETH(비콘체인 이더Beacon ETH)라는 화폐를 줍니다. BETH는 이더리움 2.0으로 업그레이드된 후 통용될 화폐입니다. 지금 이더리움의 단위가 ETH(이더)인데, 이것이 BETH로 바뀌는 거예요. BETH도 현재 거래소에서 쓸 수 있는데, 이걸로 지급받는다는 것은 당장 현금화할 수 있다는 뜻인 거죠.

재미있는 점이 있는데요. 지금 이더리움은 일단 스테이킹하면 2.0으로 업그레이드될 때까지 다시 찾는 기능이 없어요. 즉, 들어가면 못 나옵니다. 암호화폐의 세계에서 이더리움 업그레이드로 예견된 '적어도 2년 이상'이라는 시간이 너무 길다고 생각해서인지, 흥미로운 장치를 한 겁니다.

1ETH를 스테이킹하면 1BETH를 교환해주는 거예요. BETH는 현재 쓸 수 있는 통화니까 이더리움을 스테이킹하고도 돈이 필요하면 현금으로 쓸 수 있는 구조를 만든 거죠. 다만 BETH는 원래 이더리움과 1:1로 교환이 되는 것이 맞는데요, 이더리움보다는 아직 쓰임새가 떨어진다고 생각하는지 90% 정도의 가치만 인정하더라고요. 이런 면에서는 채권과 닮은꼴이라고 할 수도 있습니다.

■ NFT 기반 서비스에서의 스테이킹 개념 도입

NFT 금융에 대해 이야기하면서 어떻게 보면 사이드 주제라고 할 수 있는 암호화폐 스테이킹을 설명한 이유는 NFT 역시 플랫폼 차원에서 스테이킹 서비스를 제공할 수 있기 때문입니다. NFT 가상자산을 스테이킹해주고 통화를 내주면 목돈이 묶이는 것에 대한 사용자들의 염려를 조금은 덜어줄 수 있고, 이런 장치들이 결국 플랫폼 내에서의 거래를 더욱 활성화해주니까요.

예를 들어 부동산 메타버스라고 하면 자신이 가진 토지의 NFT를 스테이킹해두는 겁니다. 그러면 그 토지의 액수에 따라서 이자가 나오죠. 또 1:1로 교환되는 화폐를 지급하면 사용자 입장에서는 유동성도 확보할 수 있습니다. 이런 면에서는 플랫폼이 은행 역할을 하면서 집을 담보로 돈을 빌려주는 것과 비슷해 보입니다. 다른 점은 자신이 맡긴 담보에서 이자가 발생한다는 것이니까, 유용성으로 보자면 사용자 입장에서는 훨씬 좋죠. 다만 플랫폼과 암호화폐의 안정성에 대한 이슈가 있는데, 플랫폼에 대한 확신이 있어서 장기투자를 결정했다면 하지 않을 이유가 없는 서비스입니다.

실제로 2021년 하반기에 오픈한 한국의 NFT 기반 부동산 메타버스 ZIQ월드는 스테이킹 서비스를 공식적으로 도입해서 ZIQ월드 내에 부동산 자산을 가진 사람들에게 이자를 지급하고 있습니다. 다만 '이자를 받으려면 매월 말 1만 개 이상이 되어야 한다'라는 조건이 붙어 있습니다. 1만 개 이상의 타일을 가지고 있는 사람들에게만 이자로 20%를 지급하는 거예요. 암호화폐처럼 유동성과 안정성을 동시에 확보하려는 전략이라기보다는 부동산 거래를 활성화하기 위한 장치인 것 같네요.

어찌 됐든 NFT에 도입되는 스테이킹 서비스는 개인들 입장에서 보자면 플랫폼의 이용 매력을 더하는 다양한 서비스 중 하나가 될 것입니다. 앞으로 나올 NFT 기반 서비스에서는 어떤 형태로든 스테이킹이 도입될 가능성이 큽니다.

NFT에 투자할 때
반드시 조심할 것들

■ **NFT 아트는 작가의 유명세가 핵심**

NFT는 가상자산이니만큼 '자산'이라는 부분에 주의를 기울일 필요가 있습니다. 자산에 투자할 때는 미래의 가치가 지금보다 높을 것이라는 기대가 전제되어야 하잖아요. 특히 메타버스 내의 NFT가 아닌 한, NFT 아트나 컬렉터블은 유용성보다는 미래가치를 보고 투자합니다.

현실의 자산을 예로 들자면 자동차는 유용성을 보고, 금은 미래가치를 보는 것입니다. 집은 유용성과 미래가치 둘 다를 같이 보는 거고요. 그에 비해 NFT 투자는 오로지 미래가치만 보는 셈이에요.

따라서 NFT 투자를 결정할 때는 투자 대상의 내재적 가치가 아니라 외재적 가치를 눈여겨봐야 합니다.

NFT 아트를 살 때 가장 중요한 것은, 현재로서는 작가입니다. 작가의 유명세가 제일 중요해요. 작품이 나오자마자 매진되는 작가가 있고, 2차 또는 3차 시장에서 잘 팔리는 작가가 있어요. 그런 작가들의 NFT는 환금성도 좋고 미래가치도 괜찮습니다. 한번 유명해지기가 어렵지 일단 유명해진 사람은 그 유명세를 계속 끌고 가니까요.

유명한 사람이 하는 프로젝트는 웬만하면 관심을 받게 되죠. NFT 아트는 미술을 대중화하면서 누구나 미술 작가가 되게 하는 작용도 하기 때문에 작품과 작가들이 우후죽순으로 쏟아져 나올 거예요. 실제로 NFT 거래소에는 자신의 자녀가 그린 그림을 파일로 만들어서 올려놓은 사람들이 많습니다. 그러니 대중 입장에서는 안전하게 유명한 사람의 그림을 선택할 수밖에 없습니다.

앤디 워홀이 했다고 알려진 유명한 말이 생각납니다. "일단 유명해져라. 그러면 당신이 똥을 싸더라도 사람들이 박수를 쳐줄 것이다." 앤디 워홀이 이런 말을 하지는 않았다고 하는데, 진위를 떠나서 요즘 대중문화의 상황을 보여주는 데 이보다 더 적절한 말도 없는 듯합니다.

NFT 아트에서는 그런 경향이 더욱 강합니다. 그 때문에 NFT 아트는 아마도 빈익빈 부익부 시장이 될 겁니다. 유명한 사람의 프로젝트는 더 잘되고, 그것이 선순환을 일으켜 다음 프로젝트가 더욱 커지는 식으로요. 이미 현실에서 유명한 사람이 NFT 아트를 하거나, NFT 초기에 진입해서 자리를 잡은 사람들이 이런 이점을 차지하고 있습니다.

대중 입장에서 투자를 결정할 때는 작품이 마음에 드는지보다 작가의 유명세를 보라고 말씀드리고 싶네요. NFT 아트를 볼 때는 미적 기준을 따질 필요가 없습니다. 자신에겐 미적 기준이 중요할지 몰라도, 작품을 다른 사람에게 팔 때는 중요하지 않을 수 있거든요. 극단적으로 보자면 NFT 투자는 그야말로 '머니 게임'이라고 할 수 있습니다.

■ NFT 컬렉터블의 핵심은 프로젝트의 안정성과 스토리

NFT 컬렉터블은 보통 기업적으로 이루어집니다. NFT 아트는 작가 개인의 프로젝트일 때도 있고 그룹의 프로젝트일 때도 있지만, 켈렉터블은 대부분 비즈니스적인 시스템 안에서 만들어집니다. 그래서 켈렉터블에 투자하고자 할 때는 비즈니스적인 안정성을 봐야 합니다. 플랫폼 차원에서 이루어지면 플랫폼이 과연 지속 가능할 것인가, 그리고 플랫폼 자체의 인기나 매력도는 어느 정도인가 등이 고려 사항이 되겠죠.

자동으로 생성되는 아바타나 그림을 한정적으로 만드는 컬렉터블 역시 그 프로젝트의 주체가 누구냐가 중요합니다. 예를 들어 라바랩스가 만들어 히트시킨 크립토펑크를 볼까요? 라바랩스로서는 크립토펑크를 관리하는 것밖에는 할 게 없습니다. 애초에 1만 개 한정으로 시작했으니 새로운 크립토펑크를 만들 수는 없는 거죠. 그래서 또 다른 프로젝트로 3D 아바타를 생성하는 미비츠Meebits를 론칭했습니다. 크립토펑크보다는 많은 2만 개 한정으로 출발했는데요. 미비츠 역시 2021년 11월, 댑레이더 기준으로 총거래 규모에서 8위를 차지한 성공작이 됐습니다.

　　그렇다면 새로운 프로젝트가 론칭될 때의 판단은 어떻게 할까요? 아무래도 구성원이 누구인가가 중요하겠죠. 성공 경험이 있는 사람이 또 성공할 확률이 높으니까요. 하지만 보어드 에이프 요트

다양한 미비츠
출처: 라바랩스

클럽처럼 초보자들이 시작해 성공시킨 프로젝트도 꽤 됩니다.

이럴 때는 세계관이나 스토리를 봐야 합니다. 어떤 세계관 안에서 이런 프로젝트가 나왔고, 사람들에게 회자될 만한 스토리를 가지고 있는가를 확인해야 합니다. 프로젝트 자체가 재미있는 요소를 가지고 있다면 그것도 중요한 기준이 될 수 있어요. 대중적인 켈렉터블로 접근할 때는 진지한 것보다는 재미있는 게 더 나을 때가 많거든요.

세계관이 확실하다는 것은 이런 작업물이나 시장이 일시적이지 않고 지속 가능하다는 것을 말해주는 일종의 지표입니다. 프로젝트의 세계관이 구축되면 이후 연속되는 프로젝트가 나오기도 하고, 일단 시작한 프로젝트의 보완책이나 부가적인 콘텐츠가 계속 생성되면서 켈렉터들의 기대를 충족시키거든요. 세계관까지는 아니라고 해도 최소한 콘셉트가 분명한 것이 좋습니다. 그리고 스토리는 사람들이 관심 가질 만한 요소들이 있는가 하는 것을 말합니다. 화제성이 있으면 사람들 입에 오르내리게 되고, 결국 프로젝트의 유명세로 이어지거든요.

그런 면에서 프로스포츠 리그의 NFT 카드 같은 컬렉터블은 지속 가능성이 분명하고, 유명세도 있습니다. 하지만 카드가 계속해서 나오기 때문에 장당 가격이 크게 오르지는 않는 편이에요. 반면 한정판 컬렉터블은 시간이 갈수록 장당 가격이 오르면서 거래 시장이 활발해집니다.

컬렉터블에 투자하고자 할 때 가장 중요한 것은 미래의 상황입니다. NFT가 비즈니스가 된다는 것을 안 사람들이 수요자와 공급자 양쪽에서 모두 몰려들 텐데요. 수요자가 느는 속도보다 공급자가 느는 속도가 빠르면, 컬렉터블 시장이 활성화되는 만큼 충분한 소비자층을 형성하지 못할 수도 있습니다. 그러면 금방 도태되는 컬렉터블이 생길 수 있죠. 예를 들어 스포츠 리그를 보면 세계적으로 유명한 리그들의 NFT 카드 시장이 동시에 치고 나오는데요. 그러다 보면 한국의 조금 덜 인기 있는 스포츠 리그의 NFT 카드까지는 대중화가 안 될 수도 있다는 거죠. 그러므로 팬으로서 간직하는 것이 아니고 투자 관점에서 접근할 때는 해당 IP의 글로벌 인기까지 냉정하게 따져보고 결정해야만 합니다.

■ NFT 아트와 컬렉터블에서 공통적으로 중요한 것

NFT 아트나 컬렉터블 모두 주체인 작가나 기업이 중요하고 지속 가능성, 스토리, 세계관 등 모두 중요합니다. NFT 아트 역시 한 작가가 작업을 하더라도 자신이 만든 세계관의 연장선상에서 연작을 내놓는 경우도 많습니다. 결국 우리가 어떤 NFT 컬렉터블에 투자할 것인가를 판단할 때는 '지속 가능성'과 '발전 가능성'을 본다는 얘기예요. 당연하게 들리겠지만, 계속해서 발전하고 새로운 것을 시도하고 통합하려는 작가나 프로젝트들이 투자하기에 적합합니다.

국내 1세대 NFT 아트 작가라고 할 수 있는 미상은 NFT 아트를 컬렉터블로 바꿔줄 만한 '고스트 프로젝트Ghosts Project'를 진행하고 있습니다. 그의 NFT 아트에 등장하는 캐릭터에 눈, 코, 입, 머리, 귀 등이 저절로 합성되는 제너레이티브 방식을 활용해 1만 개의 아바타 NFT를 발행하는 거예요. 이렇게 생성된 아바타에 라이브 트래킹 기술을 결합해서 줌이나 MS 팀즈 같은 곳에서 자신의 얼굴 대신 사용할 수 있게 만들겠다는 의도입니다.[49]

그저 소유한다는 개념에 머무르지 않고 가지고 있는 NFT의 사용성을 확장하겠다는 것인데요, 이런 끊임없는 시도가 컬렉터블의 수집 가치를 높입니다.

또 하나, 그런 면에서 눈여겨봐야 하는 것이 커뮤니티입니다.

〈고스트 프로젝트〉
출처: 고스트 프로젝트 홈페이지

NFT 아트는 작가들과, 그리고 NFT 컬렉터블은 프로젝트의 주체들과 계속 커뮤니케이션을 합니다. 자신의 NFT를 가진 사람들에게 보너스로 또 다른 사이드 작품을 보내주거나, 실제로 편지를 써서 보내주는 것은 작가 차원에서 자주 하는 커뮤니티 관리 방법입니다. SNS를 통해 소통하기도 하고요. 어떤 한국 작가는 자신의 NFT를 산 이들에게 전화를 할 예정이니, 개인정보 노출을 원치 않으면 구입할 때 알려달라는 멘트를 달아놓기도 했습니다.

NFT 아트 세계에서 가장 유명한 작가인 비플은 자신의 작품을 구매한 사람에게 실물로 인증 선물을 보내줍니다. 그 사람이 산 NFT를 인쇄한 그림이 담긴 액자와 인증서를 함께 보내고, 비플의 개인 웹사이트에 등록할 코드도 동봉합니다. 그리고 '이 박스를 받고 너무 좋아서 바지에 찔끔한 사람들을 위한 닦이'도 선물로 보내줍니다. 게다가 자신의 머리카락도 보내요. 혹시라도 진위 논란이 생기면 유전자 검사라도 해서 확인하라는 뜻이겠죠. 머리카락 설명에는 "다른 부분의 털이 아니니 안심하라"라는 멘트도 있어요. 조금은 유머러스한 비플의 인증 박스는 그의 작품을 산 사람들에게 강한 유대감을 불러일으킵니다. 작가와 직접 소통한다는 느낌도 주고요.

기업적으로 NFT 컬렉터들을 관리하는 경우에는 해당 NFT를 가진 사람들만 혜택을 볼 수 있는 이벤트를 마련하는 식으로 커뮤니티를 강화합니다. NFT 거래는 거래소에서 이루어지므로 크게 상관이 없는데도 사이트를 만들어서 컬렉터블을 깔끔하게 정리해

비플의 인증 박스
출처: 유튜브

놓기도 하고, 컬렉터블을 산 사람들을 위해서 보너스 NFT를 증정
하는 이벤트도 가끔 합니다.

　코로나19 시국이 지나가고 위드 코로나 시대에 들어서면서 해
당 NFT를 가진 사람들만을 위한 오프라인 이벤트도 간혹 열리고
있습니다. 하지만 이런 이벤트는 오프라인의 한계 때문에 세계적
인 컬렉터들을 관리하긴 어려우므로 나중에는 메타버스에서 파티
가 열리는 식이 될 것 같습니다.

■ NFT를 수집할 때 가장 주의할 것은 '뽐뿌질'

　결론부터 말씀드리자면 '뽐뿌질'을 정말 주의해야 합니다. 인터

넷 유행어인데요, 쇼핑 욕구를 충동질하는 상태를 말합니다. '펌프'를 강하게 발음하다 보니 이렇게 쓰인다고 합니다('펌프질'이라는 말보다는 외부에서의 개입이 강력하다는 느낌이 더 들어서 저도 한번 써 봤습니다).

처음에는 NFT의 개념 자체가 워낙 생소하다 보니까, 일반인의 관심을 끌 만한 요소가 돈이었어요. 현실에 있지도 않은 미술 작품이 몇백억 원에 팔렸다는 뉴스를 보면 누구라도 '도대체 뭔데?' 하며 관심을 갖기 마련이잖아요.

그래서 NFT 초창기 때 대중의 관심을 끌기 위해 비슷한 업계의 사람들이 서로서로 NFT를 사주면서 NFT 전체 시장을 한 단계 끌어올렸다는 의혹이 많습니다. 앞서 잠깐 언급했듯이, NFT 아트 거래의 가장 상징적인 사건인 비플의 작품 경매도 그런 의혹을 받았죠. 비플의 〈매일: 첫 5000일〉을 산 사람이 NFT 펀드운용사 창립자인 메타코반이거든요. 이 경매 전까지는 비플의 작품 가격이 그렇게 비싸지 않았습니다. 평균 100달러 정도였다고 하죠.[50] 물론 〈매일: 첫 5000일〉은 그런 작품들 5000개를 한꺼번에 모아 콜라주한 작품이라 확실히 무게감이 다르긴 합니다. 그래도 경매가가 너무 뛰었다는 사실 때문에 아직도 의도적인 NFT 띄우기라는 의혹이 있어요.

작가도 같이 확 떠서 비플은 이 경매 이후 'NFT의 왕'으로 불리며 이후 작품들도 엄청난 경매가를 기록했습니다. 2021년 11월에 열린 크리스티 경매에서 전통적인 개념의 설치미술에 NFT가

융합된 하이브리드 작품인 〈휴먼 원Human One〉이 2890만 달러에 팔리기도 했어요.[51]

2021년 3월에 트위터 창업자 잭 도시의 첫 번째 트윗이 33억 원에 팔려 화제가 됐잖아요. 당시 작품을 구입한 시나 에스타비는 암호화폐 관련 기업인 브릿지오라클의 대표입니다.

댑레이더 사이트에서 굉장히 재미있는 데이터를 하나 볼 수 있는데요. 역대 NFT 거래소에서 이루어진 NFT 거래액 중 최고가를 보여주는 랭킹입니다.

여기 보면 1위가 크립토펑크인데, 우리가 알고 있는 작품이 아닙니다. 지금까지 최고가로 알려진 #7804 외계인 크립토펑크는 2위이고, 1위는 하얀 머리의 여자인 #9998입니다. #7804의 가격이 4200이더리움이에요. 2021년 11월 시세로는 231억 원 정도가 됩

TOP SALES

NFT		TIME	PRICE
1	INFO CryptoPunk #9998 CryptoPunks	3 weeks ago	$529.77M 124.45k ETH
2	CryptoPunk #7804 CryptoPunks	9 months ago	$7.56M 4.2k ETH
3	CryptoPunk #3100 CryptoPunks	9 months ago	$7.51M 4.2k ETH
4	Captain America Rarible	5 months ago	$7.49M 3.05k DAI
5	AsTero Rarible	5 months ago	$7.05M 3k DAI

NFT 거래소 거래 중 역대 최고가 NFT 랭킹
출처: 댑레이더

니다.

정말 놀라운 것은 1위인 #9998의 가격이 12만 4000이더리움
이라는 겁니다. 2021년 11월 이더리움 시세를 적용해보면 6470억
원입니다. 이건 말이 안 되거든요. 저는 처음에 잘못 봤는 줄 알고
새로고침을 다섯 번은 한 것 같아요. 그런데 그림을 자세히 보면
'info'라는 표시가 보일 겁니다. 그 표시를 눌러보니 상세한 전말이
제시돼 있더라고요.

이런 거래에 대한 의심이 들어서 자세히 조사해봤더니 플래시
대출 같은 분산형 금융 상품을 통해 막대한 자본을 대출한 다음에,
자신이 내놓은 크립토펑크를 자신이 산 거였어요. 대출은 바로 갚
고요. 결과적으로 가스비만 나간 셈입니다.[52]

플래시 대출은 블록체인으로 스마트 계약을 적용하거든요. 차
용인이 거래가 끝나기 전에 대출을 상환해야 한다는 조건을 달아
놓습니다. 안 그러면 스마트 계약이 거래를 취소하므로 애초에 대
출이 발생하지 않은 것과 같습니다. 크립토펑크 #9998을 사기 위
해서 스마트 계약으로 대출을 받았는데, 대출을 받아서 계약자의
계좌에 넣어야 대출이 이루어지는 거거든요. 그런데 받는 계좌를
그대로 대출을 갚는 것으로 설정을 해버리는 거죠. 그러면 대출이
일어나서 계약에 따라 지불이 된 뒤 약간의 시차를 두고 동시에 갚
게 되는 거예요. 여기에 걸리는 시간이 몇 초에 불과하다고 합니다.

불법은 아닙니다. 댑레이더 측에서는 NFT 거래에 대한 데이터
를 투명하게 공개할 필요가 있기 때문에 이 거래의 데이터를 지우

지는 않겠지만, 주의를 주기 위해 info를 달아서 설명하기로 했다고 합니다.

이 사건은 NFT에 대한 '뽐뿌질'이 어떻게 일어날 수 있는지를 잘 보여줍니다. 이 사건을 일으킨 사람이 좀 더 현실적으로 따져보고 5000이더리움 정도로만 설정했어도, 또 한 번의 기록 경신이 이루어졌다는 선에서 마무리될 수 있었을 겁니다. 그러면 NFT 생태계에 대해 대중의 관심을 조금 더 끌어들일 수 있었을 텐데, 무슨 욕심이었는지 말도 안 되는 가격으로 부풀리기를 해서 NFT에 부풀리기가 있을 수 있다는 의혹만 키웠습니다.

게다가 이런 거래가 '역대 최고가'라며 뉴스로 내보낸 언론도 있고, 어떤 교육 업체에서는 NFT 열풍이라며 이 거래를 예로 들면서 NFT 교육을 받으라고 부추기기도 했습니다. 이렇게 팩트체크 없이 '사기 거래'가 확대·재생산되면 피해는 대중이 받게 되니까 각별히 주의해야 하겠습니다.

■ 부풀리기 거래에 속지 않으려면

이런 거래에 속지 않으려면 몇 가지를 주의해야 합니다. 첫 번째는 최고가 거래가 아니라 거래량 자체가 많은 종목을 골라야 한다는 겁니다. 거래량이 많다는 것은 그만큼 시장이 형성되어 있고, 자신이 산 NFT의 구매자가 앞으로도 더 있을 가능성이 크다는 애기거든요. 그래서 초보자가 투자하기에는 NFT 아트보다 NFT 컬렉터블이 조금 더 안전합니다. NFT 아트는 소량으로 작가 위주로 발행되기 때문에 상당한 지식과 정보가 없으면 이런 펌프질에 당하기 쉽습니다. 반면 컬렉터블은 거래소의 데이터가 다 공개되고, 거래량도 제시되기 때문에 비교적 거래량 많은 종목들을 고르기가 한결 쉽습니다.

하지만 거래량이 많다는 것은 극적인 수익률을 올리긴 어렵다는 얘기도 되므로, 자신이 NFT 투자 중급은 된다고 생각한다면 NFT 아트에서 극적인 수익률을 노려보는 것도 괜찮을 것입니다.

두 번째는 NFT의 장점을 충분히 활용하라는 겁니다. NFT는 소유 증명이기도 하지만, 거래 이력이기도 합니다. NFT에 거래 내역이 다 나와 있는데, 유난히 2~3개의 아이디가 계속 샀다 팔았다를 반복하는 경우가 있거든요. 그럴 땐 일단 합리적 의심을 해봐야 합니다.

4강

NFT를 비즈니스에
활용하는 법

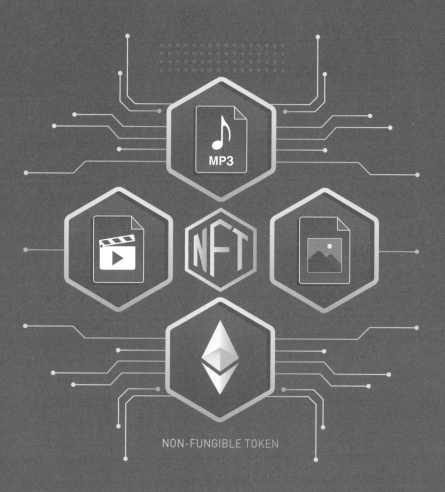

NON-FUNGIBLE TOKEN

돈이 되는 디지털 저작물은
따로 있다

■ **NFT의 외재적 가치와 내재적 가치**

NFT는 디지털로 바뀔 수 있는 모든 것이 돈이 될 수 있게 하지만, 실제로 모든 것이 돈이 되는 것은 아닙니다. 팔려야 돈이 되죠. 팔린다는 것은 누군가가 사 간다는 것이므로, 그 이전에 누군가의 사고 싶다는 욕구를 자극해야 합니다. 그것이 실제적인 필요든, 그냥 허영심을 자극하는 것이든, 아니면 투자심리에 호소하는 것이든 말이죠. 사고 싶다는 욕망을 불러일으키지 못한다면 NFT는 더 이상 가치를 가지지 못합니다. 그렇게 보면 현재까지 NFT는 내재 가치가 없어요. 사람들의 약속과 서로 간의 신뢰에 기반한 외재적 가치가 있을 뿐이죠.

그런데 따지고 보면 실물 상품 역시 마찬가지입니다. 아무도 사가지 않는 물건은 쓰레기와 다를 바가 없죠. 아무도 쓰지 않으니까 유용성 역시 없습니다. 그런데도 실물 상품들은 제도화된 시스템과 사람들의 약속 안에서 물건 자체의 내재적인 가치를 지니고 있다고 여겨지죠. 실체를 가지고 있다는 사실 때문에요.

그래서 NFT 비즈니스의 핵심은 NFT가 가진 외재적 가치를 조금 더 설득력 있게 전달하거나, NFT의 내재적 가치를 만드는 것입니다.

그리고 또 하나 NFT가 비즈니스가 되기 위해서는 한 번의 거래로 끝나서는 안 된다는 겁니다. 한 번의 거래로 화제가 되고 큰돈을 번다면 '원 히트 원더'로 끝난 영화감독이나 마찬가지죠. 예술은 될지언정 산업은 아닙니다. 그 영화를 볼 수 있는 극장 체인, 여러 영화를 만들 수 있는 프로덕션, 영화를 배급하는 배급사 등 영화를 둘러싼 시스템이 비즈니스라고 할 수 있죠. 그러니까 NFT가 비즈니스가 되기 위한 또 하나의 조건은 지속 가능성이에요.

■ NFT의 외재적 가치를 높이는 비즈니스들: 하드웨어적인 측면

NFT가 가진 외재적 가치는 대중의 관심, 신뢰, 약속 등으로 만들어집니다. 사람들이 인정하는 가운데 가치를 지니는 거죠. 비트코인 역시 처음 나왔을 때만 해도, 내재가치가 전혀 없다는 이유로 (사실은 아직도 그렇지만) 제도권 화폐 옹호론자들에게 배척당했습니다. 하지만 비트코인이 가진 의미가 있죠. 경제의 민주주의라고 할 수 있는데요, 이런 취지에 공감한 수많은 대중과 자산으로서의 의미가 있다고 판단한 투자자들이 비트코인에 외재적 가치를 부여했어요. 그 결과 지금은 제도권에서도 외면하지 못할 만큼 어느 정도 인정을 받고 있습니다.

외재적 가치는 대중의 믿음과 신뢰가 공고할 때 만들어집니다. 반 고흐의 그림이 어마어마한 가격에 팔리는 것도, 중고 운동화가 신제품보다 10배는 비싼 것도, 낡고 임대료도 잘 안 나오는 건물을 사서 건물주가 되려는 것도, 이 실물 자산들이 나중에 가격이 더 오를 수 있다는 믿음이 있기 때문입니다.

NFT 비즈니스는 그런 외재적 가치를 강화하는 방향에서 이루어질 것입니다. 즉, 거기에 NFT 비즈니스의 기회가 있다는 뜻입니다. 예를 들어 NFT 가치를 평가하는 평가 기업을 만드는 것, NFT 거래소를 세우는 것, NFT를 쉽게 민팅할 수 있도록 툴을 개발하는 것, NFT에 대한 정보를 제공하는 데이터 업체를 설립하는 것, NFT 정보를 교환할 수 있는 커뮤니티를 조성하는 것은 NFT의 외재적 가치를 강화하기 위한 하드웨어적 행보라고 할 수 있습니다.

실제로 한국의 대표적인 암호화폐 거래소인 업비트에서는 2021년 11월 24일에 업비트 NFT^{Upbit NFT}의 베타 서비스를 시작했

업비트 NFT 베타테스트 홈페이지
출처: 업비트

습니다. NFT 시장이죠. 오픈하면서 경매를 진행했는데, 아티스트 장콸의 작품 〈미라지 캣 3Mirage cat 3〉가 3.4비트코인(한화로 약 2억 5000만 원)에 팔렸습니다.[53]

업비트의 모회사는 블록체인·핀테크 전문 기업 두나무인데요. BTS의 소속사인 하이브와 합작법인을 세우고 하이브 아티스트들의 IP를 활용한 NFT 사업을 진행하기로 한 기업입니다. JYP엔터테인먼트의 지분도 가지고 있죠. 그러니까 먼저 NFT 시장을 만든 뒤에 자신들이 만들 K-팝 스타들의 NFT를 판매하려는 행보라는 것을 알 수 있습니다. 안정적인 NFT 거래를 위해 이미 890만 명의 암호화폐 보유 고객을 확보하고 있는 업비트를 활용해서 거래소를 세운 겁니다.

국내 3대 암호화폐 거래소에 속하는 코인원Coinone의 대주주인 게임빌(2021년 11월 '컴투스홀딩스'로 사명 변경)도 2022년 상반기에 NFT 거래소를 열 계획을 밝혔습니다. 암호화폐 거래를 하지 않던 일반 대중이 암호화폐 기반으로 거래가 진행되는 NFT 거래에 참여하는 것보다는, 기존에 암호화폐 거래를 해서 암호화폐를 사용하는 데 익숙해진 사람들이 NFT 거래에 참여하는 것이 훨씬 자연스럽겠죠. 그래서 회원들을 많이 확보한 암호화폐 거래소가 NFT 거래소를 설립하는 것은 아주 효율적으로 보입니다.

핀테크 전문 기업 핑거는 2022년에 NH농협은행과 금융 기반 메타버스 플랫폼인 독도버스를 만듭니다. 독도버스는 독도의 도민권이나 부동산 등을 NFT로 발행해서 유통할 것이라고 밝혔고, 이 유통 과정에서의 수수료 수익을 기대한다고 합니다.[54] 메타버스의 NFT를 만들고 그것을 직접 사고팔 기회까지 같이 만들어서 유통 시스템을 굳건히 하려는 거죠.

이렇게 NFT 거래의 하드웨어적인 장들이 기존의 탄탄한 기업들에 의해서 다양하게 마련되고 잘 돌아간다면, NFT 거래에 대한 신뢰감이 두텁게 쌓이게 됩니다. 사실 2021년은 NFT가 대중에게 알려지는 시기이기는 했지만 엄청난 금액에 거래된 몇몇 사례 때문에 화제가 된 것이고, 막상 NFT 작품을 직접 접하거나 거래를 하는 데까지는 여전히 벽이 높았잖아요.

암호화폐를 거래할 수 있는 지갑을 깔아야 했고, 대부분 외국 사이트에 기반하다 보니 NFT 작품에 대한 설명이나 세계관 같은 것도 모두 영어로 되어 있었습니다. 우리나라 작가의 작품도 기본적으로는 외국 기반의 NFT 거래소에 올라가는 것이기 때문에, 작품에 대한 스토리를 영어로 작성하죠.

점점 더 많은 기업이 NFT 거래에 필요한 서비스를 제공하는 플랫폼들을 만들어낼 텐데요, 문제는 그중 어떤 것들이 끝까지 살아남고 활성화될 것인가 하는 것이겠죠. 만약 끝까지 살아남는다면 그 서비스들은 지속 가능성을 확보하게 될 것입니다. NFT 프로젝트 하나가 뜨냐 아니냐에 비즈니스의 사활이 걸린 것이 아니라 여러 프로젝트가 활동할 수 있는 플랫폼을 만들어주는 것이니까, NFT가 계속 거래되는 한 플랫폼은 지속 가능한 사업 모델을 얻게 되죠. 그리고 스마트폰이나 인터넷의 예를 보면, 결국 그런 플랫폼들이 유저를 가진 것이기 때문에 또 다른 다양한 비즈니스를 론칭하기에 굉장히 유리합니다.

■ NFT의 외재적 가치를 높이는 비즈니스들: 소프트웨어적인 측면

NFT 거래를 둘러싼 비즈니스라는 하드웨어적 측면뿐 아니라 NFT 자체의 경쟁력인 소프트 파워도 높여야 NFT를 비즈니스로 접근할 때 조금 더 안전해집니다. 한순간의 화젯거리나 반짝 재테크 열풍으로 NFT를 소진해버린다면, 잠깐 NFT 장사를 하는 것일 뿐 NFT 비즈니스라고 할 수는 없거든요.

마르셀 뒤샹의 작품 〈샘〉

　하지만 NFT에 내재적 가치를 부여하기는 쉽지 않습니다. 미술 작품을 예로 들면, '실제 화가의 그림들은 NFT 아트들과는 달리 미학적인 기준으로 볼 때, 그림 안에 내적 가치가 분명히 있다'고 여기는 사람이 많습니다. 그런데 과연 그럴까요? 현대 아티스트들의 작품은 아무리 봐도 어떤 부분이 아름다운지 알 수가 없고, 비평가나 큐레이터가 설명해주기 전까지는 작가의 의도 역시 짐작하기 힘듭니다.

　마르셀 뒤샹의 유명한 작품, 즉 그저 평범한 변기에 가명으로 서명한 뒤 출품한 〈샘〉이라는 작품은 현대 예술이 얼마나 '미학'이라는 허구와 선입견에 사로잡혀 있는지를 보여주기 위한 퍼포먼스

였어요. 대부분이 서명된 변기만 작품으로 알고 있는데, 전체적인 구조는 몇 개월간 진행된 상황극이라고 보면 됩니다.

마르셀 뒤샹은 기존의 그림과는 다른 식으로 접근하는 방식 때문에 유럽에서 전통 예술가들에게 배척당했습니다. 그래서 뉴욕으로 건너갔어요. 뉴욕에서 독립예술가협회의 이사진이 된 뒤샹은 협회의 주최로 열린 앵데팡당전의 심사위원 중 한 사람으로 위촉받았습니다.

뒤샹은 이 전시회가 본격적으로 열리기 직전에 〈눈먼 사람〉이라는 미술 잡지를 창간했어요. 그리고 자신의 이름이 아닌 다른 이름으로 소변기를 작품이라고 제출한 거예요. 당연히 이 작품은 전시를 거부당했습니다. 그 후 〈눈먼 사람〉의 두 번째 호에 〈샘〉을 거부한 미술계의 배타성에 대한 익명의 사설이 실려서 뉴욕의 대중에게 회자됐습니다. 〈샘〉이 거부당할 것을 짐작한 뒤샹의 완벽한 설계였던 거죠. 당연히 익명의 사설을 쓴 주인공은 뒤샹이었고요. 이 일은 현대미술계에 어퍼컷을 날리는 사건이 됐고, 대중에게는 미술의 개념을 다시 한번 생각해보는 계기가 됐죠. 이때 개념미술이 등장했습니다.

잡지의 이름이 왜 〈눈먼 사람〉인지 이제는 짐작이 가지 않나요? 그냥 우연히 일어난 사건이 아니라 작품이 거부당할 것을 예측한 뒤샹의 〈미션 임파서블〉급 치밀한 설계였던 거죠. 1917년에 만들어진 원본 〈샘〉은 방치되다가 사라졌어요. 1950년대부터 뒤샹은 샘을 자기 복제하기 시작했는데, 이 중 1964년에 만들어진 여덟 번째 에디션이 1999년 소더비 경매에서 1700만 달러에 낙찰됐습니다.

그런데 이 작품을 보면 어딘가 NFT와 굉장히 유사하다는 느낌이 들지 않나요? 특히 경매 같은 경우 말이죠. 몇 개 버전의 에디션이 있다는 것과 경매가 부분에서는 주어를 NFT로 바꿔 요즘 기사라고 내도 되겠다 싶을 정도로 비슷해 보입니다.

〈샘〉이 의미를 가지고 경매에서 인정받은 것은 이런 스토리가 있기 때문입니다. 이런 스토리는 외재적으로 작용해서 작품의 가치를 높입니다. 원래 작품 자체가 가진 내재적인 의미가 아니란 말이죠. 그동안 경매에서 높은 가격을 받아 화제가 된 NFT 가상자산들은 대부분 스토리를 가진 작품들이었죠. 개별 NFT에 붙은 스토리가 그 NFT를 의미 있게 했던 겁니다. 그런데 문제는 NFT를 비즈니스로 접근하기 위해서 NFT 가상자산 하나하나에 스토리를 입히기는 힘들다는 것입니다. 그렇게 하자면 가내수공업에 가깝지 비즈니스적인 생산성을 보이기는 힘들거든요.

이런 한계를 극복하는 한 가지 방법은 스토리를 하나하나 만드는 것이 아니라, 큰 세계관을 설정하는 겁니다. 각 작품의 스토리를 대중에게 설득하고 홍보하는 것이 아니라 세계관을 알리는 거죠. 그러면 그 세계관 안에서 여러 가지 작품이나 부가물이 나올 수 있거든요.

그래서 NFT 컬렉터블 작가들이 홈페이지를 만들어서 자신들의 아바타를 관리하고, 세계관 안에 배치하는 것입니다. 세계관 자체를 홍보하면 각각의 작품을 개별적으로 관리할 필요가 확 줄어드니까요. 컬렉터블의 아바타들은 이름이 아닌 번호로 불립니다. 개별 아바타가 모두 스토리를 가지고 있다면 각각 이름이 있어야 할 겁니다. 모든 아바타가 전부 다른 생김새를 가지고 있기도 하니까요. 하지만 중요한 것은 세계관이지 개별 아바타가 모두 사연을 가지고 있을 필요는 없으니까 #0323, #0717, #0625로만 불려도 괜찮은 거죠.

또 하나 비즈니스성을 부여하는 방법은 원래부터 유명한 인물 또는 콘텐츠의 IP를 활용해 NFT로 민팅하는 것입니다. 이 부분은 내재적 가치인가, 외재적 가치인가 살짝 헷갈리기도 합니다. 하지만 원래 인기 있는 것들을 가져와서 NFT로 만들어 그 인기를 전이시키는 것이니까, NFT의 가치가 외부에서 왔다는 측면에서 외재적 가치를 높이는 방법이라고 분류했습니다.

연예인들의 IP나 스포츠 리그의 IP를 활용한 NFT, 드라마나 영화의 NFT를 만들려는 것이 그런 시도죠. 특히 스포츠 리그는 그 자체의 세계관이 있는 셈이에요. 야구팬들만의 문법, 축구팬들끼리만 통하는 이야기 등이 있잖아요. 게다가 스포츠 리그는 계속 이어지니까, 한번 시장이 형성되면 지속 가능성이 확보되죠. 그래서 NFT 사업을 전개할 때 가장 앞머리에서 이야기되는 것이 스포츠 리그의 선수 카드를 만드는 NFT인 겁니다. 비즈니스에 여러모로 적합한 아이템이라고 할 수 있죠.

NFT의 내재적 가치를 높이는 비즈니스들

NFT의 내재적 가치를 높여 비즈니스화하는 방법은 없을까요? 말하자면 NFT 자체로 유용함이나 만족감을 줄 수 있느냐 하는 문제입니다. 게임 아이템으로서의 NFT가 이 문제를 해결했습니다. 엑시 인피니티의 귀여운 아바타들은, 그게 있어야 게임을 제대로 시작할 수 있기 때문에 반드시 필요한 것이거든요. 아바타나 집행검 같은 아이템들은 게임 세상에서는 굉장히 유용한 물건입니다. NFT로 사는 이유는 그것의 미래에 투자하기 위한 것도 있겠지만 더 중요한 이유는 당장 게임할 때 필요하다는 거죠.

메타버스가 본격화되면 메타버스 안에서 필요한 물건에 대한 NFT들은 대부분 이런 유용성을 바탕으로 거래가 될 수 있기 때문에 NFT가 내재적 가치를 가지고 있다고 할 수 있어요. 나중에는 아바타에게 입힐 의상을 위한 메타버스 옷가게나 명품가게들이 생길 것이고, 1000벌 한정생산품이나 리미티드 에디션들이 거래될 것입니다. 메타버스 내에서 디자인 숍을 운영하고 갖가지 옷을 출시하는 것도 비즈니스가 되겠죠. 사람들이 메타버스에서 많은 시간을 보내다 보면 자신의 아바타를 꾸미게 됩니다. 누구에게나 남들과 구별되고 특별해 보이고 싶다는 욕망이 있으니까요. 하지만 아직은 우리가 디지털 세상으로 온전히 옮겨간 것은 아니니까, 이것은 미래의 사업에 대한 비전일 뿐입니다. 그 때문에 현재까지 디지털 자산 증명인 NFT의 가치는 내재성을 띠기가 쉽지 않죠.

최근에 NFT의 유용성을 만들려는 시도들이 비즈니스적으로 이루어지고 있긴 합니다. NFT 컬렉터블 개발사나 기업적으로 운영하는 NFT 작가들이 NFT의 유용성을 만드는 가장 일반적인 방법은 커뮤니티의 회원권을 활용하는 것입니다. 이너서클을 만들고 그 서클 회원이라는 자격을 증명하기 위해 해당 NFT의 소유권을 요구하는 것입니다. 어떻게 보면 외재적인 방법으로 NFT의 쓸모를 만드는 것인데, 어쨌든 NFT를 소유함으로써 유용성이 생기는 방법이니 내재적 가치를 올리는 방법이라고 해도 크게 무리는 없을 것 같네요.

돌덩이를 수집하는 클레이락KlayRock 프로젝트가 있습니다. 이더리움 기반의 이더락EtherRock이 돌덩이 수집 해외 프로젝트라면, 클레이락은 클레이튼Klaytn 기반의 한국 돌덩이 수집 프로젝트입니다. 총 11개의 돌멩이 파일이 NFT가 됐는데요, 이 클레이락의 최저 가격이 2021년 11월 기준으로 3000만 원 정도 수준입니다. 111개 한정이기 때문에 앞으로의 거래에서는 가격이 계속 올라갈 수밖에 없겠죠.

클레이락을 가진 사람이 할 수 있는 게 가격이 올라가길 하염없이 기다렸다가 경매에 올리는 것만이 아닙니다. 이 클레이락은 커뮤니티의 회원권으로 쓰이거든요. 더 라커스 소사이어티The Rock'ers Society라는 100명 제한의 커뮤니티에 입장하려면 이 클레이락을 가지고 있어야 해요. NFT를 가진 사람을 'NFT 홀더'라고 부르는데, 클레이락 NFT 홀더만이 이 사조직에 들어갈 수가 있는 거죠.

오픈시에 올라온 다양한 클레이락
출처: 오픈시

사조직이라고 해서 음모를 꾸민다거나 하는 건 물론 아니고
요. 커뮤니티를 형성하고 서로 발전적 제안을 나누는 모임입니다.
NFT 작가들도 많아서 대중과 작가가 의견을 나누기도 합니다. 클
레이락 NFT 홀더라는 공통점이 있어서 유대감이 쉽게 형성됩니
다. 작가들이 가끔 클레이락을 활용한 2차 작품을 만들어서 커뮤니
티 사람들과 같이 나누기도 해요. NFT 예술은 이런 커뮤니티를 통
해서 작가와 대중의 구분을 흐릿하게 하는 작용도 합니다. 이런 사
조직의 입장권으로 클레이락 NFT를 쓰는 거예요. 앞서 보어드 에
이프 요트클럽이 개최하는 진짜 요트 파티에 그 NFT 홀더만이 들
어갈 수 있었다고 소개했는데, 그 경우는 파티 초대권 역할도 한
셈이네요.

그런데 여기서 끝이 아닙니다. 사실 회원권은 부가적인 혜택이

고, 진짜 중요한 혜택이 있습니다. 이런 사조직의 가장 좋은 점은 개발사가 공식적으로 제공하는 '서비스'가 종종 있다는 것입니다. NFT 거래소인 오픈시에 보면 클레이락 NFT도 있지만 더 라커스 소사이어티 NFT도 있어요. 클레이락 NFT는 111개 한정 발행된 바로 그 오리지널 돌들이고, 더 라커스 소사이어티 NFT는 클레이락 NFT 홀더들에게 개발사가 나눠준 '서비스'입니다.

이렇게 NFT를 나눠주는 것을 '에어드롭airdrop'한다고 표현합니다. 홀더들에게 에어드롭된 2차적인 NFT들은 보통 홀더들이 소유합니다. 그런데 이것을 경매로 내놓아도 전혀 상관없기 때문에 2차나 3차 거래가 이뤄지기도 하고, 이를 통해 새로운 유저들이 유입됩니다. 그래서 클레이락 NFT는 홀더들에게는 가외수입을 올릴 수 있는 수단도 되는 겁니다. 에어드롭된 것을 팔 수 있으니까요.

개발사들은 이렇게 프로젝트 한 번 하고 끝내는 것이 아니라 커뮤니티를 만들고, 그것을 마치 사교클럽처럼 이너서클로 운영하며 혜택을 주면서 지속적인 거래를 이끕니다. 해당 프로젝트에도 도움을 줄 뿐 아니라, 이렇게 성공한 프로젝트를 운영한 그룹에서 새로운 프로젝트를 시작하면 커뮤니티 사람들도 적극적으로 나서죠. '거래소에 올린 지 몇 분 만에 품절'이라는 보도 자료를 돌리기 위해서는 이런 노력들이 필요한 겁니다. 이것이 지속 가능성을 높이는 또 하나의 방법이고요.

한편 단순히 NFT의 사용성을 높이는 방법이 있는데, 바로 NFT를 계약서나 증명서, 영수증 같은 용도로 활용하는 것입니다.

인기 IP를 잡아라

#미디어·엔터테인먼트 산업

■ 인기인의 IP를 활용한 NFT 비즈니스

비즈니스적인 시도가 가장 활발히 그리고 폭넓게 일어나는 분야가 유명인의 NFT 발행입니다. 인기 있는 사람들의 NFT를 발행하는 것은 NFT의 소프트웨어적인 외재적 가치를 높이는 거라고 앞서 설명했잖아요. 거기다가 인기인의 NFT는 화제가 되고 미디어에 나올 가능성이 커서 큰돈을 쓰지 않아도 홍보가 되거든요. 비즈니스적으로 NFT 사업을 하기에는 비교적 손쉬운 방법인 셈입니다. 이런 사업에서 비즈니스의 핵심 역량은 인기인의 IP를 확보하는 것입니다.

K-팝 아이돌들의 IP

연예인의 IP는 그 자체로 이미 유명하고 팬덤이 형성되어 있는 경우도 많습니다. 따라서 그들의 초상권을 활용한 NFT를 만든다면, 이미 어느 정도의 경쟁력과 구매층을 가지고 시작하는 것입니다. 그래서 세계적으로 어필하기 좋은 K-팝 아이돌의 IP를 많이 확보하고 있는 연예기획사가 NFT 사업에 바쁜 행보를 보이는 것입니다.

하이브, SM, YG, JYP는 직접 또는 간접적으로 모두 NFT 발행을 천명하고 나섰습니다. 이들 기업 외에 중·소형 기획사들도 여러 플랫폼을 활용해서 NFT를 발행하려고 계획하고 있습니다. 실제로 업비트 NFT에서는 오픈 이후에 걸그룹인 브레이브걸스의 NFT가 마켓플레이스에 올라와 있습니다. 중·소형 기획사인 브레이브 엔터테인먼트의 아이돌이죠.

조금 더 글로벌한 인기를 가지고 있는 BTS나 블랙핑크의 NFT가 한정판으로 발행됐을 때, 그러니까 경매 참전자들이 글로벌하게 바뀌었을 때, 신문 지면에 오르내리게 될 경매 가격은 우리의 상식을 초월할 가능성이 있습니다. 실제로 이런 비즈니스들이 2022년 론칭을 준비하고 있고요.

그런데 여기에는 한 가지 함정이 있습니다. 기획사가 NFT를 발행하면서 팬들이 NFT를 소유할 이유를 분명하게 줄 수 있을까 하는 점이죠. 기존의 아이돌은 포토카드라고 해서 앨범을 사면 그

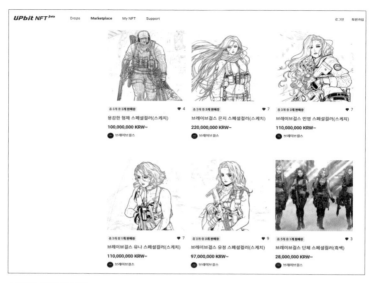

브레이브걸스의 NFT
출처: 업비트 NFT

안에 무작위로 포토카드(줄여서 '포카'라고 부름)를 얻을 수 있게 해놓았죠. 예를 들어 BTS의 앨범을 사면 그 안에 멤버 하나의 포카가 들어 있는데요, 그 포카의 희귀성과 멤버의 인기에 따라 시세가 정해져 팬들 사이에서 거래되곤 합니다. 같은 그룹이라고 해도 자신이 가장 좋아하는 아이돌은 한 사람이니 그 멤버의 포카를 가지고 싶은 거죠.

팬들 입장에서는 NFT가 포카와 얼마나 다르게 들릴까요? 오히려 NFT는 캡처를 통해서 그대로 복사할 수 있거든요. 팬들 입장에서는 NFT를 소유하기 위해 큰돈을 써야 할 필요가 없습니다. 어차피 자신이 좋아하는 '최애' 아이돌의 사진을 자기 스마트폰에 넣고 볼 수 있으니까요.

결국 아이돌의 NFT가 성공하기 위해서는 팬층에만 의지해서는 안 되고, 투자 관점으로 접근하는 투자자들이 몰려들어야 합니다. 이들은 큰돈을 써서 NFT를 소유할 이유를 분명히 가지고 있는 사람들입니다. 다음에 더 비싼 값에 팔고 싶어 하는 거죠. 여기서 NFT에 대한 자세가 팬과 투자자로 나눠집니다. 팬들 입장에서는 자신들의 리그에 투자를 목적으로 한 사람들이 갑자기 난입하는 것으로 비치는 거예요.

그러면 문제가 생길 수밖에 없는데요. 투자자로서 아이돌의 NFT를 소지한 사람들은 자신이 가진 NFT의 가격이 오르는 쪽으로 담론을 만들고 홍보를 할 거예요. 그런데 팬들 입장에서 이런 흐름은 자신들의 소중한 아이돌이 상업적으로 이용당한다고 느낄 수 있습니다. 여기서 양자가 충돌하는 겁니다.

NFT 아트나 컬렉터블 시장을 보면 NFT를 발행하는 데 그치지 않아요. NFT 홀더들은 적극적으로 커뮤니티를 만들고 참여하고, 자신들의 문화를 만들어갑니다. NFT 아트는 창작자 본인이, 그리고 NFT 컬렉터블은 발행하는 발행사가 그런 문화에 깊숙이 개입해서 함께 커뮤니케이션하기 때문에 창작자와 소비자가 어우러지는 독특한 커뮤니티 문화가 형성되거든요. 이런 커뮤니티들은 아이돌의 원래 팬클럽과 충돌할 가능성이 크죠. NFT 커뮤니티는 주로 투자가 목적이고, 아이돌의 팬클럽은 대부분 소유가 목적이라 기본 방향 자체가 다르거든요.

최악의 경우는 기획사가 이 커뮤니티를 통합하고 싶고, 팬들에게 NFT 카드의 소유 이유를 마련해주고 싶어서, 정식 팬클럽 회원의 자격 조건으로 NFT 카드를 조건으로 내건다거나 NFT 홀더들만을 위한 이벤트를 마련하는 것입니다.

팬클럽 입장에서는 NFT가 나오는 순간 이미 투자자들이 들어와서 자신들의 목적이 살짝 변질됐다고 느꼈는데, NFT 홀더만을 위한 자격이나 조건이 생긴다면 기획사가 대놓고 돈 있는 사람만 팬으로 우대하겠다고 말하는 것으로 생각될 겁니다.

실제로 하이브가 NFT 발행 계획을 발표하자, 아직 NFT가 나오지 않았음에도 일부 아미(BTS의 팬클럽)가 불매운동을 이야기하고 있습니다. 2021년 11월 4일에 하이브가 NFT 등 사업 확장을 발표했는데, 5~6일 정도 지난 11월 10일 기준으로 온라인에서 14만 건에 달하는 '하이브불매', '보이콧하이브NFT', 'BoycottHybeNFT', 'ARMYsAgainstNFT'라는 해시태그가 달렸습니다.[55]

얼핏 기존의 대규모 팬클럽이 있으면 NFT 사업을 쉽게 시작할 수 있겠다 싶겠지만, 기존의 팬클럽이 단단할수록 NFT 사업은 더욱 정교하게 설계해야 합니다. 투자자와 팬이 공존할 방안을 진지하게 고민하지 않으면 오히려 팬들이 떠나는 최악의 사태도 일어날 수 있거든요.

인기인의 IP

기존 팬클럽의 영향력이 단단한 K-팝 스타들보다는 오히려 인지도는 높지만 팬클럽의 활동이 그렇게까지는 활발하지 않은 인기인의 IP를 활용하는 방안이 NFT 비즈니스로는 더 적절한 방안이 될 수 있습니다. 투자자 입장에서는 주인공이 누구냐보나 사업성이 있느냐가 더 중요하니까요.

인기인의 IP를 활용한 NFT 발행 소식은 뉴스나 여러 미디어를 통해서 전달될 가능성이 큽니다. 초반에 사람들이 많이 참여하면 경매가가 높게 형성될 것이고, 처음 높게 형성된 경매가는 이후 거래를 활발하게 하는 기폭제가 될 수 있기 때문에 투자자들이 몰려들 가능성을 높여줍니다.

예를 들어 국제적인 인지도를 가진 스포츠 스타는 대체로 아이돌 같은 조직적 팬클럽보다 약하게 연결된 팬들을 두고 있습니다. 그러면서도 국제적 명성이 있으므로, NFT 수집에 글로벌 참여를 끌어낼 수 있습니다. 한 예로 영국 프리미어 리그에서 활약하는 손흥민 선수는 NFT를 발행하기로 계약을 했습니다.

NFT를 발행하는 플랫폼 NFT스타^{NFTSTAR}를 운영하는 더나인^{The9 Limited}이 공식 홈페이지를 통해 손흥민 선수와 NFT 독점 계약을 체결했다고 발표했습니다.[56] NFT스타는 손흥민 선수 외에도 파리 생제르망에서 뛰고 있는 브라질 선수 네이마르와 포르투갈 선수로 이미 은퇴했지만 세계적인 명성을 가지고 있는 루이스 피

손흥민 선수의 NFT 독점 계약 소식
출처: NFT스타

구와도 NFT 발행 계약을 마쳤습니다.

한국 기업인 갤럭시아메타버스에서 만든 NFT를 발행하고 큐레이션을 통해 판매할 수 있는 플랫폼이 메타갤럭시아^{Meta Galaxia}입니다. 2021년 11월에 오픈했는데 여기서 월드스타인 배구선수 김연경을 모티브로 한 디지털 작품이 팔렸습니다.

〈Something New〉와 〈Ready to Shine〉이라는 두 작품은 경매가가 아닌 고정가 방식으로 해서 팔렸는데요, 고정가 50만 원에 한정된 50개의 에디션이 완판됐어요.[57] 단순한 사진이 아닌 김연경 선수를 모티브로 한 작품이라는 점에서 NFT 아트와 인기인의 IP가 만난 거죠. 아마도 김연경 선수의 경기 장면은 리그 차원으로 계약이 되어야 NFT 발행이 가능할 겁니다. 그런데 이런 시도는 선수가 리그와 상관없이 NFT를 만들 수 있는 계약이니까, 다양한 NFT 작품을 만날 수 있는 방법이 아닐까 해요.

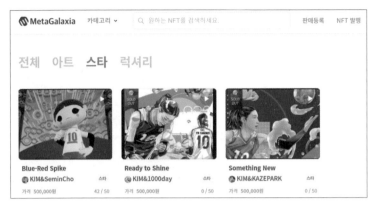

김연경 선수를 모티브로 한 NFT 작품들
출처: 메타갤럭시아

■ 디지털 휴먼 IP

NFT를 발행하기에 가장 좋은 '재질'을 가진 인기인은 당연히 디지털 태생의 디지털 휴먼입니다. 연예인이나 유명인 역시 현실을 살아가는 사람들이기에 여러 가지 사건·사고에 노출될 가능성이 있는데, 이런 사람들의 사건·사고는 개인의 불행에서 끝나는 것이 아니라 회사의 불행, 나아가 투자자의 불행으로까지 이어지죠. 회사 차원에서 관리를 한다고 하지만, 한계가 분명하니까요. 그래서 최근에는 디지털 휴먼이 인기를 얻고 있어요.

대중이 디지털 휴먼을 '인기인'으로 받아들이니까, 회사 차원에서는 어차피 그렇다면 디지털 휴먼을 키운다는 계획을 세운 거죠. 24시간 관리할 필요가 없어 리스크도 없고, 무엇보다 인기 좀 얻었다고 다른 곳으로 갈 생각은 안 하니까요.

디지털 휴먼은 디지털 기술로 만들어진 가상 인간을 말합니다. 이 디지털 휴먼이 다양한 방면에서 활약하고 있습니다. 특히 AI와 결합된 디지털 휴먼은 메타버스 세상에서는 일을 하는 사람일 수도 있죠. 예컨대 농협금융은 2022년 신입 행원 채용에서 AI 디지털 휴먼을 채용하기로 했습니다.[58] 또 자기 자신의 얼굴과 체형을 본 딴 디지털 휴먼을 만들 수도 있습니다. 디지털 휴먼에 대해서만 이야기해도 책 한 권 분량이 될 정도인데 여기서는 디지털 휴먼의 쓰임새 중 인플루언서, 그러니까 인기인으로서의 디지털 휴먼에 집중해서 이야기하도록 하겠습니다.

디지털 휴먼으로 가장 유명한 사람(?)은 릴 미켈라Lil Miquela입니다. 〈타임〉이 '인터넷에서 가장 영향력 있는 25인' 중 한 명으로 선정하기도 했죠. 미켈라는 가수로서 싱글곡까지 발표한 가상 인플루언서예요. 처음 그녀가 인스타그램에 자신의 계정을 만든 것이 2016년 4월이거든요. 이때만 해도 가수 지망생이었는데 그사이에 앨범을 낸 거죠. 그러니까 나날이 성장하고 성취하는 사람입니다. 성장은 그녀의 인스타그램에도 일어나서 2021년에는 310만 명 정도의 팔로워를 가지고 있습니다. 열아홉 살인 나이는 몇 년이 지나도 그대로지만요. 미켈라는 프라다, 샤넬, 구찌 같은 명품 브랜드와 협업하면서 패션 감각과 스타일링을 뽐냈습니다.

미켈라가 가상 인간으로 유명하긴 하지만 가장 많은 팔로워를 가진 디지털 휴먼은 아니에요. 팔로워 수 1위는 루 두 마갈루Lu do

김연경 선수를 모티브로 한 NFT 작품들
출처: 메타갤럭시아

Magalu입니다. 브라질 여성인데요, 인스타그램 팔로워가 570만 명입니다. 사실 미켈라보다 오래전부터 활동해왔어요. 2003년에 처음 만들어졌고 2009년 8월부터 유튜브를 통해 본격적인 활동을 시작했습니다. 처음엔 브라질의 최대 리테일 기업인 매거진 루이자Magazine Luiza의 홍보와 마케팅에 활용되기 위해 만들어졌다고 하죠.[59] 마갈루는 '매거진 루이자'에서 철자를 따서 만든 이름이에요.

디지털 휴먼은 생각보다 오래전부터 있었는데요, 한국에서 급격하게 관심을 가지게 된 계기는 로지 때문입니다. 세상에 하나밖에 없다는 '오로지'라는 이름의 스물두 살 여성이 신한라이프의 TV 광고에 나오면서부터거든요. 그 전부터 SNS 활동은 했지만 MZ세대의 관심을 받는 정도였고, 널리 이름을 알린 것은 실제 사람인지 아닌지 구별이 안 되는 TV 광고 속 모습을 통해서입니다.

그런데 이 디지털 휴먼의 영향력이 정말 놀랍습니다. 미켈라가 2020년에 벌어들인 소득은 130억 원 정도입니다. 마갈루는 기업의 홍보를 전담하기 때문에 보다 광범위한 영향력을 보이는데요. 매거진 루이자가 '마갈루 효과'로 2019년에 매출 6500억 원을 기록했다고 하죠. 미국의 시장조사 기관 비즈니스 인사이더 인텔리전스에 따르면 인플루언서 마케팅 시장은 2022년에 150억 달러로 성장할 것으로 기대됩니다.[60] 이 중 상당한 비중을 가상 인플루언서가 차지할 것으로 보입니다.

디지털 휴먼의 영향력은 점점 커질 수밖에 없습니다. 두 가지 이유가 있는데, 첫째는 대중이 자연스럽게 받아들이기 시작했다는 점입니다. 어차피 스타들은 SNS나 방송에서밖에 못 보니까, SNS에서 디지털 휴먼들을 만나는 것과 그다지 다를 게 없다는 겁니다. 오히려 디지털 휴먼은 SNS에 댓글을 남기면 답글이라도 달아주거든요.

그리고 제작사 입장에서는 언제 어떻게 터질지 모르는 연예인의 스캔들이나 논란에서 해방될 수 있습니다. 좋은 컴퓨터 사양만 갖춰주면 밤낮없이 일하는 디지털 휴먼이 함께 일하기에는 훨씬 편리하거든요. 그리고 기술이 발달할수록 할 수 있는 것도 많아지니, 성장형 아티스트라고 할 수도 있고요. 정지 사진의 SNS에서만 활동하던 디지털 휴먼이 지금은 TV 광고로 진출했잖아요. 조금 있으면 영화에서도 만나볼 수 있을 겁니다.

디지털 휴먼의 이런 성장 가능성은 인기를 끄는 요소가 되고, 그 인기가 NFT와 만났을 때 엄청난 상업적 기회를 제공할 수 있겠죠. 디지털 휴먼을 활용한 NFT 아트나 사진을 활용한 NFT 컬렉터블도 만들어질 수 있습니다. 하지만 이렇게 조금은 뻔한 방법보다는 디지털 휴먼이니만큼 다른 방향의 접근이 더 가능성 있을 듯하긴 해요. 예를 들어 디지털 휴먼이 입었던 옷을 한정판 NFT로 발행하는 거죠. 소비자가 그 옷을 사서 자신의 아바타나 자신의 사진에 입힐 수 있게 하는 거예요. 디지털 휴먼이 입었던 전 세계 한정판 옷을 디지털상의 내가 입을 수 있는 거죠.

디지털로 의류를 팔고, 그것을 자신의 사진에 입혀주는 기술이나 사업은 이미 존재합니다. 그것을 NFT, 디지털 휴먼과 결합해서 조금 더 산업적으로 만들면 되죠. 문제는 기술이 아니라 디지털 휴먼의 인기가 어느 정도까지 올라갈 것이냐 하는 겁니다.

디지털 휴먼의 인기가 올라가면 사실상 연예인 역할을 할 수가 있어요. 로지가 들었던 가방이나 액세서리 등의 물건 역시 NFT로 판매할 수 있게 될 것입니다. 단순히 광고가 아닌 디지털 휴먼이 썼던 디지털 굿즈Goods를 사서 디지털상의 나에게 사용하게 한다는 거예요. 그것을 NFT로 관리해서 내 것이라는 증명을 하는 거고요.

디지털 휴먼의 활동 범위가 SNS를 넘어 뻗어 나가기 시작하면서, 그들의 생활 패턴 하나하나가 NFT와 연결될 수 있습니다. 디지털 휴먼의 존재 이유 자체가 상업적인 목적이기 때문에 그들이 너무 돈을 밝힌다고 타박할 대중도 없을 겁니다. 디지털 휴먼을 활용하는 NFT 비즈니스는 아직 본격적인 시도도 하지 않은 상태인데, NFT 비즈니스와 결이 잘 맞는 만큼 가까운 시일 내에 크게 성장할 수 있는 비즈니스 콜라보(협업)라고 할 수 있지요.

■ 웹툰 IP

IP를 활용한 NFT 비즈니스 중에서 가장 빠르게 론칭될 것은 웹툰입니다. 한때 일본의 '아니메'가 전 세계적으로 유행했듯이, 지금은 한국의 웹툰이 전 세계적인 바람을 일으키고 있습니다. 웹툰 자체로도 충분히 경쟁력이 있는데 최근에는 OTT 서비스를 통해서 히트한 한국 드라마의 원작이 웹툰인 경우가 많아서, 한국 웹툰이 더욱더 주목받고 있습니다.

따지고 보면 NFT 아트 중에는 기존의 회화보다는 웹툰이나 애니메이션 형태에 더 가까운 것이 많습니다. 그러니까 웹툰이 NFT로 만들어지기 적합하다는 거죠. 실제로 웹툰의 IP를 활용한 메타버스 월드를 구축하려는 시도도 있습니다.

네이버웹툰 대표가 "웹툰 IP와 제페토의 메타버스 환경은 시너지를 낼 여지가 많다. 제페토 메타버스 플랫폼에서 네이버웹툰을 만나게 될 일이 많을 것"이라고 말한 바 있습니다.[61] 이미 제페토에는 인기 웹툰인 〈유미의 세포들〉이 하나의 '월드'로 구현되어 있고, 〈유미의 세포들〉에 나오는 아이템들을 팔고 있습니다. 아직 NFT를 적용한 것은 아니지만, 제페토 내의 통화인 젬zem으로 살 수 있게 했지요.

한편 일본에서는 제페토 NFT를 발행하고 있기도 합니다. 네이버의 관계사 라인은 글로벌 블록체인 사업 자회사인 라인테크플러스의 블록체인 기술을 활용해서 제페토의 인기 맵인 '벚꽃정원' 이미지 12종을 각각 100개씩 총 1200개 NFT로 발행했습니다. 그런데 벚꽃정원 NFT는 일본 한정이고, 1차 릴리스 시의 단가는 5000원 정도라 시험해보는 성격이 강합니다.[62]

제페토라는 메타버스에 NFT를 접목하려는 시도가 한쪽에서 이뤄지고 있고, 또 다른 쪽에서는 웹툰의 IP를 제페토에 구축하는 설계를 하고 있습니다. 이 두 가지 사건이 만나면, 메타버스 내의 쓰임새까지 가지게 되는 웹툰 IP 기반의 NFT라는 결과가 나오겠죠. NFT의 가치를 올리면서 유의미한 상업적 성과를 거두리라고 기대해볼 만한 시도입니다.

카카오게임즈는 2021년 3분기 실적발표 이후 CEO 주주서한을 통해 메타버스와 NFT 사업을 확장한다고 발표했습니다. 여기에 카카오엔터테인먼트는 웹툰 IP를 바탕으로 메타버스 경쟁력을 확보할 계획이고요.[63] 카카오의 자회사가 여러 개여서 중복 추진되는 것도 있는데요. 결과적으로 보면 웹툰·웹소설·게임·스포츠·엔터 등에서 IP를 확보하고, 그것들을 메타버스에 적용하며, NFT 사업으로까지 연결시킨다는 큰 방향에서는 모두 비슷한 흐름을 보입니다.

웹툰을 통해서 IP를 확보하고, 그것을 NFT로 연결시킨다는 전략이나 비전은 많은 게임사와 중소 규모의 웹툰 플랫폼이 입을 모아 이야기하는 것이지만, 유독 네이버나 카카오의 참전이 무서운

일본에서 발행된 제페토 맵 NFT
출처: NTF 스튜디오

것은 이들이 가진 플랫폼의 힘 때문입니다. 이미 많은 사람이 쓰고 있는 카카오톡이나 네이버 앱에 NFT 지갑이나 거래소를 슬쩍 탑재하고 간편하게 NFT에 입문할 수 있게 인터페이스를 만들어주면, 그 파급력은 생각보다 클 것입니다. 신문 지면에 NFT가 오르내려도 일반 대중으로서는 쉽게 NFT에 접근하지 못했던 이유가 암호화폐 기반이라 알아야 할 것도, 깔아야 할 앱도 많기 때문입니다. 사용성이 너무 안 좋은 거죠. 하지만 카톡을 이용해서 쉽게 접근할 수 있다면, NFT 이슈가 있을 때마다 사용자가 급격하게 증가할 수 있습니다. 사실 NFT 지갑은 지금 대부분 사람이 이미 가지고 있어요. 인지하지 못할 뿐이죠.

실제로 확인해볼까요? 카카오톡 메인 화면 맨 아래의 오른쪽

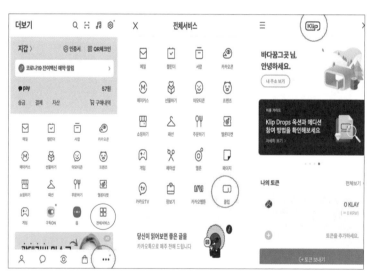

카카오톡에 탑재된 디지털 자산 지갑, 클립
출처: 카카오톡

끝에 있는 버튼이 '더보기' 버튼인데요, 그걸 누르면 여러 가지 서비스가 보일 거예요. 역시 오른쪽 하단에 전체 서비스가 있죠. 그걸 누르면 오른쪽 하단 끝에 클립이라는 서비스가 보일 거예요. 그게 바로 디지털 자산 지갑입니다. 여기에 NFT나 암호화폐인 클레이를 보관할 수 있습니다.

이게 바로 네이버나 카카오 같은 친근한 서비스가 더욱 친근한 웹툰 같은 것을 앞세워 NFT를 시작했을 때의 무서움입니다. 사용의 편리성과 인터페이스의 익숙함 덕에 급격히 대중화될 수 있거든요.

인증서·영수증·이용권을
NFT로 드립니다

#명품 산업 #리셀 시장 #호텔·리조트 산업

정품인증서로서의 NFT

NFT가 대중의 입에 오르내리는 것은 대체로 화끈한 가격의 경매 결과가 나올 때입니다. 언론도 주로 '그림 쪼가리가 ○○○억에 팔렸다'라는 헤드라인을 선호하죠. 그러다 보니 NFT가 아트나 컬렉터블처럼 경매에 주로 쓰이는 기술이라고 생각하기 쉽습니다. 하지만 사실은 메타버스 같은 디지털 세상으로 사람들이 옮겨가기 위한 기본적인 인프라입니다. 아직은 먼 얘기처럼 들리는 게 사실이죠. 지금 당장 눈으로 볼 수 있는 조금 다른 쓰임들은 없을까요?

우선은 유용성을 확보하는 측면에서 NFT를 마치 정품인증서처럼 쓰는 경우가 늘고 있습니다. 특히 명품처럼 가품이 많이 나오는 물건들에서 고유한 코드를 통해 제작한 나라와 유통 과정, 소유권까지 모두 적혀 있는 NFT는 위조가 불가능하다는 점에서 그대로 정품인증서의 역할을 합니다. 이 NFT를 다른 사람에게 보내 NFT에 해당하는 상품을 찾을 수 있게 하면 일종의 상품권 역할도 할 수 있습니다.

2021년 4월에 루이비통, 프라다, 까르띠에 등 글로벌 명품 회사들이 모여 블록체인 플랫폼 '아우라Aura'를 만들었습니다.[64] 이곳에서 제품에 대한 NFT를 발급하는 거죠. 한 제품당 고유한 NFT가 발급되면 그 제품의 모든 정보가 기록되고 소유주까지 기록되니 '짝퉁'이 유통되는 걸 원천적으로 차단할 수 있습니다. 발달한 가품 시장은 실제 매장에 근무하는 사람도 속일 정도라는 이야기가 있을 만큼, 실물로는 진위를 따지기 힘들죠. 그런데 이제는 별다른 수고 없이도 NFT를 통해서 간편하게 진위를 파악할 수 있게 된 거예요.

명품같이 대중에게 멀리 있는 것이 아니라, 조금 더 가까운 곳에서도 NFT를 진품증명서처럼 활용하려는 시도가 이루어지고 있습니다. IT 기업이 아니면서도 IT에 진심인 나이키가 그 주인공입니다. 나이키는 '크립토킥스CryptoKicks'라는 브랜드를 만들었는데, 이 브랜드로 출시되는 운동화는 고유한 NFT를 같이 발급해서 운동화의 진품 여부와 소유권을 증명해주겠다는 것입니다.

정품 인증을 위한 NFT는 이처럼 제품을 만드는 곳뿐만 아니라

아웃오브스탁의 메인 화면
출처: 아웃오브스탁

2차적으로 유통하는 업체에서도 적용할 수 있습니다. 한정판 스니커즈를 거래하는 아웃오브스탁은 운동화 중고 거래 플랫폼으로 문을 열었는데, 최근 여기에 NFT 기술을 더한다는 사업계획을 발표했습니다.[65] 판매용으로 접수된 운동화의 정품 검사를 한 후 그 결과에 NFT 코드를 부여해서 플랫폼 내에서 거래하게 하는 방식입니다. NFT에는 진품 여부와 신발 상태, 이력 등이 들어가 마치 중고차를 살 때 차량의 사고 이력을 살펴볼 수 있듯이 한다고 합니다. 중고 시장에 신뢰를 더할 수 있는 것이 바로 NFT 기술인 거죠.

당근마켓 같은 중고 거래 플랫폼이 인기를 얻고, 여러 제품의 리셀 시장도 점점 커져가고 있습니다. 단순히 중고를 다시 쓰자는 '아나바다' 운동 차원이 아니라, 재테크로 관심을 가질 만한 시장이죠. 그런 시장에서 진품 여부는 매우 중요할 수밖에 없으니, NFT를 활용한 진품 인증은 리셀 시장을 활성화하는 데 큰 몫을 차지할 겁니다.

이용권, 구매 영수증으로서의 NFT

농산물 이커머스 샵블리SHOPBLY 서비스를 운영하는 블로서리는 2021년 11월에 농업법인 제일영농과 MOU를 맺었습니다. 농산물 최초의 NFT 개발, NFT 선물 거래, 계약재배, 농산물 이력 관리 등에 대한 내용입니다.[66]

이게 무슨 말인가 하면 제일영농이 생산하는 쌀의 이력 관리와 계약 내용을 NFT로 판매한다는 것인데요. 해당 NFT를 구매한 소비자는 실제 쌀이 생산되면 NFT에 기록된 만큼의 쌀을 현물로 받을 수 있는 거죠. 말하자면 일종의 농산물 선물 거래를 하는 것이고, NFT는 그 선물 거래의 증서가 되는 것입니다. 이 NFT에 자동으로 기록되는 농산물의 이력과 그해의 작황 등을 고려해서 이 NFT 증서가 수확 이전에 소비자들 사이에서 거래될 것입니다.

블로서리는 앞으로 지금의 농산물에 대한 B2B 계약재배 NFT 거래 플랫폼을 만들어 농산물이 거래될수록 생산자가 로열티를 받는 구조를 만든다고 합니다. 선물 거래에 NFT를 활용하는 방법인데, NFT를 활용하니 그 거래들이 생산자에게도 유리한 쪽으로 작용하게 됩니다.

한편 분류를 하기에 모호한 시도도 있습니다. NFT 거래소인 메타갤럭시아가 만든 NFT인데요, 홍천에 있는 럭셔리 리조트 세이지우드와 디지털 아티스트 CJroBlue 최정현 작가가 콜라보한 것입니다. 작가의 NFT 아트 작품과 홍천 리조트의 숙박권을 패키지로 파

세이지우드와 최정현 작가의 콜라보 경매
출처: 메타갤럭시아

는 거죠.

총 3개의 그림이 나왔는데 타이틀 자체가 그냥 〈Penthouse Suite〉 〈Royal Suite〉 〈Junior Suite〉입니다. NFT를 사면 해당 객실의 숙박권이 포함된 상품인데요. 이게 과연 NFT에 객실이 포함된 것인지, 객실을 사면 보너스로 NFT를 주는 것인지 헷갈립니다. 물론 NFT의 설명에는 '해당 NFT에 포함된 숙박 예약권'이라는 표현을 써서, NFT가 핵심이라는 이미지를 주긴 했어요. 그렇지만 단 한 번 쓸 수 있다는 조건이 달린 NFT인 만큼 숙박권이 소진되고, 그냥 NFT만 거래에 나왔을 때 과연 어느 정도의 가치로 평가될 것인가가 궁금하긴 합니다.

메타갤럭시아는 이런 시도를 시작으로 호텔, 리조트, 골프장 등 실물 상품으로 확장된 새로운 비즈니스 모델 NFT를 지속적으로 선보일 것이라고 합니다.[67] 그렇게 보면 NFT 작품이 주가 된 것이 아니라 호텔이나 리조트, 골프장의 이용권으로 NFT 작품을 활용하는 것이 아닐까 하는 생각이 들어요. '이러다가 NFT 작품이 떠서 좋은 가치를 인정받으면 더 좋은 것이고, 아니면 실제 상품을 이용하는 유용성이라도 있으니 좋다'라는 느낌의 시도라는 생각입니다.

어쨌든 이런 시도도 NFT를 보다 더 확장해서 활용하려는 움직임 가운데 하나라고 할 수 있습니다. 디지털상에 자산을 구축하려는 것이 NFT라고 했지만, 이런 시도들을 보면 NFT가 우리의 현실을 디지털로 옮기려는 단계에서부터 유용하게 쓰이고 있다고 할 수 있겠네요.

영국 콜린스 사전이 2021년 한 해를 대표하는 단어로 NFT를 선정[68]할 정도로 NFT는 세계적인 관심사입니다. 앞으로도 NFT를 현실과 연결하고, 유용성을 부여하려는 시도는 계속될 것입니다.

■ 실제 콘텐츠나 실물에 붙여서 만드는 NFT 비즈니스

NFT를 단순히 디지털 아트나 컬렉터블 정도의 거래라고 생각하면 이해가 안 가는 것이 비즈니스 리더들의 관심이 너무나 폭발적이라는 점입니다. 놀랄 만한 금액의 경매 소식은, 재미있긴 해도 비즈니스적으로 의미 있는 모델이라고 할 수는 없거든요. 하지만 원래 비즈니스 리더들이 무언가에 관심을 가지는 이유는 단 한 가지입니다. 비즈니스적으로 활용할 가치가 충분하기 때문이죠. NFT가 그렇습니다. 디지털 자산이기 때문에 디지털상에서만이 아니라 권리나 실물 같은 여러 가지 비즈니스에도 폭넓게 응용될 수 있습니다.

돈은 물물교환을 대신하기 위해 가치 교환의 척도로서 역할을 해왔습니다. 실제 소유하기를 원하는 자산은 최후에 거래되고, 그 전까지는 돈(화폐)으로 가치를 교환하거나 저장합니다. 그러면서 경제가 돌아가기 시작한 것이거든요. 그런데 NFT는 바로 그 물건까지 가볍게 해줍니다. 디지털 자산이야 디지털상에서 자산화되는 것이 당연한데요, NFT는 실제 물건이나 현실에서는 실체가 없는 권리까지도 실체화해주는 역할을 합니다. 실체가 생기기 때문에 권리를 분할할 수 있고 대상화할 수 있으며, 따라서 상품화할 수 있습니다.

음악 저작권과 NFT

권리를 상품화할 수 있는 대표적인 예로 음악 저작권을 들 수 있습니다. 음악을 NFT화한다고 하면, 노래를 NFT로 만들어서 특정 개인에게 판매한다거나 에디션 형식으로 100개 또는 1,000개 한정으로 만들어서 쪼개 파는 것을 생각하기 쉽습니다. 음악은 미술 같은 소유 개념보다는 듣는 행위에 더 초점이 맞추어져 있는 예술이기에, NFT로 판매하고 소수의 팬이 소유하는 폐쇄적 구조가 먼저 떠오르니까요. 실제로 초창기에는 그런 형태를 띠었습니다.

2021년 4월에 미국 가수 더 위켄드가 아트워크와 음원을 결합해서 NFT화하여 경매를 진행했는데, 229만 달러에 팔렸어요. 한국의 사례도 있습니다. 이날치, 리아, 세븐의 음원이 NFT화되어 NFT매니아에서 각각 1200만 원(이날치), 1010만 원(리아), 1990만 원(세븐)에 낙찰됐습니다.[69]

하지만 이런 모델은 비즈니스적으로는 그다지 의미가 크지 않습니다. NFT가 원래 저작권이 아니라 소유권을 파는 개념이잖아요. 자신이 소유하더라도 음원의 특성상 스트리밍 같은 서비스를 통해서 일반인이 자유롭게 들을 수 있다면, 그럼보다는 아무래도 소유에 따른 만족도가 덜할 수밖에 없습니다.

음악에 NFT를 도입하기 위해서는 약간 다른 개념이 필요한데요, 그것이 바로 저작권 쪼개 팔기입니다. NFT가 도입되기 이전에도 음악의 저작권에 지분 투자를 하는 개념으로 거래가 이루어지고는 했습니다. 정확하게는 저작권이 아니라 저작권료 참여청구권이죠. 즉 저작권을 거래하고 지분을 받는 것이 아니라 저작권자가 저작권료를 정산받을 권리를 거래하고 계약하는 겁니다. 투자하는 입장에서는 저작권이든 저작권료 참여청구권이든 수익이 안정적으로 들어오기만 한다면 큰 상관이 없겠죠.

문제는 돈을 벌어다 주는 곡이 한정되어 있다는 것입니다. 예를 들어 브레이브걸스라는 아이돌의 〈롤린〉이라는 곡이 유명한데요, 음악 저작권(정확히는 참여청구권) 거래 플랫폼으로 알려진 뮤직카우에서 2020년 12월부터 2021년 10월까지 2856.4%의 수익률을 올리기도 했어요. 그런데 대부분의 곡은 이런 수익률과는 거리가 멉니다.

문제가 한 가지 더 있습니다. 권리에 대한 거래에서 수익 모델은 배당주와 비슷하다고 볼 수 있거든요. 저작권료를 정산받는 것은 주식을 사면 배당을 받듯이 어느 정도 받으면 되는 거죠. 그리고 진짜 수익은 노래가 히트하면 주식 가격이 오르듯이 그 노래에 대한 권리의 가치도 올라서 차액 실현을 할 수 있어야 해요. 하지만 현재는 거래량이 턱없이 부족합니다. 2021년 10월 현재 뮤직카우에 등록된 곡은 962곡에 불과합니다.[70]

이런 문제를 음악 저작권 NFT가 어느 정도 해결할 수 있을 것으로 보입니다. 기존의 음악 저작권 거래 플랫폼들이 NFT를 도입한 것은 아니어서, 이제 막 시작된 비즈니스라고 할 수 있는데요. 우선적으로는 NFT에 포함시킬 것이 실제 저작권인지 저작권료 참여청구권인지 같은 부분을 명확히 해야 합니다.

음악 작품을 한정된 인원이 참여하는 에디션으로 NFT화해서 발행하면, 비즈니스적으로 유의미한 거래들이 일어날 수 있습니다. 개별 음원 가운데 NFT 저작권이 많아지면, 증권거래소처럼 저작권거래소가 생겨나 갈수록 활성화될 거고요. 예컨대 미국 샌프란시스코에 기반을 둔 투자 플랫폼 회사인 리퍼블릭Republic은 팬들이 아티스트의 음악 로열티에 대한 권리를 공유할 수 있게 해주는 증권형 NFTSecurity NFTs, S-NFT를 제공한다고 밝히기도 했습니다.[71]

무엇보다 음악 저작권 NFT의 비즈니스화에 대해서 기대치를 높이는 것은 하이브, SM, JYP, YG 등 K-팝을 이끌고 있는 국내 연예기획사들의 NFT와 메타버스에 대한 사업 전망입니다. 이 기업들이 NFT를 비즈니스에 도입한다는 비전을 가지고 있는데, 단순히 아티스트들의 사진에만 국한되지는 않을 것이기 때문이죠. 만약 BTS의 앨범이 NFT화되어서 거래되거나 심지어 저작권 중 일부가 NFT로 거래된다면 그 파급효과는 전 지구적일 것입니다.

중·소 음악기획사나 아티스트들은 음악 NFT를 발행하면서 마치 펀딩을 하듯 앞으로 나올 곡의 지분을 나눠주고, 이로써 음악을 제작하는 데 드는 비용을 충당할 수도 있습니다. NFT 홀더들과 교감하며 자신의 음악에 대한 피드백도 받을 수 있을 테고요. 현재 NFT 아트 분야에서 보이는 모습처럼, NFT 뮤지션들의 창작 무대도 창작자와 유저들이 어느 정도 뒤섞인 구조로 변화할 수도 있습니다.

P2E
: 게임만 해도 돈을 번다

#게임 산업

■　**P2W에서 P2E로**

컴퓨터 산업의 초창기부터 게임은 가장 친근한 동반자였습니다. 8비트 컴퓨터 시절에도 게임은 있었으니까요. 온라인으로 게임이 옮겨지기 전까지 게임 산업의 수익 모델은 게임 타이틀 판매가 압도적인 비중을 차지했죠. 지금도 플레이스테이션 같은 콘솔 게임기들은 타이틀 판매가 주요 수익 모델이긴 합니다. CD가 아닌 온라인 다운로드로 바뀌긴 했지만요.

하지만 웹이나 앱 쪽의 게임들은 월과금 형태를 거쳤다가, 대부분 아이템 판매 쪽으로 방향을 잡았습니다. 게임에 접근하는 것은 무료인데, 게임 안에서 유용하게 쓰이는 아이템을 돈 주고 사야 하는 식으로 바뀐 겁니다.

그래서 유저들은 P2W라는 용어를 쓰는데 이는 'Pay to Win'의 약어로, 이기기 위해서는 돈을 써야 한다는 거예요. 특히 확률형 아이템의 경우는 팩을 구입하되 그 팩에서 나올 아이템이 무엇일지는 운에 맡기는 거거든요. 당연히 유저들이 원하는 아이템들은 희박한 확률로 나오기 때문에 원하는 아이템을 얻기까지 구매를 반복해야 합니다.

그런데 이제 P2E라는 새로운 개념이 등장했습니다. P2E는 'Play to Earn'의 약어로 게임을 하면서 돈을 쓰는 것이 아니라 게임을 하면 돈을 번다는 완전히 획기적인 개념입니다. 이게 어떻게 가능할까요? 두 가지 의문이 있습니다. '왜 예전에는 이게 안 됐나?' 하는 것입니다. 이게 가능하다면 진작부터 도입해서 게임을 생산적인 활동으로 바꿀 수 있었을 텐데 말이죠. 이 질문에 대한 답은 '리니지 같은 경우는 예전에도 아이템 거래하고 그러지 않았나?' 하는 질문의 대답과 매우 유사해서 이 두 가지 질문은 그냥 하나로 칠 수 있습니다.

두 번째 의문점은 '도대체 게임사는 어디에서 돈을 벌까?'입니다. 유저들이 게임사에 돈을 내는 것이 아니라면, 게임사는 돈을 벌 수가 없는데 어떻게 게임을 유지하는 걸까요? P2E 게임을 살펴보면서 이에 대한 답도 찾아보겠습니다.

■ 왜 예전에는 P2E가 안 됐을까?

P2E가 가능해진 것은 NFT가 있기 때문입니다. NFT가 현장에서 쓰이기 전까지 P2E는 사행성 게임에서나 가능할 뿐 정식 게임에서는 사용하기 힘들었습니다. NFT는 디지털상에만 존재하는 가상의 코드에 가치를 부여하는 것입니다. 가상자산이 생기는 거죠. 게임 안에서 자신이 가진 아바타나 아이템, 영토 등에 가치가 생기기 때문에 경제행위가 일어나는 거예요.

전투를 통해서 획득한 아이템이 가치가 있으니, 전투를 자주 해서 많은 아이템을 얻는 것이 경제행위가 되는 거죠. 아무리 아이템을 모아도 그것이 자신의 캐릭터를 강하게만 해줄 뿐 경제적 이득과는 상관이 없는 것이 기존의 게임이었습니다. 아이템을 모아서 미션을 클리어해도 '승리'만이 보상으로 주어질 뿐 경제적 이득은 없었던 거죠. 그런데 아이템을 모으는 것의 보상이 '현실의 금전'으로 주어지니, 게임을 하는 것이 돈을 버는 행위로 바뀐 겁니다.

게임에 적용되는 NFT는 자신이 소유한 게임 캐릭터나 아이템들을 자신의 소유로 인정을 받는다는 것이거든요. 다시 말하면 캐릭터를 육성하거나 아이템을 획득한 뒤 거래를 통해 수익을 창출할 수 있다는 얘기지요. 그래서 게임을 하면서 돈을 번다는 개념이 주목받기 시작했습니다. 어차피 게임은 하는데 그러면서 돈까지 벌 수 있다는 생각에, 게임 폐인들뿐만 아니라 지하철 출퇴근 시간 정도만 게임에 투자하던 사람들도 설레기 시작한 거예요.

그러니까 '왜 예전에는 이게 안 됐나?'라는 질문에 대한 답은 '이제 NFT가 본격적으로 쓰이기 시작했기 때문'이라는 것인데요. 이 대답은 '리니지 같은 경우는 예전에도 아이템 거래하고 그러지 않았나? 뭐가 다른가?'에 대한 답과 같다고 할 수 있습니다. 리니지 게임의 아이템을 거래하는 경우들이 있었죠. 하지만 이런 거래는 오피셜과는 거리가 먼 이야기였어요. 게임 내에서는 그런 거래소라는 것이 있을 수 없어서 게임 밖에서 이루어졌는데, 누군가가 사기를 치려고 마음먹고 '먹튀'를 하면 속절없이 당할 수밖에 없는 아주 위험한 구조였죠.

그런데 NFT가 게임 안으로 들어오면, 아이템에 소유 증명이 되면서 먹튀를 원천적으로 차단하게 됩니다. 그리고 무엇보다 NFT를 통해서 게임 내의 모든 것이 자산 가치로 인정받게 되면 그것들을 거래하는 거래소들이 오피셜로 생길 것이기 때문에 모든 거래가 양성화되고 안전하게 진행될 수 있습니다.

여기에 두 번째 질문의 답이 있습니다. 도대체 게임사는 어떻게 돈을 버는가 하는 것인데요. 간단하게 말하면 거래가 일어날 때 수수료를 받는 수수료 기반 모델입니다. 그리고 어느 정도 규모가 있는 게임사들은 자체 블록체인과 암호화폐를 만들어 게임 안에서 사용하게 하는데, 그 암호화폐 자체의 시장 평가가 올라가면서 시가총액 면에서 막대한 이익을 누릴 수도 있습니다. P2E 게임 중에서 가장 유명한 엑시 인피니티의 수익 모델을 보면서 이를 더 자세히 알아봅시다.

엑시 인피니티의 비즈니스 모델

베트남 스타트업인 스카이마비스는 2018년에 엑시 인피니티라는 NFT 기반 P2E 게임을 내놓았습니다. 그런데 엑시 인피니티가 전 세계 게이머의 주목을 끈 것은 2021년 4월 정도였습니다. 3년 동안 별다른 관심을 받지 못했던 게임이 갑자기 전 세계적인 화제의 중심에 선 겁니다. 그 이유는 4월에 스카이마비스가 엑시 인피니티에 자체 사이드 체인인 '로닌'을 도입했기 때문입니다. 로닌이 유저에게 수익을 보장해주기 시작한 겁니다.

그렇다고 로닌 도입이 곧 P2E 개념 도입이라는 뜻은 아닙니다. 엑시 인피니티는 처음부터 NFT 기반의 P2E 게임이었기 때문에 새롭게 경제적 이익이라는 개념을 어필할 것은 없었어요. 다만 로닌이 도입됨으로써 실제로 경제적 이익을 얻을 수 있었던 거죠.

그 전에는 엑시 인피니티가 이더리움 기반이었기 때문에 플레이를 할 때 NFT를 만들거나 수정할 때 필요한 가스비가 꼬박꼬박 들었습니다. 엑시들을 교배해서 육성하는 데 가스비가 들고, 엑시들을 판매하는 데에도 가스비가 들었어요. 가스비가 워낙 사악한 수준이어서, 게임으로 돈을 번다고 해도 가스비로 다 나가는 판이라 수익이라는 측면에서는 별 의미가 없었던 거예요.

그런데 스카이마비스가 NFT를 만들 때 이더리움 메인 체인이 아니라 자체 사이드 체인을 개발해서 쓰면서 가스비를 크게 낮춘 거예요. 게임할 때 들어가는 돈이 적어지니 수익이 늘어나 엑시 인

엑시 인피니티의 게임 화면
출처: 엑시 인피니트

피니티 생태계가 폭발적으로 성장하게 된 것입니다. 현재 엑시 인피니티의 일간 사용자는 80만 명에 달하고, 2021년 한 해만 놓고 봐도 거래액이 10억 달러를 넘길 것으로 보입니다.[72]

P2E 게임을 하면 얼마나 벌 수 있을지가 무척 궁금할 텐데요, 사실 수익은 조건에 따라 다릅니다. 어떤 엑시를 가지고 시작하는가, 하루에 얼마나 플레이하는가, 솔로 플레이에 참여하는가 아니면 전투를 하는가 등이죠. 실제 유저들의 이야기를 들어보면 전업으로 게임에 참여할 경우 한 달에 평균 100만 원에서 200만 원 정도까지는 벌 수 있다고 합니다.

이 정도 금액은 한국이나 선진국 기준으로는 전업으로 하기에는 부족하죠. 하지만 필리핀 같은 곳에서는 가능합니다. 온라인 통계 업체인 스태티스타Statista에 따르면 2020년 기준으로 필리핀의 평균 월급이 104만 원 정도였거든요.[73] 그러면 출근하는 것보다 게임을 하는 것이 일도 쉽고 수익도 더 좋습니다. 필리핀에서는 게임을 해서 학비를 댔다든가 집을 샀다는 사람이 등장하기도 했습니다. 이것이 동남아를 중심으로 불었던 엑시 인피니티 열풍의 이유입니다.

그러면 엑시 인피니티에서 유저는 어떻게 돈을 벌까요? 크게 세 가지 방법이 있습니다. 첫 번째는 엑시를 판매하는 것입니다. 처음 게임을 시작할 때 유저에게는 엑시 세 마리가 필요합니다. 이 엑시를 돈을 주고 사야 해요. 반대로 보면, 기존 엑시 보유자가 신규 회원에게 엑시를 팔 수 있다는 얘기입니다. 엑시들은 서로 교배를 할 수 있습니다. 교배를 통해서 새로운 엑시가 탄생하는데, 이 엑시들이 특성에 따라 모두 다른 모습입니다. 그리고 NFT로 고유성을 인증받죠.

두 번째는 게임 플레이를 통해서 돈을 버는 것입니다. 실제 게임에 들어가면 던전을 돌며 전투를 치르는 어드벤처와 상대방과 배틀을 펼치는 아레나 두 가지 모드가 있어요. 던전을 도는 것은 그냥 혼자서 하는 플레이인데, 난이도가 쉬운 만큼 보상은 적습니다. 아레나는 다른 플레이어와의 배틀인데, 이기기는 쉽지 않지만 보상이 큽니다. 이렇게 얻은 보상도 그대로 수익이 되는 것입니다.

세 번째 수익 모델은 초보자와 베테랑 유저들의 니즈를 잘 맞춘 기가 막힌 방법입니다. 엑시 인피니티에는 진입 장벽이 있거든요. 앞에서 얘기한 것처럼, 초보자가 처음 플레이할 때 엑시 세 마리가 필요한데요. 전투에서 성과를 올리려면 능력치가 어느 정도는 되는 엑시가 있어야 합니다. 그 정도 등급의 엑시 세 마리를 사려면 100만~150만 원 정도가 들어요. 게임을 시작하는 데 투자하는 돈으로는 만만치 않은 금액이죠. 그래서 엑시 인피니티가 마련한 것이 스칼러십scholarship 제도예요. 말하자면 기존 플레이어가 가지고 있는 계정을 초보자가 빌려서 플레이하고, 그렇게 번 돈을 계정의 원주인과 나누는 겁니다. 지주와 소작농의 관계라고 보면 됩니다. 보통은 플레이하는 쪽이 50~65% 정도를 가져간다고 합니다. 엑시 소유자 입장에서 보자면 자신의 엑시를 대여해주고, 소득의 반 정도를 받는 것이니까 이것도 하나의 수익 모델이죠.

공식적이지는 않지만 유저의 수익 모델이 하나 더 있습니다. 게임 내에서 쓰이는 두 가지 종류의 화폐가 있는데요, 하나는 SLPSmooth Love Potion이고 또 하나는 AXSAxie Infinity Shards 코인입니다. 이 두 화폐 모두 암호화폐 거래소에 상장되어 있습니다. 그렇다는 얘기는 이 화폐들을 보유하고 있으면 암호화폐의 시세가 올라감에 따라 시세차익을 노릴 수 있다는 거죠. 2021년 11월 기준으로 AXS는 개당 16만 3000원이고 SLP는 개당 121원 정도입니다. 참고로 로닌이 가동되기 전인 4월 중순에는 AXS가 개당 8000원 정도였고, SLP는 50~60원 정도였어요.[74] AXS는 2000%의 수익률을 기록했네요.

개발사인 스카이마비스는 엑시를 브리딩(엑시를 교배해서 새로운 엑시를 만드는 것)할 때, 그리고 엑시를 마켓플레이스에 올려서 거래할 때 수수료 4.25%를 받습니다. 이것이 회사의 공식적인 수익 모델이죠.

■ 우리나라 P2E 게임의 대표인 미르 4

우리나라 게임으로는 위메이드가 서비스하는 '미르 4'가 NFT를 활용한 P2E 게임으로 알려져 있습니다. 미르 4에서 돈을 버는 방법은 단순한 편입니다. 다양한 수익구조가 있는 게 아니라 주로 게임 내 주요 자원인 흑철을 캐서 현금화하는 구조거든요. 수익성도 그다지 좋지는 않아서 하루 24시간, 1개월 내내 생산하면 40만~45만 원 정도를 번다고 합니다.[75] 게임하면서 가외로 버는 것이니 적은 돈은 아니지만, 24시간 게임을 돌리는 것치고는 많은 돈도 아니죠.

다만 이 흑철은 게임 내 화폐인 드레이코와 교환되고, 이 드레이코는 위메이드가 밀고 있는 암호화폐 위믹스와 교환하여 거래소에서 현금화할 수 있어요. 그런데 위믹스가 최근 6개월 새에 가격이 15배 이상 뛰었습니다. 초창기에 번 위믹스를 계속 가지고 있었다면 시세차익으로 번 돈이 훨씬 많았을 것 같네요.

최근에는 NFT 기반 아이템 거래소를 만들어서 새로운 수익구조를 하나 더 추가했습니다. 수익구조를 다변화하려고 계속 시도

미르 4 글로벌 버전
출처: 미르 4

하고 있어요.

미르 4의 장점은 대규모 전투가 가능한 MMORPG^{Massive} Multiplayer Online Role Playing Game 장르의 게임이라는 점입니다. 엑시 인피 니티는 매우 단순해서 게임을 어느 정도 하고 나면 '노가다' 같다 는 생각이 들 정도거든요. 그런데 MMORPG는 원래 게이머들이 선호하는 장르이고, 재미도 있어요.

게임이 즐겁고 할 만하다고 느껴질 때 '게임성이 좋다'라고 표 현합니다. NFT로 P2E 게임을 만드는 게임사 대표들도 '돈 버는 데 집중하느라고 게임성을 포기하지는 않을 것'이라고 한결같이 얘기 하죠. 유저들 입장에서 당분간 P2E는 '재미있는 게임을 하는데 돈 까지 버네' 정도로 유입될 것이고, '재미없지만 큰돈을 벌 수 있으 니까'가 되지는 않을 것 같네요. 일단 한국 기준에서 아직 큰돈이라고 할 만한 수익구조를 보여주는 게임은 없으니까요.

우리나라 게임사들의 NFT 게임 준비 현황

엑시 인피니티를 통해서는 P2E로 상당한 수익과 시가총액이 가능하다는 것을 봤고, 미르 4에서는 MMORPG 같은 게임성을 유지하면서도 P2E를 실현하는 것을 봤습니다. 그러면 재미있는 P2E 게임을 만든다면 그야말로 게임체인저가 될 수 있지 않을까요? 게다가 규모가 있는 개발사라면 블록체인 생태계를 같이 만들어서 그것으로도 큰 수익을 바라볼 수 있거든요.

당연히 게임 개발사들은 그런 생각을 했고, 2022년에는 모두 NFT를 활용한 게임 시장에 도전한다고 발표했습니다. 특히 엔씨소프트의 MMORPG 게임인 '리니지'는 원래부터 게임 내 아이템을 거래하던 것으로 유명했죠. 물론 오피셜한 것이 아니라 게임 외적인 거래여서 문제가 많았는데요. 이것을 게임 안으로 가지고 와서 정식 거래소를 만들고 오피셜하게 인증한다면, P2E 게임이 자리 잡는 데 상당한 역할을 할 것으로 기대됩니다.

앞서 예로 들었던 미르 4의 개발사 위메이드는 미르 4를 포함한 100여 개의 블록체인 게임을 발굴해서 자체 플랫폼인 위믹스에 태워 위믹스 생태계를 활성화하겠다는 복안입니다. 게임 하나에 집중하는 것이 아니라 게임의 기초가 되는 블록체인과 암호화폐라는 인프라를 잡겠다는 전략이죠.

펄어비스는 2023년 출시 예전인 메타버스 게임 '도깨비'로 세계적 관심을 받고 있는 게임사입니다. 메타버스 기반이라는 말은 경제활동이 이루어진다는 말입니다. 펄어비스는 '이브온라인'에도 NFT를 탑재하는 등 NFT 기반 거래 및 P2E 영역에 진출할 여지가 있다는 평을 듣고 있기도 합니다.[76]

게임빌(2021년 11월 컴투스홀딩스로 사명 변경)은 2022년 중에 C2X 토큰을 발행할 예정입니다. 가칭이라 이름은 바뀔 수 있는데요, 이름도 유동적인 블록체인 생태계에 컴투스가 함께하기로 했습니다. 컴투스의 '서머너즈 워: 크로니클'과 '거상M 징비록'을 C2X에 태우고,[77] NFT를 적용한 P2E 게임으로 만들기로 했어요. 게임빌의 대표작 '게임빌 프로야구'에도 NFT 아이템 거래 기능을 넣을 예정이고요.

넷마블은 구체적으로 어떤 게임에 NFT를 적용하겠다고 이야기하지는 않았지만, 국내 게임사로서는 처음으로 메타버스·NFT 전담 조직을 설립했습니다.[78] 넷마블은 하이브 2대 주주인데, 하이브는 두나무와 NFT 사업을 예고했으니 넷마블이 NFT 게임에 대해서 아무것도 안 하지는 않을 거예요.

그 밖에 대부분의 게임사는 NFT를 적용한 P2E 게임으로의 전환을 선언하거나 검토 중입니다. 그동안 확률형 아이템을 사게 하거나 계정에 과금하는 형태의 수익 모델에 게임사들은 한계를 느껴왔거든요. 특히 리니지는 2021년 초에 리니지 M의 확률형 아이템에 대해 불매운동이 일어날 정도[79]로 유저들의 감정이 좋지 않았죠. 돌파구가 필요한 시점에 P2E 게임이 뜨면서 전 세계적으로 NFT 붐이 일어난 거예요. 게임사로서는 아주 적절한 타이밍의 터닝 포인트로 느껴질 수 있습니다. 너도나도 NFT를 활용한 P2E 게임 전환을 선언하는 이유죠.

■ NFT 게임 규제의 문제

P2E 게임의 가장 큰 문제는 우리나라 현행법상 '게임에서 돈을 벌 수 없'게 되어 있다는 점입니다. 그러니까 우리나라에서 NFT를 바탕으로 P2E 게임을 서비스하면 불법이어서 정지당한다는 거예요. 일단 게임물관리위원회가 게임 아이템의 현금화가 사행성을 조장할 수 있다는 이유로 NFT 활용 게임에 대한 등급 분류 자체를 거부하고 있습니다.[80]

한국에서는 P2E 기능을 뺀 게임을 출시해야 합니다. 한국의 유저들은 P2E 게임이라고 하는데 막상 돈을 벌 수 있는 기능은 빠진 채 플레이해야 하는 거죠. 그래서 미르 4는 글로벌 버전에서는 흑철을 캐서 돈을 벌 수 있지만, 한국 버전에서는 이 기능을 뺀 채로 출시해야 했습니다.

게임사들은 그럼에도 NFT를 활용한 P2E 게임의 개발을 진행한다고 밝히고 있습니다. 유저 입장에서는 VPN^{virtual private network} 같이 우회하는 방법을 통해 글로벌 버전으로 접근할 수도 있을 것 같습니다. 게임사 입장에서는 그래도 상관없을 수 있고요. 정부 입장에서는 한국에서 거둬들일 세금 수입을 고스란히 외국으로 빼앗기는 셈이지만요.

규제 문제는 게임사들이 세계적인 경쟁력을 확보하게 하기 위해서라도 반드시 해결되어야 합니다. 사실 정부 입장도 일관되지 않습니다. 한국콘텐츠진흥원은 블록체인 게임 지원 사업을 펼쳐서 나인코퍼레이션의 '나인 크로니클'과 하루엔터테인먼트의 '커버넌트 차일드 포 클레이튼'을 선정했거든요.[81] 이 두 게임이 국가기관의 공식적인 지원을 받은 거죠. 그런데 블록체인 기반이라는 이유로 게임물관리위원회는 심의 자체를 거부하고 있습니다. 게임사 입장에서야 글로벌 버전으로 내면 되겠지만, 국가기관의 공식적인 지원을 받고 만들어지는 게임이 국가기관의 거부를 받는 우스운 일은 정부기관의 신뢰성에 강한 의구심을 불러일으킬 수밖에 없습니다.

계속 이런 기조라면 게임사로서는 이런 정부 아래서 게임을 열심히 개발할 이유가 없을 것입니다. 서비스도 못 하니까요. 하지만 P2E가 글로벌 대세가 된다면 그런 게임을 안 만들 수는 없잖아요. P2E 게임을 자유롭게 만들고 서비스하기 위해서 게임사가 외국으로 본사를 이전하는 일이 벌어져도 원인 제공은 정부가 했다는 점을 상기시켜주는 일이 아닐 수 없습니다.

마케팅의 판도를 바꾸는
NFT

▪ 경매에서의 높은 성과와 미디어 노출, 이색 경매

'NFT'도 그렇고 '메타버스'도 그렇고 갑작스러운 키워드의 유행에 많은 사람이 마케팅 용어 아니냐고 비판했습니다. 그런데 이를 뒤집어서 생각해보면, 마케팅에서는 이 두 단어가 아주 효과적이라는 점을 인정하는 셈이거든요. 그만큼 마케팅에서 쓰였을 때 강렬한 인상을 주는 것이 NFT입니다. 그리고 대부분 그 강렬함은 경매 낙찰가에서 옵니다.

그러다 보니 회사 차원에서의 마케팅이 아닌데도 2차, 3차 거래 시장에서 가끔 일어나는 마케팅 호재가 있습니다. 예를 들어

구찌 퀸 비 디오니소스 가방 NFT
출처: 로블록스

2021년 6월경에 게임 테마의 메타버스 플랫폼인 로블록스에서 구찌 가방이 35만 로벅스^{Robux}에 팔렸습니다.[82] 로벅스는 로블록스 내의 화폐 단위로, 로블록스 내에서 물건을 거래하거나 아이템을 살 때 쓰입니다. 암호화폐는 아니지만, 로블록스가 중간에서 개입해 로벅스를 현실의 화폐와 교환해줍니다. 35만 로벅스는 미화로 4115달러입니다. 그러니까 구찌 가방이 480만 원 정도에 팔렸다는 얘기예요. 이탈리아 명품 브랜드인 구찌가 한정판으로 내놓은 '구찌 퀸 비 디오니소스' 가방인데요, 구찌의 시그니처인 여왕벌 문양이 있습니다.

구찌 가방에 한정판 정도 되면 480만 원 정도는 할 수 있죠. 그런데 문제는 이 가방이 로블록스 내에서만 존재하는 NFT 디지털 아이템이라는 겁니다. 일반적인 어른의 상식으로는 1만 원을 들여 아바타에 좋은 옷을 입히는 것도 이해하지 못하거든요. 그런데 이 디지털 아이템이 480만 원에 팔렸다는 건 그야말로 '세상에 이런 일이' 수준인 거죠. 특히 2021년 6월만 해도 NFT에 대해서 사람들이 잘 몰랐잖아요.

현실의 구찌 디오니소스 가방은 3400달러로, 이것보다 700달러 정도 쌉니다. 그러니까 현실에서 만질 수도 없고 오직 디지털상에서만 존재하는 가방이 현실 가방보다 비싼 값에 팔린 겁니다. 게다가 더 놀라운 것은 이 가방이 제일 처음 판매될 때는 가격이 10달러가 안 되는 수준이었다는 거예요. 그런데 로블록스 내에서 재판매되면서 가격이 급등한 겁니다.

이런 경우는 구찌가 높은 경매가나 리셀가를 예상해서 마케팅이 되리라고 생각한 것은 아닐 거예요. 하지만 종종 이런 경매에서 나오는 낙찰가가 마케팅용으로 쓰이기도 합니다. 구찌는 메타버스나 NFT에 적극적으로 나서고 있는 편인데요. 이것보다 조금 앞선 5월에 크리스티 경매에 자사의 패션 스토리를 담은 4분 5초짜리 NFT 영상을 올려서 2만 5000달러에 낙찰받은 적도 있습니다. 이런 경우는 기업 차원에서 경매에 대한 화제성을 생각해 마케팅용으로 올린 것일 텐데, 이렇게 인위적인 것보다 확실히 로블록스의 의도치 않은 경매가 더 많이 화제에 올랐죠.

하지만 마케팅 차원에서 아무것도 안 한 것은 아닙니다. 결과적으로 보면 처음에 로블록스에서 10달러도 안 되는 가격에 구찌백을 한정 발행한 것이 씨앗이 된 셈이니까요. 마케팅 차원에서 보자면 리셀 시장이 형성되어서 화제가 될 수 있게 특별한 NFT를 발행해볼 필요가 있는 거죠.

■ 상품이나 브랜드의 공식 NFT 발행

마케팅적으로 NFT에 접근하는 기업들이 늘고 있습니다. NFT 사업을 하는 게 아니라면, 기존 기업이 NFT를 발행하는 것은 대부분 마케팅 때문이라고 볼 수 있습니다. NFT를 발행한다는 것이 화제가 되어서 일단 마케팅 효과가 발생하고, 나중에 리셀 시장에서 주목할 만한 낙찰가가 나오면 다시 한번 화제가 되어서 좋습니다. 무엇보다 젊은 세대의 감각에 맞는 것 같아 '힙'한 이미지를 주거든요.

패션 시장은 기존의 게임이나 메타버스의 아바타와 결합하기 좋기 때문에 일찍부터 디지털 가상자산에 대한 마케팅을 시작한 편인데, 의외로 푸드 업계에서도 일찍 NFT를 활용한 마케팅을 전개한 예가 있습니다. 맥도날드 프랑스에서는 2021년 4월에 NFT 아트로 '맥도NFT^{McDoNFT}'를 SNS 이벤트의 경품으로 제공했어요. 맥도날드의 대표 메뉴인 맥너겟, 프랜치프라이, 빅맥, 선데이 아이스크림 등을 소재로 만든 4개의 그림을 NFT로 발행한 겁니다. 각각 5개씩 에디션을 만들었으니까 총 20개의 NFT 아트를 뿌린 셈이죠.[83]

맥도날드 차이나에서는 2021년 10월에 188개의 빅맥 루빅스 큐브^{Big Mac Rubik's Cube} NFT 세트를 배포했습니다. 상하이 서안 신사옥 공식 오픈을 기념하여 해당 건물의 3차원 구조를 큐브로 구현한 NFT였습니다. 그래서 이름도 빅맥 루빅스 큐브 NFT였어요.[84]

타코벨은 고객 사은품으로 제공하지 않고 아예 NFT를 발행해서 NFT 거래소인 라리블^{Rarible}에 올렸습니다. 타코를 테마로 하는 다섯 종의 NFT 이미지와 영상 클립 총 25개를 경매에 붙였는데 30분 만에 매진됐습니다. 처음에는 1.8달러로 시작했는데, 나중에는 700달러 정도까지 가격이 올랐다고 합니다.[85] 1.8달러의 시작가를 보면 타코벨이 본격적으로 NFT 사업을 하려는 것이 아니라, 화젯거리를 만들려는 마케팅용이었다는 것을 알 수 있습니다. 한편 감자칩의 대명사라고 할 수 있는 프링글스도 NFT로 '크립토 크리

빅맥 루빅스 큐브 NFT
출처: 맥도날드 차이나

스프 맛 프링글스'를 라리블 사이트에 경매로 내놓기도 했습니다.

그리고 조금은 보수적일 것 같은 백화점 업계에서도 NFT를 통한 마케팅을 했습니다. 미국 최대 백화점 체인인 메이시스의 추수감사절 퍼레이드는 1924년부터 시작된 전통 있는 행사입니다. 방송국에서 중계까지 할 정도로 대표적인 추수감사절 행사인데요. 2021년 추수감사절 퍼레이드를 기념하기 위해 퍼레이드를 주제로 NFT를 발행하기로 했습니다. 메이시스의 퍼레이드는 화려하고 재미있는 풍선이 특징인데요, 이 풍선들을 주제로 9500개의 NFT를 발행했습니다. NFT 자체에서 커다란 수익을 얻는 것은 아니고, 재판매 수익의 10% 정도를 메이크어위시^{Make A Wish} 재단에 기부했습니다.[86] 그러니까 메이시스의 NFT 역시 새로운 시대에 어필하기 위한 마케팅 용도라고 할 수 있어요.

마케팅을 위해 기업에서 공식 발행하는 NFT를 보면, 일단 많이 발행할 필요는 없습니다. 오히려 한정판이어야 희소성이 더 커져 사람들의 관심을 끌게 되죠. 그리고 브랜드 NFT보다는 특정한 날이나 행사를 기념하는 것이어야 소장 가치가 조금 더 올라가지 않을까 합니다. 그래야 이후에도 종종 NFT를 발행해 마케팅을 펼칠 여지가 있겠죠. 이렇게 발행된 NFT들이 나중에 2차, 3차 경매 시장에서 높은 가격을 받게 되면 후속 마케팅 효과도 기대할 수 있고요.

그리고 무엇보다 NFT 마케팅은 시대 감각에 뒤떨어지지 않은 듯한 이미지와 젊은 층에게도 어필할 수 있는 매력을 주므로, 브랜드가 힙해 보이길 원하는 기업이라면 시도해볼 만합니다. NFT 발행에는 큰돈이 들어가지도 않아요. 그것을 대대적으로 홍보하는 데 비용이 드는 거죠.

■ 메타버스 내의 매장이나 상품 노출

메타버스 내에 매장을 개설하는 마케팅은 꾸준히 이뤄져왔습니다. 대표적으로 제페토에 입점한 구찌가 있죠. 제페토 내에 '구찌 빌라'라는 월드를 구현하고, 그 안에 들어가면 구찌의 신상품들을 접할 수 있게 해놓았습니다. 하지만 그저 쇼룸 같은 형태여서 이용자들에게 딱히 큰 재미를 주진 못했습니다.

그런데 이런 매장 오픈도 조금은 차원이 올라가게 됐습니다. 대표적인 메타버스인 로블록스에 나이키가 '나이키랜드'를 개장했어요. 나이키랜드가 기존의 메타버스 쇼룸들과 다른 것은 실제적으로 나이키가 설계한 체험이 가능하다는 거죠. 나이키는 나이키랜드에 나이키 본사 건물과 트랙, 운동장 등을 만들었어요. 여기서 각종 게임을 즐길 수 있습니다. 게임에서 이기면 아바타를 위한 나이키 제품을 보상으로 받을 수도 있어요.[87]

그리고 이 공간에서는 글로벌 스포츠 행사에 맞춰서 이벤트가 열릴 계획입니다. 월드컵이나 미국의 최고 스포츠 이벤트라고 할 수 있는 슈퍼볼(미식축구 결승전) 기간에는 해당 스포츠 경기와 이

로블록스 내의 나이키랜드
출처: 로블록스

벤트를 선보일 것이라고 합니다.

건물의 쇼룸으로 들어가 보면 나이키의 레트로 제품부터 신제품까지 전시되어 있는데요. 에어포스1이나 나이키 블레이저 같은 신발을 대여해서 착용할 수도 있고, 직접 신발을 만들어볼 수도 있습니다. 출시 예정 제품을 미리 보게 해서 일종의 사전 수요 조사를 하기도 합니다. 이런 액션은 젊은 층이 좋아하는 신발을 시험해보는 역할을 할 수 있으므로 일종의 출시 전 테스트 베드를 구축한셈인 거죠.

로블록스는 아직 본격적으로 블록체인 생태계와 NFT를 도입하지는 않았지만, 어떤 식으로든 NFT와 결합될 것입니다. 그래야 디지털 코드에 자산으로서의 가치가 생기니까요. 로블록스 전체가블록체인 기반으로 바뀌기는 어렵다고 해도, 로블록스에서 NFT 상품을 거래하는 기술들은 적용될 겁니다.

　지금의 나이키랜드는 마케팅과 수요 조사를 위한 매력적인 쇼룸 정도지만, 이곳에서 NFT로 나오는 나이키의 디지털 신발을 판다면 곧 세계 최대의 매출을 올리는 매장이 되지 않을까 싶습니다. 나이키랜드는 마케팅으로서의 메타버스나 디지털 공간 안에서의 매장 구축이 어떤 식으로 가면 좋은지 잘 보여주는 사례라고 할 수 있습니다.

NFT 연금술, 'ALCHEMY 7':

미래의 부를 만드는 7가지 신인재상

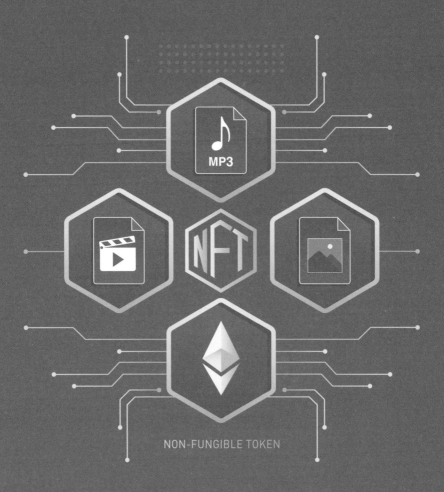

NON-FUNGIBLE TOKEN

A-L-C-H

디지털 적응력을 높이는 4가지 기본 태도

■ NFT의 시대에 필요한 7가지 자질: ALCHEMY

NFT의 시대, 달리 말해 디지털 대전환의 시대에 우리에게는 무엇이 필요할까요? 역사상 가장 결정적 대전환이라고 하면, 14세기의 페스트 사태를 들 수 있을 것입니다. 유럽 사회, 나아가 전 세계의 운명을 바꾼 사건이죠.

페스트로 인해 인구의 30% 정도가 사망하자 일손이 귀해지면서 노동력을 제공하는 사람에 대한 대접까지 좋아졌죠. 영주들은 농사를 시키기 위해서 농노들을 해방시켜주어야 했고, 때로는 대폭 올라버린 임금을 지급하지 못해 파산해버리는 영주들도 생겼습니다. 공고했던 신분제에 조금씩 균열이 가기 시작한 거죠.

그런데 가장 큰 변화는 페스트가 휩쓸고 간 도시에서는 아무리 갈구해도 도와주지 않는, 무엇보다 왜 이런 시련을 내려주는지 도무지 의도를 알 수 없는 신에 대한 의심이 싹트기 시작했다는 것입니다. 그래서 중세의 신분 질서 유지에 강력한 기둥이 되어주던 종교적 질서에 조금씩 균열이 생겼습니다. 신을 대체하는 곳에 들어서는 것이 곧 인간 자체에 대한 관심입니다. 르네상스를 통해서 인간 자체에 관심을 가지기 시작했어요.

사람이 먼저라는 인본주의는 이후 변화의 토대가 됩니다. 인본주의적 관점이 공유되면서 종교에 의해 억눌렸던 과학·기술도 조금씩 발달하기 시작했습니다. 코페르니쿠스의 지동설 등이 나오면서 종교에 대한 회의적인 시각은 계속 깊어져갔고, 구텐베르크의 인쇄 기술을 통해 보급된 책은 지배계급이 독점했던 지식을 대중과 나누게 했습니다. 이후 이어지는 민주주의 혁명이나 신분제 타파 같은 일들은 이런 흐름에서 가능했던 거죠.

페스트는 중세를 끝장내고 근세를 만든 기점이었습니다. 페스트 한 번으로 모든 것이 바뀐 것은 아니지만, 변화의 시작점이 된 중요한 사건이었죠. 가만 생각해보면 페스트 사태 한 번 있었다고 사람들이 갑자기 종교를 의심하지는 않았을 거예요. 그전부터 부당한 마녀사냥이나 성전을 빙자한 십자군 전쟁 등 충분히 의심할 만한 사건들이 쌓여 있었죠. 그것을 분출할 계기가 없었는데, 페스트가 그 계기가 된 것뿐이죠.

우리에게는 코로나19가 그런 경험이 됩니다. 코로나19는 인간이 디지털 세상으로 이주하는 기점의 부표인 셈입니다. 그동안 우리가 알던 세상은 이제 달라질 것입니다. 코로나19로 인해 '변화의 방향이 바뀐 것이 아니라 가속이 됐을 뿐'이라는 이야기는 많이 들어봤을 겁니다. 한 가지 의미를 덧붙이자면, 코로나19는 변화의 기점이 지금부터라는 명확한 선을 그어주는 사건이었습니다. 이제 인류는 디지털 세계로 갑니다. 그 신세계로 가려면, 그리고 그 신세계에서 잘 살아남으려면 우리는 무엇을 갖춰야 할까요?

크게 7가지로 정리해봤습니다. 4가지는 태도, 3가지는 능력에 관해서입니다. 각각을 영어로 명명하고 앞 글자를 따서 'ALCHEMY'라고 이름 붙였어요.

영어 단어 alchemy는 '연금술'을 뜻하죠. 연금술은 납이나 구리를 황금으로 변하게 하는 기술입니다. 가치가 없는 것을 가치 있게 만드는 방법이죠. 하지만 사실 연금술의 의미는 그렇게 단순한 게 아닙니다. 연금술이 구리를 황금으로 만들 수 있는 이유는, 연금술이라는 것이 사물의 진화상 최종 목적이자 형태에 가닿게 하기 때문이에요. 금속이 진화하면 최종적으로 완성되는 모습이 황금이라고 믿었기 때문에 황금을 만드는 기술처럼 생각되는 거죠. 황금 따위야 곳곳에 널려 있어서 부러울 것 없던 고대의 권력자들이 연금술을 완성하기 위해 최선을 다한 이유는 연금술을 자기 자신에게 쓰기 위해서입니다. 사람의 진화상 최종 목적이자 형태가 불로장

생이라고 믿었거든요. 따라서 연금술은 불로장생을 완성해주는 기술인 것입니다. 오늘날의 고전이라고 할 수 있는 해리 포터 시리즈의 첫 번째 편이 『해리 포터와 마법사의 돌』인데, 바로 이 마법사의 돌이 연금술에 쓰이는 돌이에요.

NFT 역시 기존에 가치가 없다고 여겨졌던 디지털 코드에 가치를 부여하는 기술이죠. 그래서 연금술과 닮은 점이 있지만, 더 중요한 것은 사람의 존재 형태를 더욱 진화된 단계로 상승시켜준다는 거죠. 공간과 나라를 초월해서 서로 연결되고 커뮤니케이션하는 발달된 사회의 형태가 NFT를 통해서 가능해집니다. 인간 사회를 최종태로 끌어올려준다는 점에서 보면 연금술과 NFT는 비슷한 느낌을 줍니다. 다른 점이라면 연금술은 많은 이들의 꿈으로 끝났지만, NFT는 이미 만들어지고 적용되고 있는 기술이라는 거죠.

NFT의 시대, 나아가서 디지털 대전환의 시대에 우리에게 필요한 태도와 능력, 즉 7가지 자질은 무엇일까요. 바로 이 연금술, ALCHEMY에 맞춰 알아보겠습니다. 먼저 태도에 대한 이야기부터 하겠습니다.

첫 번째 알파벳 A:
Action실천

디지털 세상에서의 삶은 빠르고 가볍고 산만합니다. 컴퓨터 작업을 할 때 한 번에 여러 개의 창을 띄워놓고 하듯이, 하나에 집중하기보다는 여러 개를 한 번에 보게 되죠. 하나에 집중해서 깊이 파는 것이 미덕이 아니라, 여러 개를 한꺼번에 보면서 종합적인 접근을 하는 것이 미덕입니다.

이런 세계에서는 미래를 예측하기보다는 실천을 통해서 미래를 선취해야 합니다. 예컨대 상품을 만들고자 한다면 시장조사나 설문조사를 하고, 수익성을 분석하고, 공장을 설계하고, 시제품을 통해서 수정하고, 시장에 내놓는 과정들을 거쳐야 합니다. 실제로는 훨씬 더 많은 과정을 거쳐야 하지만 간략하게만 봐도 이렇습니다. 하지만 이 상품이 정말 잘 팔릴까요? 그건 팔아봐야 아는 거죠. 문제는 이 상품을 개발하는 데 들어간 시간과 노력, 그리고 세팅된 공장 라인들을 되돌릴 수는 없다는 겁니다. 그러니 엄청난 마케팅비를 쏟아부어서 어떻게든 물건을 팔아야 하는 거죠.

이처럼 오프라인 시대의 물건들은 한 번 기획하고 상품화하는 데 신중에 신중을 기할 수밖에 없습니다. 기획하고, 조사하고, 연구하고, 그리고 다시 수정하는 과정을 거쳐 신중하게 출시합니다.

하지만 NFT 상품들은 그럴 필요가 없죠. 어떻게 기획해야 잘 팔릴까를 고민할 시간에 차라리 이것저것 만들어 실제로 팔아보면서 소비자들의 반응을 빠르게 파악하는 것이 현명한 방법입니다. 상품을 생산하기 위해 틀이나 모형을 만들 필요도 없고, 생산라인을 바꿀 일도 없으니까요. 상품을 팔기 위한 가게나 총판이 필요한 것도 아닙니다.

해보고 아니면 바로 피보팅해서 다른 것에 도전해보면 되는 것이 NFT 상품의 가장 큰 장점입니다. 생각하고 고민할 시간에 행동하고 실천하는 것, 이것이 NFT 시대를 살아가는 데 훌륭한 생존 방식입니다.

두 번째 알파벳 L:
Life insight통찰력

디지털 전환의 시대에 중요한 것은 데이터입니다. 하지만 오히려 역설적으로 데이터 자체는 안 중요할 수도 있습니다. 데이터를 모으기 어렵고 모아놓은 데이터에 접근하기 어려울 때는 데이터 자체가 소중하지만, 이제는 손쉽게 빅데이터에 접근할 수 있으니까요. NFT만 해도 NFT에 대한 데이터를 제공하는 사이트가 많습니다. 이제 문제는 데이터를 어떻게 획득하느냐보다는 모아놓은 데이터의 의미를 읽을 수 있느냐입니다.

데이터에 접근할 수 있는 것이 핵심 경쟁력이던 시대에는 기술이 매우 중요했지만, 모아놓은 데이터의 의미를 찾고 사람들의 생각과 마음과 니즈를 읽어내는 것이 중요한 시대에는 통합적인 시각이 더욱 중요합니다.

분과학문이라는 환상은 '분야의 전문가'라는 풍조를 낳았는데, 모든 것이 얽혀 있어 종합적인 시각이 필요한 요즘에는 한 분야에만 천착하는 전문가의 시각은 매우 편협하게 보일 때가 많습니다. 지금은 지식은 존재하지만 지혜는 없는 시대죠. 지식 측면에서는 예전에 비해 비약적인 발전을 이뤘지만, 지혜 면에서는 아직도 학문이 쪼개지지 않고 모든 것이 통합되어 존재하던 고대 그리스의 철학자들을 찾고 있습니다. 아직도 소크라테스가 필요하잖아요.

디지털상에서 가상세계를 만들어가야 하는 지금의 우리에게는, 가상자산을 만드는 NFT와 그것이 추동하는 메타버스의 세계를 아우르기 위해서는 적어도 기술에 대한 이해, 인문학적 사고, 비즈니스 마인드의 세 가지가 합해진 시각이 필요합니다. 그러니까 자신이 모르는 분야라고 무관심으로 일관하지 말고, 공부하고 살펴봐야 하는 거죠. 한 가지 시각만 고집하지 마시고, 자꾸 여러 가지 시각을 가지려고 노력해야 합니다.

줏대를 가지는 것은 좋지만, 다른 사람의 생각에 귀를 닫는 것은 자칫 자신을 편견과 고정관념의 제물로 바치는 행위가 되기 쉽습니다. 사실 아직도 대부분 사람이 '아바타에 입힐 옷을 사는 데 2만 원을 쓰는 행위'를 이해하지 못하죠. 왜 그렇게 하는지를 열린 마음으로 들어보려고 노력하지 않는 한 평생 이해하지 못할 거예요. 쉴 새 없이 변하는 디지털 대전환의 시대에는 새로운 개념이나 상황에 빠르게 접근하고, 시야를 확장하고, 받아들이고, 내면화해야 합니다.

스스로 다양한 시각을 가지기 어렵다면 다양한 시각을 가진 사람과 가벼운 대화를 나눠보는 것도 좋습니다. 때로는 전혀 다른 분야의 사람들이 자신에게 영감을 주기도 하잖아요. 결과적으로는 여러 각도의 시각을 통합해서 사건이나 상황을 파악하는 인사이트 Insight, 즉 통찰력이 매우 중요합니다. 이제 데이터는 누구나 쉽게 얻을 수 있으니까, 그 데이터에 생명을 불어넣는 통찰력이 핵심 경쟁력이 될 수밖에 없습니다.

그리고 그 인사이트는 기술을 향하는 것이 아니라 우리의 삶을 향해야 합니다. 기술을 향한 인사이트는 결국 지식을 쌓을 뿐이지만, 살아가는 지혜는 사람을 향한 시선에서 나오거든요. 기술 발전의 속도 때문에 자칫 사람이 잊히기 쉬운 때일수록 사람을 생각하는 것이 경쟁력이자 핵심이 될 것입니다.

■

세 번째 알파벳 C:
Confidence 신뢰

유발 하라리는 『사피엔스』에서 인류를 인류이게 할 수 있었던 것은 보이지 않는 약속들이라고 이야기했습니다. 종교, 화폐, 국가 등이죠. 그런데 이런 것들 중에도 약속을 증명하는 현물이 존재합니다. 화폐만 해도 서로 간의 약속으로 기능하는 것 중 하나입니다. 화폐는 신뢰가 없으면 통용되지 못합니다. 자체의 가치가 없으니까요.

게다가 최근에는 스마트폰이나 컴퓨터 화면 속의 숫자로만 돈이 존재하기도 하죠. 그런데도 그 숫자 때문에 물건을 공급하고 노동력을 제공하는 것은 서로 간에 신뢰가 있기 때문입니다. 제공된 상품이나 서비스에 대해 돈을 바로 주지 않고 나중에 꼭 주겠다는 약속을 하는 행위가 바로 신용카드Credit Card를 긁는 거잖아요.

NFT가 만드는 가상자산은 서로 간의 약속으로 가치를 만드는 것입니다. 우리가 지폐라는 말도 안 되는 물건에 신뢰를 가지기까지 몇백 년의 시간이 걸렸고, 신용카드라는 더욱 말도 안 되는 물건에 신뢰를 가지기까지 몇십 년의 시간이 걸렸습니다. 하지만 NFT가 만드는 가상자산의 가치에 신뢰를 가지는 데에는 몇 년밖에 걸리지 않을 것 같습니다.

암호화폐가 자리 잡는 데 10년 정도가 걸렸죠. 물론 암호화폐는 국가가 통제하고 싶어 하는 화폐의 흐름을 민주적으로 만들려는 움직임이기 때문에 아직 국가의 견제를 받고 있으니, 자리를 잡았다고 말하기엔 어려울지 모르겠네요. 하지만 암호화폐 덕에 국가 주도의 CBDCCentral Bank Digital Currency가 급물살을 타고 있습니다. 이름 그대로 중앙은행이 디지털 화폐를 발행하겠다는 거죠. 이제는 지폐 같은 일종의 우상도 필요 없이 정말 디지털상에서의 약속만으로 경제가 움직이려는 거예요.

그 어느 때보다 신뢰가 필요합니다. 신용credit을 넘어서는 더 굳건한 믿음이 신뢰confidence잖아요. 다른 면에서 보자면, NFT가 만드는 디지털 경제에서는 신뢰를 깨는 행위는 시스템 자체를 흔드는 것이기 때문에 굉장히 강한 제재를 받을 것입니다. 한번 깨진 신뢰를 회복하기는 쉬운 일이 아니에요. 따라서 그 어느 때보다 약속에 신중하고, 한번 한 약속은 반드시 지켜야 한다는 자세를 가지고 살아야 합니다. 신용이 개인이 지켜야 하는 것이라면 신뢰는 사회 구성원 모두가 만들어야 하는 것입니다. 신용보다 강력한 신뢰가 디지털 사회의 가장 밑바탕에 깔려야 한다는 얘기입니다.

남의 작품을 도용해서 NFT 민팅을 한다든가, 다른 사람의 아이디어를 훔쳐서 자신의 NFT 작품을 만든다든가 하는 행위는 강력한 제재를 받는 중대 범죄가 될 것입니다. 이런 행위들이 모여서 디지털 사회의 근간이 되는 신뢰를 흔들게 되니까요.

디지털 사회에서는 보다 더 윤리적이고 공정한 삶의 기준을 가져야 합니다. 그리고 일단 말을 뱉어놓고 자신의 유불리에 따라 손바닥을 뒤집는 삶의 태도는 디지털 사회에서는 한순간에 매장당하는 단초가 될 수 있으니 자신의 약속에 강력한 책임감도 가져야 하고요.

네 번째 알파벳 H:
High Empathy 높은 공감력

설득보다는 공감이 중요합니다. 특히 NFT를 모르던 사람이 NFT를 이해하기 위해서는 높은 수준의 공감에 대한 노력이 필요하죠. 간혹 말도 안 되는 사진에 큰돈을 쓰는 NFT 경매 결과들을

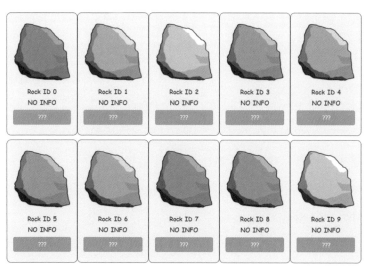

이더록
출처: 이더록

보는데요, 이성적으로만 접근하면 도무지 이해가 되지 않습니다. 돌덩어리 몇 개를 그려놓고 몇십억씩 받는다는 것은 설득의 범위를 넘어서는 거거든요.

2017년에 시작된 이더리움 기반 프로젝트로 딱 100개만 한정 발행된 것이 이더록인데, 이 돌덩어리가 2021년 9월에 30억 원이 넘는 가격에 팔리기도 했습니다.

도무지 이 돌덩어리 그림을 집 몇 채 값을 주고 사는 게 이해가 가지 않습니다. 이더록 홈페이지에는 '이 가상 바위들은 가져와서 팔 수 있는 것 이상의 목적이 없으며, 게임 내 100개의 바위 중 하나의 주인이라는 사실이 강한 자부심을 준다:)'[88]라고만 적혀 있습니다. 마지막의 이모티콘은 공식 홈페이지에 있는 그대로예요. 어딘가 진지한 것 같지도 않은 느낌이죠. 그러니까 이해를 시키려고도 하지 않는 거예요.

그저 '우리의 프로젝트에 공감하면 거래하든가' 같은 느낌입니다. 도무지 이해가 안 가는데 어떻게 공감하느냐고 생각하는 사람들이 있는데, 이해가 가서 공감하는 것은 이해를 하는 것이고요, 이해가 가지 않는데도 공감하는 것이 진정한 공감입니다. 100개 중에 1개의 바위를 가졌을 때 느끼는 자부심에 공감한다면 거래에 나설 수도 있겠죠.

애초부터 디지털 세상이 현실의 세상과 똑같이 움직이리라는 기대는 잘못된 것입니다. 오프라인에서의 사람들의 움직임이나 생각은 온라인으로 옮겨가면 달라집니다. 우리가 이해를 원하는 것은 오프라인의 문법이 디지털 세상의 문법과 일치하기를 희망하는 것인데, 그렇게 되지 않을 가능성이 큽니다.

그렇다면 일단 이해가 안 가는 것을 거부하기보다는, 사소한 것이라도 공감할 만한 부분을 찾아보는 것은 어떨까요? 이렇게 하는 것 자체가 공감보다는 이해를 하려고 애쓰는 모습이지만, 이해가 안 간다고 무조건 거부하고 배척하는 것보다는 훨씬 나은 자세일 것 같습니다.

이해는 능력에 가깝고, 공감은 태도에 가깝습니다. 보통은 이해력을 높이는 것보다 공감력을 높이는 것이 더 쉬워요. 우리가 싫어하는 일이라고 해서 그 일이 일어나지 않는 것은 아닙니다. 우리가 모르는 일이라고 해서 그 일이 무조건 부당한 게 아니듯이 말이죠.

게다가 다가오는 그 일이 우리에게 엄청난 기회를 제공할 수 있다는 것을 알면, 아무리 삐딱한 사람이라도 한없이 긍정적인 사람이 될 수도 있을 겁니다.

상식을 깨고 기존의 편견이나 선입견을 탈피해서 생각해보려고 노력하는 자세, 시야 확장을 갈구하는 마음이 공감의 태도라고 할 수 있습니다.

E-M-Y

남다른 경쟁력을 만드는
3가지 능력

■　노력으로 성취하는 능력

앞서 살펴본 NFT 시대에 우리에게 필요한 네 가지 특징, 그러
니까 ALCHEMY의 앞쪽 4개 알파벳은 '태도'에 대한 것이었습니
다. 이제 살펴볼 ALCHEMY의 뒤쪽 3개 알파벳은 '능력'에 관한
것입니다. 태도는 노력으로 바뀌기도 하지만 그래도 타고나는 것
이 많이 작용을 하죠. 어려서부터 유연하게 생각하던 사람이 보다
자연스럽게 새로운 이야기들을 받아들이는 경향이 있습니다. 반면
능력이라는 측면은 타고나는 것도 있지만, 노력으로 성취할 수 있
는 부분이 두드러집니다.

어차피 7가지의 모든 요소를 가지지 않고 이제부터 채워나가야 한다면, 능력 부분을 단련하는 것이 확실히 성장하고 성취하는 재미가 있을 것 같네요.

다섯 번째 알파벳 E: Enjoy Communication 소통 능력

현재 NFT는 블록체인에 얹어서 거래소를 통해 거래되게 하는 형태가 가장 흔합니다. 그렇다면 자신이 NFT를 민팅해서 플랫폼에 얹어 거래를 하려고 한다면 어떤 플랫폼에 얹을 것인지 선택해야 하겠죠. 플랫폼을 선택하는 데에는 여러 가지 기준이 있을 것입니다. 가스비가 얼마인가 하는 것도 중요하게 작용할 수 있고, 플랫폼 자체의 유명세도 좌우할 것입니다. 하지만 전문가들이 추천하는 플랫폼 선택 요령은 한결같습니다. 바로 '커뮤니티의 활성화 정도'입니다.[89] 커뮤니티가 없으면 자신의 작품은 거래소에 올라갈 뿐 사람들에겐 보이지 않으니까요.

한국 NFT 아트는 사실상 2021년에 시작됐습니다. 2021년 초에 NFT를 처음 접한 몇몇 작가가 자신들의 경험을 오디오 SNS인 클럽하우스를 통해 나누었습니다. 소문을 듣고 모여든 작가들이 NFT를 발행하며 겪었던 시행착오나 요령들을 주고받으면서 한국 NFT 아트신이 형성되기 시작한 거죠.

NFT 작가들은 자신의 작품을 산 사람들과 커뮤니티를 만들어 소통하는 경우가 많습니다. NFT 컬렉터블도 해당 NFT 홀더들이 커뮤니티에서 소통하는 경우가 많죠. 개발사에서는 이 홀더들을 위해서 새로운 NFT를 에어드롭한다든가 하는 식으로 멤버십을 유지시켜주기도 하고요.

NFT 비즈니스는 특히 커뮤니티가 중심이 됩니다. 이건 NFT의 특성에서 기인하는 당연한 모양새입니다. NFT의 바탕이 되는 블록체인은 중앙으로 집중된 금융 체계에 대응하는 의미로 만들어진 기술이고, 기본적으로는 커뮤니티와 사람들 사이의 연결로 뒷받침되는 기술이거든요. NFT의 태생 자체가 커뮤니티를 바탕으로 하고 있어요. 웹 2.0시대의 거대 플랫폼으로 중앙화된 움직임을 탈피하다 보니, 웹 3.0시대에는 개인들이 스스로 데이터를 관리해야 합니다.[90] 따라서 개인들 간의 연결이 중요해지고, 그런 것들이 커뮤니티라는 움직임으로 나타는 거죠.

NFT가 추동하는 메타버스 역시 사람들의 연결을 목적으로 만들어지는 세계잖아요. 그래서 NFT의 시대에는 혼자서만 뛰어난 거대한 '티라노사우르스 스타일'보다는, 집단으로 움직이며 사냥도 협업을 통해 해결하는 작고 빠른 '벨로시랩터 스타일'이 더 맞습니다.

커뮤니티를 만들고 유지하려면 조직력과 리더십이 필요하고, 커뮤니티에 잘 참여하려면 커뮤니케이션 능력이 필요합니다. 그런데 확실히 많은 커뮤니티 참여 경험이 좋은 커뮤니티 리더나 구성원을 만든다고 할 수 있어요. 저는 대학교 2학년 때 동아리 회장을 지냈는데, 지금 생각해도 최악의 리더였습니다. 모임의 리더란 그 모임을 끌고 가는 사람이라고 생각했거든요. 하지만 지나고 보니 아니더라고요. 모임이 구성되어 있다면 이미 그 모임이 가야 할 방향은 정해져 있는 거죠. 따라서 리더는 모임을 자신이 가고 싶은 방향으로 끌고 가는 게 아니라, 이미 정해져 있는 방향으로 잘 갈 수 있게 밀어주는 사람인 거예요. 그 리더의 자리는 그래서 매우 힘들게 끝마쳤습니다. 하지만 한 번 그런 경험을 한 후 그 뒤에 다시 어떤 모임의 리더를 하게 됐는데, 3년 정도를 아무 문제 없이, 무엇보다 저 역시 그렇게 힘들이지 않고 끌어갈 수 있었습니다.

다양한 커뮤니티에 합류해보기를 권합니다. 회사나 학교처럼 명확한 목적이 있고 자주 만나는 모임을 강한 연결이라고 하고, 느슨한 연대를 형성하는 모임을 약한 연결이라고 할 수 있습니다. 미국의 사회학자인 마크 그라노베터 교수에 따르면 약한 연결이 보다 유용한 모임이라고 합니다. 그가 발표한 「약한 유대관계의 힘The Strength of Weak Ties」이라는 논문에서는 직장인들에게 구직할 때 어떤 지인에게 도움을 받았는지 조사했는데, 자주 만나는 지인에게 도움을 받았다는 사람이 16%였던 데 비해 가끔 만나는 지인은 55%, 드물게 만나는 지인은 27%였습니다. 매우 자주 만나는 친밀한 사람보다 오히려 드물게 만나는 사람이 더 다양하고 유용한 정보를 제공한 것입니다.

강하게 연결된 사람들은 결국 자신과 성향도 비슷할뿐더러, 자주 만나다 보니 정보 역시 비슷합니다. 결과적으로 만남에 확장성이 없습니다. 하지만 약하게 연결된 사람들은 자신과 관심사도 다르고 정보도 겹치지 않기 때문에, 보다 더 다양한 세상과 간접적으로 연결될 수 있는 거죠.

낯선 이들과 일을 도모하기도 하고, 처음 보는 사람에게 궁금한 것을 물어보는 메시지를 보내기도 하는 것이 디지털 세상입니다. 만남에 대한 두려움과 주저함이 상대적으로 덜해요. 어색한 자리에도 나가보고, 자신을 전혀 모르는 사람들과 어울려도 보는 과정에서 디지털 세상에서의 연결에 대한 힌트가 보일 겁니다.

여섯 번째 알파벳 M:
Making Narrative 내러티브 구축

당신이 NFT 작품을 만들었다고 할 때, 그것을 팔기 위해 가장 필요한 것은 무엇일까요? 솔직히 현재로서는 가장 잘 먹히는 것이 '유명세'입니다. 하지만 유명세라는 게 노력한다고 금방 획득되는 것은 아니니까, 그 점은 살짝 접어놓고 그다음 단계를 생각해보죠. 유명한 사람의 작품이라서 팔리는 것 말고 어떤 이유로 작품이 팔릴까요? 다시 얘기하면 도대체 어디서 구매욕이 나올까 하는 것입니다.

NFT를 통해서 별게 다 팔렸다는 얘기를 할 때 빠짐없이 등장하는 것이 '방귀 소리' 파일 NFT일 겁니다. 미국 영화감독 알렉스 라미레스 말리스가 1년간 자신과 친구 네 명의 방귀 소리 컬렉션을 NFT 거래소인 오픈시 안에 마련해서 판매했습니다. 넘버링된 방귀 소리들이 있는데, 팔린 것은 그것들을 모아서 52분짜리 오디오 파일인 '마스터 컬렉션'으로 편집해 〈1년간 녹음된 방귀 소리^{One} Calendar Year of Recorded Farts〉라는 제목으로 만든 NFT입니다.

말리스 감독의 말에 따르면, NFT 시장에서는 모든 형태의 예술품이 팔리는데 방귀라고 안 되라는 법은 없지 않을까 생각하고 만든 NFT라고 해요. 그런데 역시 안 되라는 법은 없었습니다. 0.2415이더리움, 당시 시세로 10만 원 정도에 팔린 거예요.[91]

도대체 이런 NFT는 왜 팔린 걸까요? 중요한 것은 이 방귀 소리

말리스 감독의 방귀 소리 NFT들
출처: 오픈시

NFT는 이렇게 팔림으로써 전 세계에서 가장 유명한 방귀 소리가 됐다는 겁니다. 스토리를 가지게 된 거죠. 이 작품이 팔린 후 언론과의 인터뷰에서 말리스 감독이 "NFT 시장이 미쳤다고밖에 할 수 없다"[92]라고 말한 것으로 보아 자신도 팔릴 줄 모르고 장난으로 올린 것으로 보입니다. 그런데 이것이 팔림으로써 장난이 아니게 된 거예요. 아니면 아마도 '별게 다 팔리는 NFT의 허상을 고발한다' 정도의 시도였을 텐데, 정말 팔림으로써 별게 다 팔리는 NFT의 대표적인 사례가 된 거죠. 둘 중 어느 쪽이어도 아이러니합니다. 그리고 바로 이런 재미있는 스토리가 세계적인 유명세를 만든 거고요.

이렇게 보면 NFT를 사고 싶게 하는 것은 바로 스토리입니다. 그냥 예쁘고 멋있는 그림을 사는 것이 아니라, 스토리가 있는 NFT를 산다는 거죠. 그런데 작품 하나만 NFT로 만들어 판다면 그 작품 하나에 얽힌 스토리를 만들 수도 있겠지만, 비즈니스적인 시도를 하게 되면 연작이 됐든 컬렉터블이 됐든 다량으로 생산이 되어야 하는데 모든 작품에 스토리를 붙일 수는 없거든요. 그래서 필요한 것이 '세계관'입니다. 일관된 세계관 안에서 나오는 연작이나 컬렉터블은 세계관을 이야기하면 1만 개의 작품이라도 다 설명이 되니까요.

따라서 NFT의 시대에 성공에 필요한 조건은 스토리를 넘어 세계관을 만드는 능력이라고 할 수 있는데요, 그것을 내러티브 능력이라고 정리하겠습니다. 내러티브는 단순한 스토리를 넘어 그 스토리들을 구성하는 능력까지 포함합니다. 스토리와 구성과 설정까

지 하나의 서사를 만드는 것인데요, 창의성도 필요하지만 논리성
도 필요한 세심한 능력이라고 할 수 있습니다. NFT가 아트나 컬렉
터블을 넘어 비즈니스적으로 활용될 때 더욱 필요한 능력입니다.

소설을 써보는 창작 작업, 기획안을 구성해보는 작업, 게임의
시나리오를 써보는 작업 등 워크숍으로 연습해볼 것은 많습니다.
그게 너무 거창하다면 다른 사람들에게 이야기를 전달하는 연습을
많이 해보세요. 같은 이야기라도 구성을 어떻게 하는지에 따라 재
미와 긴장도가 다릅니다. 이야기를 잘하는 사람의 구성 방식을 연
구해 벤치마킹하면서 익히는 것도 좋습니다. 영화감독들도 여러
영화의 시나리오를 계속 분석하는데, 바로 그 때문인 거죠.

일곱 번째 알파벳 Y:
Your Writing 글쓰기 능력

마지막 일곱 번째는 글쓰기 능력입니다. NFT는 디지털 가상
자산이고, 이것은 비대면 접촉을 전제로 한 상품을 만드는 것입니
다. 그러므로 상품으로서 NFT의 가치를 설명하는 가장 일반적인
형식은 글입니다. NFT에 달려 있는 설명, NFT 프로젝트의 의의,
NFT를 구성하는 세계관 등이 모두 글로 표현됩니다.

창의적이고 흥미로운 스토리나 세계관을 만드는 것이 내러티
브 능력이라면, 그렇게 만들어진 서사를 잘 전달하는 것이 글쓰기

능력입니다. NFT 자체에 대해 설명하거나, 세계관 또는 부대 정보를 알려주는 것이 글쓰기의 목적이니만큼 주로 설명적 글쓰기를 하게 되는데요. 설명적 글쓰기에서 가장 중요한 점은 명료하면서도 쉬워야 한다는 것입니다.

이렇게 지향점이 명확한데도, 글쓰기를 하다 보면 글이 장황해지고 어려워지기 쉽습니다. 도대체 이유가 무엇일까요? 이유를 알아야 개선할 수 있으니까요. 세 가지 가능성이 있습니다. 첫째는 설명하는 자신도 내용이 정확히 숙지되지 않았기 때문입니다. 그래서 하고자 하는 말과 표현이 딱 들어맞지 않고 들뜨는 거죠. 둘째는 어렵게 쓰면 뭔가 더 있어 보이고, 유식해 보이는 것 같다는 생각 때문입니다. 마지막 셋째는 지금 자신이 쓰는 글을 누가 읽을지, 즉 글의 대상을 전혀 생각하지 않기 때문입니다. 예를 들어 대중이 봐야 할 글인데 논문처럼 쓰거나 기술적 기초지식을 조금도 가지고 있지 않은 사람들을 상대로 설명해야 하는데 복잡한 최신 기술 이야기만 잔뜩 늘어놓는 경우입니다.

첫 번째 경우는 조금 더 공부하고 배우면 됩니다. 계속 글을 읽고 쓰는 연습을 하면 충분히 극복될 문제입니다. 두 번째 경우는 자신이 쓰는 글을 이해하지 못한 사람들의 질문을 받아보는 것이 좋습니다. 그러면 '허세'를 빼야 한다는 점을 느끼게 될 것입니다. 문제는 세 번째 경우인데요, 이런 사람이라면 대중이 질문을 해도 여전히 자기 논리만 반복할 겁니다. 청중을 자신의 수준에 맞추고 싶어 하는 완벽하게 자기중심적인 태도거든요.

글쓰기는 나를 위한 것이 아닙니다. 자신의 감정을 표현하고 생각이나 지식을 전달하려고 하는 것이라고 해도 말이죠. 자신을 위한 것이면 그냥 혼자 생각하고 알면 충분하지 않겠어요? 글쓰기는 자기 생각이나 의견을 다른 사람에게 전달하기 위해 하는 것이니만큼 철저하게 상대의 시선과 입장에 맞춰야 합니다.

NFT가 추동하는 웹 3.0 시대는 다른 사람과 공존하는 것이 굉장히 중요한 시대입니다. 중앙 플랫폼이 정보를 통제하는 웹 2.0 시대에는 중앙 플랫폼만 잘 이용하면 혼자서도 얼마든지 살아남을 수 있었지만, 다른 사람과의 연결이 중요한 웹 3.0 시대에는 공존이 핵심입니다. 이런 시대에 설명적 글쓰기는 나를 위한 것이 아닌 다른 사람을 위한 것이라고 생각하고, 상대와 눈높이를 맞추려고 노력해야 합니다. 명문을 쓰기보다는 다른 사람이 보기에 쉽고 이해하기 편한, 명료한 글을 쓰기 위해 연습해야 합니다.

이토록 빠른 변화의 속도를
따라잡는 방법

■ 역사상 가장 빠른 가속의 시대

한국 최고의 NFT 아트 작가라고 인정받고 있는 미상은 한국 최초의 작가이기도 합니다. 최초와 최고가 분리되지 않는다는 것은 한국 NFT 아트가 얼마 되지 않았다는 뜻이에요. 미상이 NFT에 대해서 처음 들은 것이 2021년 1월이고, 처음 NFT를 발행한 것이 3월입니다. 그리고 몇 개월 만에 한국 최고의 NFT 아트 작가로 자리매김했습니다. 한 분야의 최고가 되는 데 1년이 걸리지 않은 겁니다. 한 분야의 최고가 되려면 10년은 연습해야 한다는 말은 이미 전설이 되어버렸습니다.

우리는 지금 역사상 가장 빠른 가속의 시대에 살고 있습니다. 더 놀라운 것은 지금부터 미래로 한정하면 오늘이 가장 느린 변화의 시간이라는 거죠. 앞으로 변화는 더 빨라지면 빨라졌지 결코 느려지지 않습니다. 10년 전 스마트폰이 없던 세상, 15년 전 삐삐를 쓰던 세상, 30년 전 한글 파일 하나 인터넷으로 보내는 데에도 20분이 걸리던 세상을 생각해보세요.

내일이 어제와 똑같으리라는 기대는 이제 농경 시대의 신화가 되어버리고 말았습니다. 내일은 오늘과 다를 것이기 때문에 우리는 계속해서 변화에 적응하고, 때로는 변화를 선도해야 합니다. 뒤쫓아가서는 결코 성공할 수 없으니까요. 눈알이 튀어나올 정도로 빠른 이 가속의 시대에 어떻게 해야 정신을 똑바로 차리고 속도에 적응할 수 있을까요? 그리고 이런 시대를 살아가야 할 우리의 아이들에게 가장 필요한 교육은 무엇일까요?

■ '자기 확신'이 아닌 '자기 의심'이 필요하다

'꼰대'는 나이를 뜻하는 말이 아닙니다. 물론 처음에는 그렇게 쓰인 듯합니다. 꼰대의 어원 자체가 '주름이 많다'라는 의미에서 '번데기'의 경상·전라 방언인 '꼰데기/꼰디기'에서 왔다는 설과, '나이 든 세대의 상징인 곰방대가 축약되어 생겨났다'는 설이 있다고 하니까요.[93] 하지만 요즘에는 '젊은 꼰대'라는 말도 심심치 않게 쓰이는 것을 보면, 이제는 나이를 넘어 꼰대가 가리키는 대상의 외연이 확장됐다는 것을 알 수 있습니다.

나이 든 사람들의 꼰대질은 권위주의적인 사고방식을 가리킬 때가 많고, 나이 어린 사람의 꼰대질은 자신의 생각을 다른 사람에게 강요하는 경향을 가리킬 때가 많죠. 그러니까 전반적으로 꼰대는 타인의 생각과 감정을 고려하지 않고 자신의 생각을 타인에게 강요하는 사람인 것입니다.

그러면 꼰대들은 태어나면서부터 꼰대였을까요? "우리 집 다섯 살짜리 애기는 좀 꼰대같아"라는 말은 듣기 어렵잖아요. 꼰대는 태어나는 것이 아니라 만들어집니다. 꼰대가 만들어지는 순간은 개인이 시대의 변화에서 뒤처지는 바로 그 지점이에요. 자신이 이해하고 생각하는 세상이라는 것이 있는데, 이미 시대는 다른 세상을 만들어놓았거든요. 거기에 적응하고 따라가기가 힘드니까 혼자서만 예전 세상에서 살게 될 때 주로 꼰대가 만들어지는 거죠. 결국 변화에 대한 적응의 문제입니다.

동창회를 가보면, 유난히 학교 다닐 때 이야기만 하는 친구들을 볼 수 있을 겁니다. 그 친구들은 중학교 때 2반 반장이 누구였는지까지 기억하며 '예전에는', '그때는' 하면서 학교 때 이야기만 합니다. 한두 번이야 재미있지만, 만날 때마다 그 시절 이야기만 하는 것은 좀 지겹기도 하죠. 이런 친구들의 현재를 살펴보면 과거가 조금 더 빛났던 경우가 많아요. 자신의 삶에서 가장 찬란했던 그 순간에서 앞으로 나오지 못하고 타임루프(일정한 시간을 반복해서 살

게 되는 현상)해서 여전히 그 시간만 살고 있는 거죠.

일단 변화에 적응하기 위해서는 타임루프에서 빠져나와야 합니다. 자신의 이해력과 업무 능력으로 사회에서 충분히 경쟁력이 있었던 시간도 존재했지만, 몇 년 단위로 시대가 바뀌면서 지금의 세상에서는 경쟁력이 약해졌을 수도 있다는 사실을 인정하고 새로운 세상의 경쟁력을 찾아내기 위해 계속 배우고 노력해야 합니다. 그래서 평생학습이 중요하다는 말이 나오고, '업글인간(성공보다는 성장을 추구하는 자기계발)'이라는 트렌드 키워드가 있는 거죠.

'자기 확신'이 아닌 '자기 의심'이 필요합니다. 자신감이나 자존감의 문제와는 상관없어요. 자기 능력을 의심하라는 것이 아니라 지금 내가 알고 있는 지식이나 정보가 과연 맞는가를 끊임없이 생각해야 한다는 거죠. 조금 더 업그레이드되고 새로운 면이 부각된 정보가 며칠 전에 발표됐을 수도 있거든요. '내 생각과 지식이 과거의 것일 수도 있지 않을까?'라는 끊임없는 의심은 자신을 비판하기 위한 것이 아니라 오히려 앞으로 나아가기 위한 중요한 전제입니다.

■　　　　　　　　　**경쟁력의 핵심은 문해력**

눈으로 본 것도 의심해봐야 하는 시대입니다. 내일이면 바뀌어 있을 수도 있거든요. 최근 기업들의 성장 속도를 보면, 한 업계에서

100년 된 기업보다 20년 된 기업의 시가총액이 더 큰 경우도 많습니다. 예를 들어 포드자동차는 1903년에 만들어진 자동차 기업이고, 테슬라는 2003년에 만들어진 전기차 기업입니다. 딱 100년 차이인데요, 포드의 시가총액은 2021년 11월 기준으로 91조 원 정도이고, 테슬라의 시가총액은 1340조 원 정도입니다. 또 2009년에 창립된 전기트럭 생산 기업 리비안은 2021년 상장하자마자 시가총액이 102조 원 정도 됐어요. 이 역시 포드보다 많죠.

이런 시대에 무엇보다 중요한 것은 시류와 변화를 읽는 눈입니다. 이를 위해서 가장 필요한 능력, 그리고 우리의 아이들에게 가장 필요한 교육은 문해력입니다. 책으로 대표되긴 하지만 조금 더 범위를 넓게 잡자면 '텍스트나 수치 자료인 그래프, 혹은 표로 된 정보'를 읽고 이해하는 능력이죠.

지금의 학교 교육은 시대에 맞는 인재를 창출하는 것은 뒷전이고, '좋은 대학을 가는 데' 초점이 맞춰져 있습니다. 고등학교로 갈수록 시험에 나오는 문제를 어떻게 잘 풀 것인가가 중요해집니다. 그리고 그 시험들은 대부분 지식을 측정하죠. 외우는 거예요. 심지어 수학도 문제 형식 자체를 외워서 풉니다. 미분을 완벽하게 이해했다면 몇 년이 지나도 미분이 어떤 의미이며 왜 하는 것인지 알아야 하는데, 대부분 성인에게 미분은 학창 시절의 안 좋은 기억과 연관되어 떠오르는 단어일 뿐이죠.

우리가 배워야 할 것은 정보를 읽는 능력입니다. 암기한 지식은 몇 년이 지나면 상당 부분 버려야 합니다. 정보가 계속 업데이트되니까요. 끊임없이 변하는 정보, 점점 방대해지는 정보를 빠르고 정확하게 이해하는 능력이 우리 시대 최고의 경쟁력입니다.

■ 영상으로 된 정보와 텍스트로 된 정보의 정보량 차이

스마트폰과 태블릿 등의 기기가 보급됐고, 번역기가 해주는 외국어의 번역은 점점 이해가 갈 만한 수준으로 바뀌고 있습니다. 이제는 마음만 먹으면 세계적인 차원에서 정보에 접근할 수 있어요. 문제는 그것을 읽을 생각을 안 한다는 것이고, 읽어도 무슨 이야기인지 잘 모른다는 겁니다. 어차피 읽어도 모르기 때문에 읽을 생각을 안 하게 되는 거니까, 이 두 가지 문제는 하나의 원인으로 귀결되네요.

그래서 이런 사람들에게는 먼저 책을 읽는 연습을 할 것을 권합니다. 신문 기사들은 매일 업데이트되는데 의외로 전문적일 때도 많습니다. 기본적인 지식 없이 그 기사를 접하면 읽어도 남는 게 없습니다. 그러다 보면 아예 안 읽게 되고요. '내 분야가 아니야' 하면서 말이죠.

그런 상황이라면 책을 읽고 기본적인 지식을 쌓은 후에 최신 기사들을 보는 것이 훨씬 효과적입니다. 책에는 내용이 일목요연하게 정리되어 있거든요. 예를 들어 블록체인이나 NFT가 연일 뉴스에 오르내리니 한번 알아봐야겠다 싶으면, 잘 정리된 관련 도서를 읽어 기본적인 개념을 잡은 뒤에 뉴스나 소식을 접하는 것이 좋습니다. 자신이 파악한 맥락 안에서 이해할 수 있으니까요. 그러면 이후에 보고 듣는 모든 것이 정보가 됩니다.

정보를 얻는 게 목적이라면 유튜브 영상만 봐도 충분하다고 생각하는 사람도 있지만, 영상으로 전해지는 정보는 체계적이지 않다는 문제가 있습니다. 간혹가다 '10분 안에 완벽히 이해시킨다'고 강조하는 영상도 있는데, 중요한 얘기는 다 자르고 개념 한두 가지만 자극적으로 내세우는 경우가 많습니다. 그 영상의 정확한 제목은 '10분 안에 (내가 지정한 것만) 완벽히 이해시킨다'인 거죠.

그리고 같은 시간에 영상으로 전달되는 정보의 양과 책과 같은 텍스트 형태로 전달된 정보의 양은 차이가 꽤 납니다. 1시간짜리 뉴스를 볼 때 전달되는 정보의 양은 종이신문으로 치자면 1~2면 정도입니다. 그런데 종이신문은 1시간이면 40쪽 정도 되는 내용을 대부분 다 볼 수 있죠. 이만큼의 차이가 나는 데에는 정보의 선별권이라는 것도 작용합니다. 영상은 정보를 선별할 수가 없고, 필요 없다고 생각하는 부분도 봐야 하는 수동적 정보 획득 방법이죠. 그에 반해 텍스트는 자신이 필요한 부분만 볼 수 있는 능동적 정보 획득 방법이거든요. 그래서 시간을 보다 효율적으로 사용할 수 있습니다.

같은 시간을 투자해서 영상으로만 정보를 획득하는 사람과 책이나 텍스트로 정보를 획득하는 사람의 정보량은 40배까지도 차이가 날 수 있습니다. 이런 시간들이 계속 쌓이면 이 차이는 극복할 수 없는 것이 되어버리죠.

좋은 정보는 넘쳐납니다. 오히려 넘쳐나는 것이 문제죠. 그래서 방대한 정보를 빠르게 훑어보면서 필요한 정보를 선별하고, 선별한 정보를 정독하면서 확실하게 이해할 수 있는 문해력이 그 어느 때보다 중요합니다. 영상이 범람하는 요즘 시대에 경쟁력은 오히려 문해력에 있습니다. 아이들에게도 책을 읽는 교육이 이루어져야 하고, 성인들 역시 텍스트로 된 정보를 읽고 이해하는 연습을 꾸준히 해야 합니다.

특별 부록:

NFT 일단 한번 따라 해보기

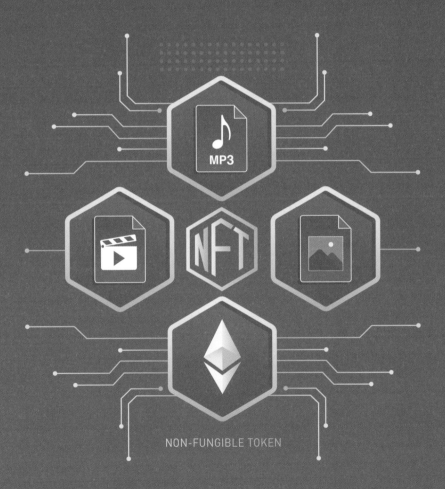

NON-FUNGIBLE TOKEN

암호화폐 거래소에서
암호화폐 구매하기

■ 암호화폐 거래소 선택하기

NFT는 현재 암호화폐 기반 거래입니다. NFT의 태생 자체가 블록체인을 모태로 한 것이라 암호화폐 거래로 정착된 거죠. 그래서 NFT를 만들거나 사고파는 프로세스를 무리 없이 수행하려면 일단 암호화폐 거래를 할 수 있어야 합니다.

암호화폐 거래소에는 해외 기반의 암호화폐 거래소가 있고, 국내 기반의 암호화폐 거래소가 있습니다. 해외 거래소 중에서는 바이낸스가 가장 유명하고 거래량도 많습니다. 하지만 NFT를 활용하기 위해서 암호화폐 거래소를 이용하는 것이라면, 선택권이 제한될 때가 있어요. 사고자 하는 NFT가 발행된 거래소가 어떤 코인을 쓰느냐에 따라서 암호화폐 거래소 역시 달라질 수 있다는 거죠. 암호화폐 거래소에서 모든 암호화폐를 취급하는 것은 아니거든요. 예를 들어 카카오의 그라운드X는 클레이튼 기반인데, 클레이튼은 국내 거래소 중 업비트에서는 취급되지 않고 코인원에서 거래가 됩니다(물론 시간이 지나면 해당 코인을 다루는 거래소가 늘어날 테니까, 이 책을 보는 시점이 언제냐에 따라 선택이 달라질 수도 있습니다. 그러므로 현시점에 맞춰 검색을 한번 해보는 게 좋습니다).

모든 거래소를 다룰 수는 없고, 이 중에서 대표적인 거래소의 이용 방법을 알려드리고자 합니다. 사실상 다 비슷비슷하니까 한 곳의 프로세스를 이해하면 다른 곳도 쉽게 이용할 수 있을 겁니다. 외국 거래소 중에서는 앞서 말한 것처럼 바이낸스가 가장 유명합니다. 거래량도 압도적이고요. 거래 수수료를 따져서 거래하고 싶다면 다른 거래소와 비교해보면 되는데, 초보자로서 안정적인 곳을 찾는다면 일단 바이낸스가 보편적인 선택일 것 같네요.

바이낸스의 장점은 세계 1위 거래소이기 때문에 안정적이라는 것이지만, 단점은 한국에서 시행되는 특정금융거래정보법(일명 특금법)으로 인해 한국 서비스가 중단됐다는 것입니다. 한국어를 지원하지 않을 뿐만 아니라 신용카드 결제 시에도 원화를 쓸 수가 없고, 달러 등으로 환전을 해야 해서 환율에도 영향을 받습니다.

국내 암호화폐 거래소 빅 3는 업비트, 빗썸, 코인원입니다. 한국 거래소의 장점은 친숙하다는 거죠. 다만, 초보자가 접근할 때

단점은 신용카드 결제가 안 되고 반드시 은행에 계좌를 개설해서 연결시켜야 한다는 점이에요. 이미 개설해놓은 계좌가 있다면 상관없지만 은행 계좌부터 새로 개설해야 한다면 상당히 귀찮은 작업이죠. 거래소들이 모든 은행의 계좌와 연동되는 것이 아니라 각각의 거래소가 하나의 은행과 연결됩니다. 3대 거래소를 이용하려면 지정된 은행 계좌를 개설해야 해요. 다음이 거래소별로 연동되는 은행입니다.

업비트 – 케이뱅크
빗썸 – 농협
코인원 – 농협

■ 연동 은행 계좌 개설하기

한국 암호화폐 거래소를 이용하기 위해서는 먼저 은행 계좌를 개설해야 합니다. 케이뱅크와 농협 모두 비대면으로 계좌를 개설할 수 있으니 꼭 지점을 방문해야 하는 것은 아닙니다. 여기서는 케이뱅크를 기준으로 설명해보겠습니다.

케이뱅크 계좌 개설 과정

1. 스마트폰에 '케이뱅크' 앱을 깝니다. 앱스토어나 구글플레이에서 쉽게 검색할 수 있어요.

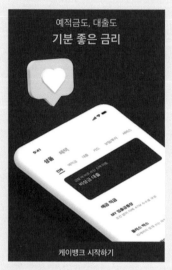

출처: 케이뱅크

2. 인증 절차가 좀 많은데요, 아무래도 은행이니까 그런가 봅니다. 어쨌든 스마트폰과 신분증, 타 은행 계좌만 있으면 됩니다. 처음에는 전화번호 인증을 하고, 이어서 신분 인증을 해야 합니다.

3. 서비스 약관에 체크하고, 비밀번호를 설정하고, 상품 약관에 체크하고, 개인정보를 입력합니다. 여기까지는 안내에 따라 진행하면 무리가 없어요.

4. 이제 신분증 사진을 찍어서 보내야 합니다. 그리고 가장 특이한 부분이 타 은행 계좌를 이용하고 있는지 확인하는 거예요. 타행 계좌를 등록하면 타행 계좌로 1원을 보내면서 네 자리 숫자를 입금자명으로 찍거든요. 그 숫자를 인증하는 것입니다. 인터넷 뱅킹을 이용하는 사람들은 손쉽게 할 수 있는데, 그렇지 않은 사람들을 위해 영상통화로 인증하는 기능도 있습니다.

다른은행 계좌를 인증해주세요

은행/증권사　⊛　국민　▼

계좌번호　　계좌번호 입력

가상계좌번호, 평생계좌번호는 사용 불가

이체내역 확인이 어려우면
영상통화로 인증할 수 있습니다
영상통화 인증하기 ›

5. 이렇게 하면 끝입니다. 후속 작업으로 1일 출금 한도 제한을 푸는 것이 있고요. 타행 계좌를 '가져오기'로 추가 등록해서 타행에 계좌이체를 쉽게 할 수 있도록 세팅하는 작업 등이 있습니다. 이 작업은 해도 되고 안 해도 되는데, 케이뱅크를 본격적으로 사용

하려면 해놓는 게 편하긴 할 거예요.

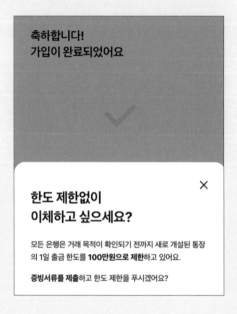

주의점

입출금 통장의 연이율은 0.1%입니다. 1%가 아니고요. 이 통장은 돈이 거쳐가는 목적으로 써야지, 돈을 모으는 것을 목적으로 하면 실망이 클 겁니다.

그리고 다른 은행 계좌를 통해 인증을 진행하기 때문에 다른 은행 계좌를 하나쯤 가지고 있어야 합니다. 타행 인터넷 뱅킹이나 입출금 시 문자 통보 기능이 없으면 통장에 찍힌 번호로 인증해야 하니까 상당히 귀찮을 거예요. 그리고 처음 가입하면 이체 한도가 100만 원인데 추가 인증을 통해서 한도를 늘릴 수 있습니다.

이렇게 여러 가지를 써놓아서 복잡해 보이지만, 막상 해보면 인증 때문에 왔다 갔다 하는 게 귀찮지 생각보다 시간이 오래 걸리지는 않아요.

요약하기

> ■ **케이뱅크 계좌 개설**
> 1. 스마트폰에 케이뱅크 앱을 깐다.
> 2. 본인 인증을 한다.
> 3. 개인정보를 입력한다.
> 4. 신분증 사진을 보내서 인증한다.
> 5. 본인 명의의 타행 계좌번호를 통해 계좌 인증을 한다.
> 6. 개설 완료

■ 암호화폐 거래소 계정 만들기

이제 암호화폐 거래소에 계정을 만들어봅시다. 외국에 비해 한국 거래소의 가입 과정은 매우 어려워 보입니다. 금융법상 신용카드 거래가 안 되고, 인증 절차도 복잡하죠.

한국 암호화폐 거래소의 계정을 만드는 과정은 다 비슷비슷하고요, 외국은 이보다 수월합니다. 한국 거래소 계정을 만들 수 있다면, 외국 거래소의 과정은 매우 쉽게 해낼 수 있을 것입니다.

여기서는 업비트를 기준으로 설명하겠습니다. 업비트의 장점은 업비트의 운영사인 두나무가 카카오와 연결된 회사라서 카카오로 쉽게 인증이 진행된다는 점입니다. 그래서 초보자가 접근하기에 상당히 손쉬운 편입니다. 하지만 카카오 때문에 손쉽다는 것이지, 이런저런 회원가입과 계좌 인증 절차 중에서는 극강의 난이도 또는 귀찮음을 선사하는 것이 암호화폐 거래소에 계정을 생성하는 일입니다. 신분증과 계좌 그리고 약간의 시간과 매우 많은 인내심을 준비해야 합니다.

업비트 계정 생성 과정

1. 업비트는 웹도 있고, 앱도 있습니다. 포털 검색창에 '업비트'라고 쳐서 나오는 화면으로 바로 들어가도 되고, 앱의 경우는 스마트폰에서 다운받아 설치하면 됩니다.

2. '회원가입'을 누르면 카카오 계정으로 가입할 수도 있고, 일일이 절차를 거쳐 가입할 수도 있습니다. 카카오 계정을 가진 사람들은 간편하게 카카오로 로그인을 하는 편이죠.

3. 카카오로 들어갔기 때문에 카카오 회원 정보로 일단 등록은 되어 있는데, 이제부터는 거래를 위해서 여러 가지 인증 절차를 거쳐야 합니다. 먼저 스마트폰 인증을 합니다. '이 전화

출처: 업비트

가 내 전화 맞다'라는 증명이죠.

4. 인증은 사실 이제부터 시작인데요, '기본정보 – 필수정보 –
신분증 인증 – 계좌 인증' 순으로 진행됩니다. 카카오 계정으

필수정보를 입력해 주세요.

직업 / 상세

선택

거래목적

선택

자금원천

선택

로 들어왔다면 기본정보는 이미 인식돼 있습니다. 필수정보
는 직업과 거래 목적, 자금원천을 쓰는 겁니다. 한마디로 '그
렇게 수상한 사람은 아니다'라는 걸 보이라는 얘기죠.

5. 만약 PC로 인증을 진행한다면 여기서 아주 귀찮은 단계를
   맞닥뜨리는데요. 신분증 인증은 반드시 업비트 앱으로 해야
   해서 결국 스마트폰에 앱을 깔아야 한다는 것입니다.

신분증 인증을 진행해주세요.

업비트 앱에서 신분증 인증을 진행해 주세요.
업비트 앱에서는 카카오 로그인 한번으로 빠르게 본인인증을 할 수 있습니다.

업비트 앱으로 진행

6. 여기까지 왔다면 이제는 계좌 인증입니다. 이 순간을 위해서
   앞서 케이뱅크에 계좌를 만든 거죠.

7. 은행 계좌 인증을 하려고 하면 여러 은행이 나옵니다. 나열
   된 은행들을 보면 케이뱅크에만 '원화 마켓 거래 가능'이라
   는 단추가 있는 게 보일 거예요. 계좌번호를 입력하여 인증
   을 계속합니다.

은행 계좌 인증을 진행해주세요.

회원님의 실명과 계좌에 등록된 이름이 일치해야 인증이 가능합니다.

은행

은행 선택   🔍

계좌번호

- 없이 입력

> 케이뱅크 실명계좌 인증시 원화마켓 거래가 가능합니다.
> 인증번호 전송은 일 최대 3회까지 가능합니다.
> 은행별 서버 점검 시간에는 계좌 인증이 불가능합니다.

계좌 인증번호 전송

8. ARS 인증을 합니다.

9. 이쯤에서 원화KRW를 입출금할 때 카카오페이 인증이 필요하다는 안내가 나옵니다. 휴대폰에 카카오톡이 설치되어 있어야 카카오페이 인증이 가능하겠죠. 카카오페이 인증을 활성화하면 출금 시점마다 카카오페이로 한 번 더 인증해서 보안을 강화하는 거예요. 귀찮으면 카카오페이 인증 단계를 생략할 수도 있습니다.

10. 여기까지 해야 인증이 끝이 나고, 드디어 업비트로 들어가 거래할 수 있습니다. '입출금' 버튼을 누르면 'KRW충전'이 보이는데, 여기서 연계 계좌에 들어 있는 돈을 가져올 수 있

습니다. 케이뱅크에 가서 업비트로 이체하는 방식이 아니라, 업비트에서 케이뱅크 쪽으로 돈을 보내달라고 요청하는 방식인 셈이죠. 이때 카카오페이로 이중 인증이 되어 있으면 카카오로 인증이 되고, 그렇지 않을 때는 카카오 인증 없이 바로 입금이 됩니다.

주의점

신규로 가입하고 원화를 처음 입금한 후 72시간 동안은 모든 디지털 자산의 출금이 제한됩니다. 보이스피싱 등 금융 사고 예방을 위해서라고 해요.

요약하기

■ **업비트 계정 생성**

1. 업비트 웹은 홈페이지로 접속하고, 앱의 경우는 다운받는다.

2. 카카오 계정으로 가입한다.

3. 스마트폰 인증을 한다.

4. 개인정보를 입력하고, 신분증 인증과 은행 계좌 인증을 한다.

5. 케이뱅크 계좌를 등록하고, 케이뱅크 계좌 인증을 한다.

6. ARS 인증을 한다.

7. 카카오페이 인증을 한다.

■　　　　　　　　　　　　　　　 **전송 수수료 절약하기**

일단 국내 기반이고 가입 과정이 까다롭기 때문에 업비트를 기준으로 설명했습니다. 그런데 국내 기반 암호화폐 거래소의 가장 큰 문제는 NFT를 발행하거나 구입하기 위해서 메타마스크^{MetaMask}, 즉 이더리움 지갑으로 암호화폐를 보내야 하는데, 이 수수료가 엄청나다는 것입니다. 그래서 보통은 바이낸스나 그 밖의 거래소를 이용합니다.

업비트에서 이더리움의 전송 수수료는 0.018이더입니다. 이더리움 가격이 500만 원만 해도, 수수료가 9만 원인 거예요. 돈이 서너 번만 왔다 갔다 해도, 20만~30만 원은 그냥 나가는 거죠. 그렇다 보니 완전 초보자들만 업비트에서 메타마스크로 돈을 전송합니다. 보통은 외국의 거래소로 보냈다가 거기서 다시 메타마스크로 보내는 방법으로 수수료를 절약하죠.

바이낸스의 이더리움 전송 수수료는 0.005이더거든요. 500만 원을 기준으로 할 때 2만 5000원 선입니다. 업비트에서 바이낸스로 보낼 때는 리플XRP이나 트론TRX과 같은 화폐를 사용합니다. 이 화폐들은 전송 수수료가 각각 1리플과 1트론이에요. 2021년 11월 기준으로 1리플은 1245원이고, 1트론은 121원입니다. 그러니까 트론으로 바꿔서 전송하는 것이 좋죠.

바이낸스에서 다시 이더리움으로 바꾼 후에, 그것을 메타마스크로 전송하면 수수료를 많이 아낄 수 있습니다. 이것이 바로 해외 암호화폐 거래소 계정을 추가로 만들어야 하는 이유입니다.

바이낸스에 가입하는 방법은 한국 거래소에 비하면 훨씬 간단합니다. 한국 거래소의 벽을 뚫었다면 별문제 없을 겁니다. 암호화폐를 거래하는 것은 NFT를 만들고 사보자는 이 책의 취지와는 또 다른 얘기니까요. 더 궁금한 점이 있다면 검색을 통해서 암호화폐 거래에 대한 부분을 숙지하기 바랍니다.

STEP 2

암호화폐 지갑 만들고
NFT 거래소 가입하기

▪ NFT 거래소 선택하기

NFT 거래소는 하루가 다르게 늘어나고 있습니다. 그래서 어디가 좋다 또는 나쁘다라고 이야기하기가 힘듭니다. 크게 분류해보자면 NFT 거래소에는 오픈형과 큐레이션형이 있습니다. 오픈형에서는 자신의 작품도 올릴 수 있는 데 비해 큐레이션형에서는 작가가 아닌 이상 오로지 사기만 할 수 있습니다.

전 세계적으로 압도적인 거래량을 보이는 곳은 오픈시입니다. 오픈형인 이곳의 장점은 거래량 자체가 압도적이어서 무척 안정적이라는 것입니다. 사람들이 많이 드나드니 당연히 거래도 잘 일어나는 편이죠. 그러다 보니 판매자 역시 많아 자칫 묻히기도 쉽습니다. 게다가 거래 수수료가 2.5%나 돼서 지나치게 비싸다는 평을 듣고 있습니다.

오픈시에 가입하려면 우선 암호화폐 지갑과 연동해야 합니다. 그렇다면 먼저 암호화폐 지갑을 만들어야 하죠. 오픈시뿐 아니라 대부분의 NFT 거래소가 처음 계정을 만들 때 암호화폐 지갑과 연동하기를 요구합니다. 심지어 NFT 기반의 부동산 메타버스인 디센트럴랜드도 정식으로 가입하기 위해서는 암호화폐 지갑과 연동하는 조건을 답니다.

암호화폐 지갑은 거래소에서 벌어들인 암호화폐를 개인적으로 소지할 수 있게 해주는데요. 암호화폐 거래소에서 번 돈을 이곳으로 보내기도 하고, 거래를 위해 이곳에서 다른 곳들로 보내기도 합니다. 말 그대로 지갑이라고 보면 됩니다. 먼저 암호화폐 지갑부터 만들어볼까요?

■ 암호화폐 지갑 연동하기

최근의 경향을 보면, NFT 거래소도 많이 생기고 데이터 전문 사이트에서도 NFT를 살 수 있을 정도로 NFT 장터가 많이 늘어나고 있습니다. 중요한 것은 당신에게 돈이 있다는 것만 증명되면, 어디에서든지 NFT를 구입할 수 있게 되고 있다는 겁니다. 이때 당신에게 돈이 있다는 증명을 할 수 있는 것이 바로 암호화폐 지갑이에요. 실제로 암호화폐가 들어 있어야 돈이 있는 거지만, 어쨌든 지갑이 있어야 그 안에 NFT계의 화폐인 암호화폐가 있을 확률이 있는 거니까요.

그래서 NFT 거래소에 가입하는 것보다 훨씬 중요한 것이 암호화폐 지갑을 갖는 겁니다. 이것만 있으면 거래 사이트 정도는 아주 쉽게 연동이 되거든요. 당신이 누구인지를 보고 연동시켜주는 게 아니라 당신 지갑만 보고 입장시켜주니까요.

암호화폐 지갑 중에서 가장 유명하고 널리 쓰이는 것이 '메타마스크'입니다. 다른 암호화폐 지갑도 프로세스는 비슷하니, 대표적으로 메타마스크 설치 방법과 동작 프로세스를 설명하겠습니다.

메타마스크에서 지갑을 연결하는 과정

1. '메타마스크'를 검색하면 바로 찾아볼 수 있습니다. 주소는 https://metamask.io입니다. 웹이라면 크롬·파이어폭스·브레이브·엣지에서 다 돌아가고, 앱이라면 iOS나 안드로이드도 가능합니다. 다운받아 브라우저에 설치합니다.

2. 프로그램을 연 후 기존에 지갑이 있는 사람은 왼쪽의 '지갑 가져오기'를 누르면 되고, 지갑을 처음 만드는 사람은 오른쪽의 '새 지갑'을 누르면 됩니다. 여기서 '복구 구문'은 신원

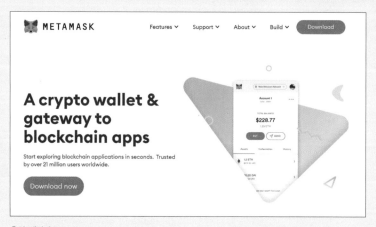

출처: 메타마스크

확인용 비밀 키워드를 말합니다. 아무래도 돈이 오가는 것
이다 보니, 비밀번호 외에도 복구 구문을 입력하도록 장치를
해놓았더라고요. 늘 사용하는 자신의 PC나 스마트폰에서는
가볍게 들어갈 수 있는데, 새로운 기기를 사용하거나 새로
메타마스크를 깔고 나서 자신의 지갑으로 들어가려면 저 구
문을 알아야 합니다.

3. 암호를 생성할 차례인데요, 8자 이상이면 됩니다.

4. 중요한 것은 복구 구문입니다. 복구 구문은 자신의 암호화폐
자산을 보호하는 마스터키입니다. 메타마스크 측에서는 복
구 구문을 은행 금고나 대여 금고에 손으로 적어서 보관하기
를 권하고 있어요. 그 정도로 중요하다는 거죠. 복구 구문을

타인과 공유해서는 절대로 안 되고, 심지어 메타마스크와도 공유해서는 안 된다고 경고합니다. 복구 구문을 요청하는 사람은 '사기를 치려는 것'이라고 말하면서 말이죠.

5. 자물쇠 표시가 된 곳을 누르면 12개의 단어가 나옵니다. 이 단어들을 기억하고 안전하게 보관해야 합니다.

6. 이 단어들을 순서대로 클릭해야 하는 한 번의 확인 작업이 남았습니다. 여기까지 하면 암호화폐 지갑이 생성됩니다.

7. 이제 메타마스크를 시작하면 당신의 계좌로 갑니다. 처음 개설한 상태라 땡전 한 푼 없네요. 'Account 1'이라고 되어 있는 게 보이죠. 계좌가 하나라는 의미입니다. '계정 생성'을 통해 계좌를 더 늘릴 수도 있습니다.

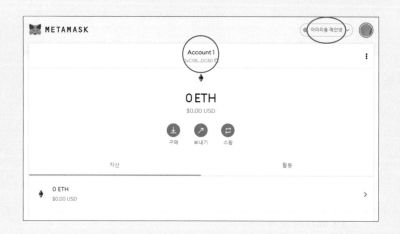

8. '이더리움 메인넷'이라고 쓰여 있는 곳을 클릭하면, 다른 블록체인 네트워크도 등록할 수 있습니다. 처음에는 이더리움 체인만 등록되어 있습니다.

주의점

자신의 PC나 스마트폰에 메타마스크를 깔고 암호화폐 거래를 해서 잔고를 보유하고 있는 사람이라면 반드시 주의할 점이 있습니다. 바로 피싱 사이트에 절대 당하면 안 된다는 것입니다. 피싱 사이트에 암호화폐 지갑이 연결된 순간, 그 돈은 길거리에 뿌려진 것이나 마찬가지입니다. 낯선 메일을 열어볼 때는 각별히 주의하고, 절대 아무 링크나 클릭하지 마세요.

요약하기

> ■ **메타마스크에서 암호화폐 지갑 연동하기**
> 1. 웹이나 앱으로 메타마스크에 접속한다.
> 2. '지갑 생성'을 누른다.
> 3. 비밀번호를 입력한다.
> 4. 비밀 복구 구문에서 자물쇠를 누르면 12단어의 구문이 나온다.
> 5. 복구 구문을 은밀하게 보관한다.

■   **NFT 거래소 가입하기**

NFT 거래소로는 오픈시, 솔라나Solanart, 라리블, 슈퍼레어 같은 사이트가 유명합니다. 앞에서 암호화폐 계좌를 개설하고 암호화폐 지갑을 만든 것에 비하면, NFT 거래소 가입은 놀랄 만큼 간단합니다. 회원 가입이라기보다는 지갑 연동 작업이라고 보면 되거든요. 새로 생기는 거래소들, 특히 한국 거래소들은 한글도 잘 지원될 테니 크게 어려울 게 없을 겁니다. 대부분 암호화폐 지갑과 연동하면 끝이니까 거래소 가입 자체는 어렵지 않아요. 일단 오픈시를 기준으로 설명하겠습니다.

오픈시에서 지갑 연결하는 과정

1. 오픈시에 들어갑니다. 주소는 https://opensea.io입니다.

2. 상단 오른쪽에 네모난 아이콘을 클릭하면 어떤 지갑과 클릭할 것인지 선택하게 되어 있는데, 거기에서 여러분이 가진 지갑을 선택하면 됩니다. 앞서의 흐름을 따라왔다면 메타마스크 지갑을 선택하면 되겠죠. 그러면 끝입니다.

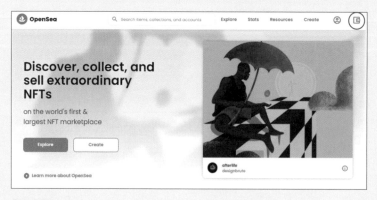

출처: 오픈시

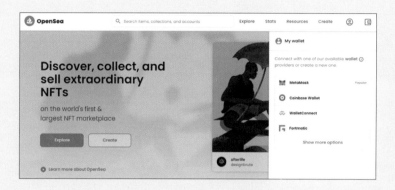

요약하기

- **오픈시에서 지갑 연결하기**
1. 오픈시 사이트에 들어간다.
2. 암호화폐 지갑과 연결한다.

나만의 NFT 상품
등록하고 사고팔기

NFT 민팅하기

NFT 거래소들이 하루가 다르게 늘어나고, NFT를 쉽게 민팅하는 플랫폼들이 우후죽순처럼 문을 열고 있습니다. 새로 생기는 플랫폼일수록 민팅 방법은 더욱 쉽고 편해질 것입니다. 그래서 일반적인 방법을 가정하고 설명하기가 어려울 수 있는데, 우선은 세계 최대의 거래량을 차지하고 있는 오픈시를 중심으로 설명하고자 합니다. 앞서의 설명을 따라 오픈시에 계정을 만들었다면 더더욱 도움이 되리라 생각합니다.

오픈시에서 민팅하는 과정

1. 오픈시와 메타마스크 지갑을 연동했다면 NFT 민팅은 너무나 간단합니다. 크롬 브라우저 안에 메타마스크를 깔아뒀다면, 오픈시를 열 때 자동으로 로그인이 되어 있죠.

2. 'Explore'와 'Create' 중에 'Create' 버튼을 누르면 바로 NFT를 만들 수 있는데요. 이렇게 하면 저장할 곳이 없으니, 먼저 자신의 컬렉션을 만드는 것이 낫습니다. 반드시는 아니지만 보통은 그렇다는 얘기입니다. 상단 바의 오른쪽 끝에서 두 번째에 있는 동그란 부분을 누르면 프로필이나 컬렉션 등이 나와요. 여기서 컬렉션으로 가서 'Ceate your collection'을 누르고 정보들을 채우면 자신의 NFT 보관 장소가 만들어집니다. NFT 보관 장소이지만 판매도 이루어지니 자신의 갤러리를 만든다고 생각하면 됩니다. 채워야 하는 정보는 자신의 갤러리에 대한 소개 정도입니다. 필수 요소만 채우면 되니까, 처음에는 대략 만들고 나중에 수정해도 됩니다.

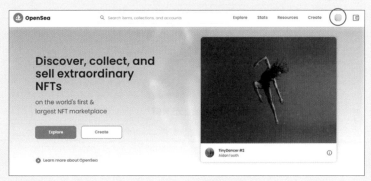

출처: 오픈시

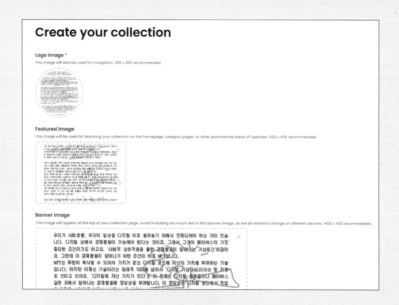

3. 이제 자신의 컬렉션에 들어갑니다. 컬렉션은 여러 개 만들 수 있어요. 테마별로 만들면 됩니다. 'Add Item'이라는 버튼이 보일 텐데, 그걸 누르면 됩니다.

4. 'Creat new item'이라는 항목이 보이죠? 여기서 바로 NFT화를 할 수 있습니다. 파일과 제목만 쓰면 일단 만들 수 있지만, 그래도 남들에게 어필해서 팔려면 설명 부분을 잘 채우는 게 좋겠죠. 다 채우고 맨 밑에 있는 'Creat'를 누르면 NFT가 생성됩니다.

5. NFT가 생성되고 축하 메시지가 나오면서 자신의 SNS에 공유하라고 하죠. 결국 NFT를 팔려면 사람들이 알아야 하니까

셀프 홍보를 위해서 공유 링크를 주는 거예요.

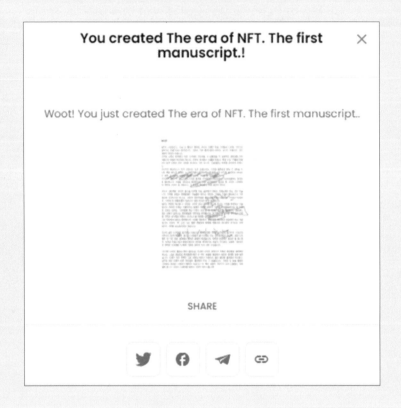

6. 이제 다 됐습니다. 제가 만든 것은 이 원고의 초고 머리말 파일에 사인을 한 것입니다. 언젠가 이 책이 초대박 베스트셀러가 된다면 이 NFT도 1이더쯤은 받을 수 있지 않을까 하고 만들어봤습니다. '자신의 컬렉션'에 이 NFT가 있다는 걸 확인할 수 있습니다.

요약하기

- **오픈시에서 민팅하기**
1. 자신의 컬렉션, 즉 일종의 갤러리를 만든다.
2. 컬렉션에서 'Creat new item'으로 NFT를 만든다(파일과 제목만 있어
   도 됨).
3. 공유한다.

■   **NFT 팔기**

거래소의 기본 기능은 '사기'와 '팔기'거든요. 그게 본질인 만큼
그런 기능을 쉽게 사용할 수 있게 해놓았습니다. 이제 NFT를 팔아
볼까요?

오픈시에서 NFT를 판매하는 과정

1. 오픈시에서 만들어진 자신의 NFT 오른쪽 위에 보면 'Sell'
   버튼이 있습니다. 그게 바로 '팔기'예요. 그걸 누르면 'List
   item for sale'이 나옵니다. 'Fixed Price'와 'Timed Auction'이
   있죠. 말 그대로 자기 작품의 가격을 정하는 것인데, 정가를
   딱 정하는 것이 Fixed Price(고정 가격)입니다. 그리고 Timed
   Auction(경매)은 두 가지인데 높은 가격에서 내려가며 하는

경매가 있고, 낮은 가격에서 올라가며 하는 경매가 있어요. 보통은 후자를 많이 하죠. 대박도 이런 데서 나오고요. 하지만 이건 입찰자가 많이 있는 유명한 작품에서나 가능한 일이고 우리는 아니죠. 일단 고정 가격으로 가보겠습니다.

2. 고정 가격이면 얼마를 받을지 이더리움만 입력하면 돼요. 그리고 기간도요. 참고로 저는 10이더리움을 적었습니다. 어차피 0.01이더리움이라고 적어도 안 팔릴 테니, 그럴 바에는 기분이라도 내려고요. 마지막에 'Fees'가 있죠. 팔릴 경우 오픈시에 수수료로 2.5%를 떼인다는 내용이에요. 'Creator Royalty'는 나중에 2차, 3차 경매로 재판매될 때 그때마다 원

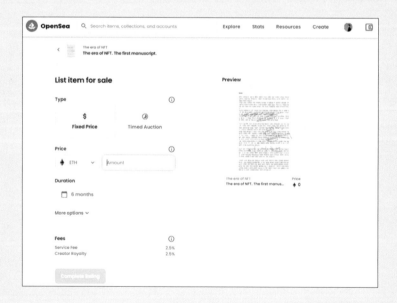

작자에게 꼬박꼬박 들어오는 돈을 말합니다. 저는 2.5%라고 적었어요. 다 됐으면 'Complete listing'을 누르면 됩니다.

3. 이때 문제가 발생합니다. 이더리움 체인에 태우기 위해 가스비를 내야 하는데요, 가뜩이나 계좌에 돈도 없는데 가스비가 어마어마합니다. 이때 가스비의 레인지가 순간순간 변해요. 제가 3분 정도 들여다봤는데 그사이에 170~210달러를 왔다 갔다 하더라고요. 무조건 누르지 말고 순간적으로 제일 쌀 때를 노려야 합니다. 이 과정만 지나면 당신의 NFT가 정식으로 리스팅돼서 팔리는 거예요.

https://opensea.io

REGISTER PROXY

$0.00

세부 정보   DATA

편집

Estimated gas fee $194.97 **0.0452927 ETH**

Site suggested   **Max fee:**
Likely in < 30 seconds   0.05419617 ETH

합계 $194.97 **0.0452927 ETH**

Amount + gas fee   **Max amount:** 0.05419617 ETH

4. 리스팅이 되면 이런 모습이 됩니다.

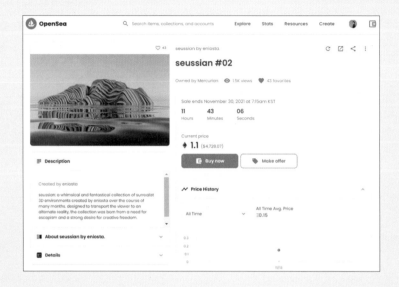

문제점

무엇보다 비싸다는 게 문제입니다. 잘 팔리는 NFT라면 상관없는데 우리 작품은 안 팔릴 거거든요. 그런데 시험 삼아 해보는 것치고는 20만 원이나 되는 가스비가 부담스럽습니다. 암호화폐를 전송하는 데 드는 돈까지 생각하면 만만치가 않아요.

그래서 대안으로 민터블 같은 NFT 마켓플레이스를 이용할 수 있습니다. 민터블은 최초로 '가스리스 민팅^{gasless minting}', 즉 수수료 없는 화폐 발행 방식을 지원했어요. 그러다 보니 수요자보다는 공급자가 넘치는 시장이 됐다는 게 단점이긴 하죠.

민팅하는 데 가격이 비쌀수록 아무나 리스팅하지는 못하죠.

2021년 11월에 래퍼인 마미손이 〈수플렉스 더 트로피Suflex the trophy〉라는 NFT 작품을 6000만 원이 넘는 가격에 팔았습니다. 그런데 언론과 인터뷰할 때 그가 "(NFT 경매에 참여하는 과정에서) 유일하게 두려웠던 순간이 50만 원이나 주고 민팅하는 순간"[94]이라고 한 적이 있어요. 마미손이 NFT를 올린 플랫폼인 파운데이션Foundation은 민팅비가 비싸기로 유명한 곳입니다. 그런 만큼 아무나 올리지 못하기 때문에 저절로 엄선되는 경향이 있죠.

앞으로도 무료로 민팅해서 올리는 사이트들은 늘어날 수 있습니다. 무조건 싼 게 좋은 것은 아니지만, 그렇다고 비싸다고 좋은 것도 아닙니다. 자신의 NFT와 잘 어울리는 곳을 찾는 게 중요할 것 같네요.

요약하기

- **오픈시에서 NFT 팔기**
1. '팔기' 버튼을 누르고 고정 가격과 경매 중에서 선택한다.
2. 가격을 정한다.
3. 가스비를 내고 리스팅한다.

■ NFT 사기

사는 것은 파는 것보다 더 쉽습니다. 돈이 없어서 문제인 것이지 돈만 있으면 고정 가격에서는 그냥 'Buy'를 누르면 됩니다. 만약 경매 방식이라면 따라올 수 없는 금액을 제시하면 되고요.

오픈시에서 NFT를 구입하는 과정

1. 여러 작품을 보면서 마음에 드는 것을 찜합니다. 그리고 들어가 보는 거죠. 그냥 마음에 드는 그림을 사려고 했는데 '이게 나중에 팔릴까?' 의구심이 들기는 하겠죠. 작품 설명을 다 읽어봐도 모호하다면, 'Price history'를 보세요. 몇 번 팔린 작품은 계속 팔립니다. 히스토리가 계속 쌓여가니까요. 그렇지만 첫 번째 거래되는 작품이라면 자신 말고 또 살 사람이 있을까 하는 의구심이 들기 마련이죠.

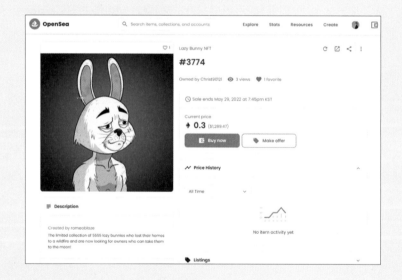

2. 체크아웃하고 지갑에 서명하면 살 수 있습니다. 간단하죠. 무엇이든 사는 것은 쉽도록 설계되거든요. 그런데 살 때뿐만 아니라 팔 때도 마찬가지로 주의할 것은 가끔 일어나는 '소

수점 사기'인데, 이더리움처럼 큰 화폐 말고 적은 단위의 화폐에서 가끔 일어납니다. 예컨대 '5,000'이라고 쓴 줄 알고 팔았는데, 알고 보니 '5.000'이라고 써놓았던 거예요. 한번 체결된 계약은 그걸로 끝이거든요. 이 때문에 아주 가끔은 NFT를 헐값에 넘기는 일이 일어난다고 하니까, 사거나 팔 때는 최종적으로 한 번 더 주의 깊게 봐야 하겠습니다.

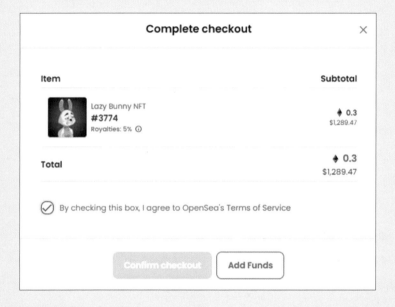

요약하기

■ **오픈시에서 NFT 사기**

1. 여러 작품을 보며 마음에 드는 것을 고른다.
2. 산다.

메타버스에서
부동산 NFT 구매해보기

■ 메타버스 부동산 NFT 거래

메타버스 부동산을 사본다고 해서 앞서 이야기한 것과 완전히 다른 것은 별로 없습니다. NFT가 붙은 메타버스 부동산도 결국 NFT 거래이기 때문에 NFT 아트 작품을 사는 것과 동일합니다. 부동산 메타버스 중에는 NFT 기반이 아니라서 암호화폐 말고 그냥 게임 안에서만 쓰이는 가상화폐로 거래를 하는 곳도 있습니다. 그건 그 플랫폼이 정하는 것이기 때문에 플랫폼마다 다릅니다.

우리의 관심은 NFT가 붙은 부동산 메타버스이니, 그 대표적인 사이트이면서 글로벌하게 접근할 수 있는 디센트럴랜드의 부동산,

'랜드' 구입에 대해서 알아보겠습니다.

디센트럴랜드에서 부동산 NFT를 구입하는 과정

1. 부동산 NFT를 구입한다고 해도 NFT 구입과 다를 것이 없기 때문에 똑같이 메타마스크와 마나 또는 이더리움 같은 암호화폐를 준비합니다.

2. 디센트럴랜드에 가입합니다. 자신의 계정을 만들려면 메타마스크가 있어야 합니다. 오픈시와 비슷하게 메타마스크로 계정이 만들어지고, 아니면 그냥 게스트로 랜드를 둘러볼 수도 있습니다.

출처: 디센트럴랜드

3. 디센트럴랜드에 땅을 살 때는 두 가지 방법이 있습니다. 하나는 디센트럴랜드 공식 마켓을 이용하는 것이고, 또 하나는 오픈시 같은 NFT 시장을 이용하는 것입니다. 디센트럴랜드의 공식 마켓 주소는 https://market.decentraland.org입니다. 오픈시 같은 거래소와의 차이점이라면, 디센트럴랜드 공식 마켓에서는 디센트럴랜드의 화폐인 마나로만 거래할 수 있다는 겁니다. 물론 암호화폐 거래소에 상장되어 있기 때문에 필요하면 거래소에서 현금화할 수 있습니다. 오픈시에서 거래한다면 앞서 소개한 NFT 아트를 사는 것과 동일한 과정으로 살 수 있습니다. 'Buy'를 눌러서 사거나 'Bid'로 경매에 참여할 수 있어요.

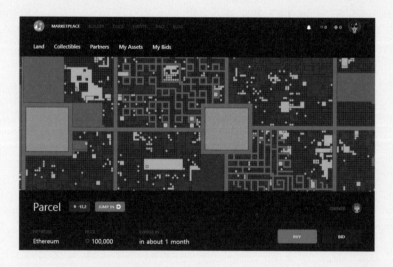

4. 부동산 NFT의 가장 독특한 점은 NFT 작품이 순전히 주관적으로 가치를 책정해야 하는 반면, 부동산은 유저들의 움직임이나 개발 흐름이 있기 때문에 어느 정도 객관적으로 NFT의 가치를 판단할 수 있다는 것입니다. NFT 데이터를 제공하는 업체를 통해 분석 결과를 살펴보고 구입할 땅을 찜하면 됩니다.

넌펀저블닷컴은 NFT 데이터를 제공하는 기업인데, 디센트럴랜드를 찾아보면 그동안의 거래나 시세 등을 비교적 자세하게 분석해놓았습니다. 이런 자료를 보면서 괜찮은 땅을 찾아보는 게 좋겠습니다.

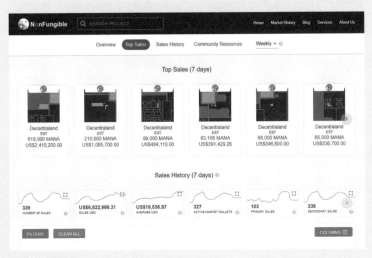

출처: 넌펀저블닷컴

5. 부동산 메타버스의 묘미는 자산 가치를 직접 키울 수 있다는 것입니다. 자신이 산 땅에 건물을 지을 수도 있습니다. 주어진 툴을 활용해서 자신이 직접 지을 수도 있지만, 주어진 툴에 의해서 나온 건물은 조금 투박할 수 있죠. 그러니 외부에서 전문 3D 그래픽 툴을 가지고 작업하는 것이 좋습니다. 디센트럴랜드로 그 건물을 가지고 들어가 세울 수 있거든요. 때로는 아예 지어진 건물을 사기도 합니다. 그런 전문 사이트가 따로 있어요. 어쨌든 그러자면 또 돈이 들어가니까, 자신의 땅을 개발할 때는 실제로 개발을 통해서 이익을 낼 수 있을지 신중히 생각해봐야 합니다.

문제점

디센트럴랜드처럼 글로벌한 플랫폼은 데이터 분석 결과를 찾을 수 있지만, 중소형 부동산 메타버스들은 이렇게 객관적인 자료를 찾기가 어렵습니다. 그래서 개발사의 말만 믿어야 하는데, 전적으로 신뢰하기는 어렵죠. 그래서 보통은 네이버 카페 같은 곳에서 정보를 교환합니다. 물론 작전 세력도 들어와 있을 테지만, 그래도 다양한 정보가 교환되는 곳이니 이런 곳이라도 참고해야 합니다.

디센트럴랜드와 같은 부동산 개발형 메타버스라면 자신이 땅을 사서 건물을 짓고 용도를 더해 사람들이 찾아오게 해서 땅의 가치를 높일 수 있습니다. 그러나 그저 랜드를 사고파는 기능만 있는 디지털 트윈형 메타버스라면 그럴 가능성이 없습니다. 그런 곳에서 손해를 보지 않으려면 처음에 조금 비싼 듯하더라도 랜드마크 위주로 사야 합니다. 랜드마크 위주로만 거래가 계속 이루어지는 경향이 있으니까요.

요약하기

> **■ 디센트럴랜드에서 부동산 NFT 구입하기**
> 1. 메타마스크와 암호화폐를 준비한다.
> 2. 정보 사이트에서 좋은 부동산을 분석한다.
> 3. 디센트럴랜드 공식 마켓이나 오픈시 같은 거래소에서 NFT를 구입한다.
> 4. 부동산을 개발한다.

NFT를 연구하면서 굉장히 놀란 점이 두 가지입니다. 첫 번째는 NFT가 생각보다 훨씬 더 중요한 기술이자 개념이라는 점입니다. NFT는 디지털 코드에 토큰을 붙여서 그것을 대체 불가능하고 유일무이한 것으로 만들어준다는 면에서 기술이고, 그렇게 만들어진 유일무이한 것이 디지털 자산으로서 가치를 갖기 때문에 중요한 개념이기도 합니다.

그런데 이 NFT의 개념이 정말 어마어마합니다. 16세기에 콜럼버스가 신대륙을 '발견'하면서 인간의 생활 지평이 넓어졌습니다. 21세기의 우리는 메타버스라는 신대륙을 '발명'하면서 생활 지평을 디지털로 확장하려고 하고 있어요. 16세기 대항해 시대에 중요한 인프라가 항로와 항해 기술의 발달이었다면, 지금 메타버스 시대에 중요한 인프라는 NFT를 활용한 디지털 자산화입니다. 디지털상의 경제활동에 의미를 부여하는 것은 디지털상의 거래에 자산 가치가 있어야 한다는 것인데, 바로 그 자산 가치를 만들어주는 것이 NFT거든요.

그리고 플랫폼 중심의 웹 2.0 시대에서 콘텐츠 중심의 웹 3.0 시대로 이끄는 핵심 연결고리가 NFT이기도 합니다. 소유 권리에 대한 증명으로 권리를 디지털 자산화하는 것이기도 하거든요. 이렇게 보면 미래 사회의 화폐보다 더 중요한 것이 NFT 개념이라고 할 수 있습니다. 수많은 비즈니스에서 NFT화를 고민하고 있다는 얘기는 자신의 비즈니스를 어떻게 하면 디지털화할 수 있을지 고민한다는 얘기와 같은 맥락으로 이해하면 됩니다.

두 번째 놀라운 점은 속도입니다. 한국의 NFT 아트 작가가 처음으로 NFT 아트를 돈 받고 판 것이 2021년 초의 일입니다. 불과 1년 사이에 수많은 NFT 아트 작가와 작품이 나왔고, NFT 거래 플랫폼들이 생겼습니다. 일반적인 시간 감각으로 10년이면 NFT 계에서는 1년이라는 이야기가 있습니다. NFT의 발달과 도입 속도를 생각하면 과장만은 아닙니다. 안 그래도 현대 사회의 속도감에 휘청이는 사람이 많은데, NFT의 등장으로 가속페달을 밟은 느낌이라고나 할까요. 디지털 자산이라는 인프라가 주는 비즈니스상의 엄청난 비전이 NFT 안에서 빛나고 있기 때문입니다. 실물 비즈니스조차 미래 생존이 NFT화할 수 있느냐 없느냐에 달려 있다 보니, 그만큼 NFT가 빠르게 도입되고 있는 겁니다. 당분간 NFT 비즈니스에는 다양한 실패와 성공이 공존할 것입니다. 그리고 그보다 훨씬 많은 여러 가지 시도가 있을 것이고요.

스키를 타려고 하면 경사가 급하고 속도가 빠를수록 속도를 못 이겨 몸이 뒤로 젖혀지게 되죠. 그 순간 끝입니다. 반드시 넘어지니까요. 스키의 속도감을 컨트롤하는 방법은 몸을 조금 더 앞으로 숙여서 속도보다 약간 앞에 몸의 무게중심을 두는 방법밖에 없습니다. 앞서가야 속도를 제어할 수 있는 거죠. 하지만 그렇게 하기가 말처럼 쉽지 않은데, 몸을 앞으로 숙이지 못하는 건 기술적인 요소보다 심리적인 요소가 더 큽니다. 너무 빠른 속도, 급격한 경사 때문에 생기는 공포감이 몸을 뒤로 빼게 하는 거죠.

지금 사회의 속도감이 그렇습니다. 너무 빨라서 한발 물러서는 순간, 그대로 나자빠져 궤도로 다시 들어서기 힘들게 합니다. 어렵지만, 속도감을 유지하기 위해서는 남들보다 조금 더 앞에 무게중심을 두고 반 발자국 선취하면서 가는 수밖에 없습니다.

앞으로 몇 년간 산업과 기술을 비롯한 모든 분야에서 NFT에 대한 비즈니스적인 이해가 바탕이 될 것입니다. 뒤처지지 않으려면 반드시 알아놓아야 하죠. 아마도 이 책을 여기까지 따라온 독자라면 NFT가 무엇이며, 앞으로 비즈니스와는 어떻게 연계될지를 충분히 알게 됐으리라고 봅니다. 여기서 얻은 관점을 토대로 매일 새로이 쏟아져 나오는 뉴스나 새로운 이벤트를 눈여겨보면서 자신에게 맞는 기회가 생겼을 때 놓치지 말고 꽉 잡으시기를, 그래서 미래 사회의 '대체 불가능한 사람'이 되시기를 바랍니다. 감사합니다.

주

인용 출처

1) https://www.edaily.co.kr/news/read?newsId=01738406629246704&mediaCodeNo=257
   &OutLnkChk=Y

2) https://www.larvalabs.com/cryptopunks

3) https://www.cryptokitties.co/

4) https://dappradar.com/ethereum/games/cryptokitties

5) http://www.coindeskkorea.com/news/articleView.html?idxno=70446

6) https://www.inven.co.kr/webzine/news/?news=196111

7) https://decentraland.org/

8) http://www.it-b.co.kr/news/articleView.html?idxno=47877

9) https://www.wowtv.co.kr/NewsCenter/News/Read?articleId=A202111120163&t=NN

10) https://www.hankyung.com/economy/article/202109063602i

11) https://www.donga.com/news/article/all/20210430/106700762/2

12) https://www.tokenpost.kr/article-51858

13) http://www.sportsseoul.com/news/read/1069715?ref=naver

14) http://news.heraldcorp.com/view.php?ud=20211026000491

15) https://news.kbs.co.kr/news/view.do?ncd=4304662&ref=A

16) http://monthly.chosun.com/client/news/viw.asp?ctcd=C&nNewsNumb=202110100050

17) https://post.naver.com/viewer/postView.naver?volumeNo=32671825&memberNo=318
    5448&vType=VERTICAL

18) https://www.hankyung.com/it/article/2021101194781

19) https://www.yna.co.kr/view/AKR20210724027300009

20) https://www.wowtv.co.kr/NewsCenter/News/Read?articleId=A202111260334&t=NN

21) https://cobak.co.kr/community/1/post/147090

22) https://www.fnnews.com/news/202108301550064188

23) https://pharm.edaily.co.kr/news/read?newsId=01220166629208984&mediaCodeNo=257

24) https://www.edaily.co.kr/news/read?newsId=03332486629077784&mediaCodeNo=25
7&OutLnkChk=Y

25) https://zdnet.co.kr/view/?no=20211118095737

26) https://www.fnnews.com/news/202111071849250830

27) https://news.mt.co.kr/mtview.php?no=2021112214122494481

28) https://www.news1.kr/articles/?4305662

29) https://digiconomist.net/ethereum-energy-consumption

30) https://magazine.hankyung.com/business/article/202107138368b

31) https://www.bbc.com/korean/news-59173484?xtor=AL-73-%5Bpartner%5D-%5Bnaver%5D-
%5Bheadline%5D-%5Bkorean%5D-%5Bbizdev%5D-%5Bisapi%5D

32) http://www.topdaily.kr/news/articleView.html?idxno=119643

33) http://woman.chosun.com/news/articleView.html?idxno=74493

34) http://www.coindeskkorea.com/news/articleView.html?idxno=75485

35) https://www.edaily.co.kr/news/read?newsId=01220166629208984

36) https://piplsay.com/

37) https://magazine.hankyung.com/business/article/202110275529b

38) https://magazine.hankyung.com/business/article/202110275529b

39) https://www.youtube.com/watch?v=Sru4-JcFVb4&t=39s

40) https://www.mbcsportsplus.com/news/?mode=view&cate=2&b_idx=99768019.000#07D0

41) https://www.mbcsportsplus.com/news/?mode=view&cate=2&b_idx=99767909.000#07D0

42) https://www.fnnews.com/news/202111150905327471

43) https://www.rollingstone.com/culture/culture-news/bayc-bored-ape-yacht-club-nft-
interview-1250461/

44) https://www.hankyung.com/it/article/202111095830i

45) https://www.fnnews.com/news/202103081535283750

46) https://www.fnnews.com/news/202103081535283750

47) https://www.ajunews.com/view/20211119141714379

48) https://view.asiae.co.kr/article/2021111609575533949

49) http://www.coindeskkorea.com/news/articleView.html?idxno=76162

50) https://biz.chosun.com/stock/market_trend/2021/10/18/YLMPIECPO5DBDEZY36T6H5ZSCU/
?utm_source=naver&utm_medium=original&utm_campaign=biz

51) https://www.yna.co.kr/view/AKR20211110181400072?input=1195m

52) https://dappradar.com/blog/trick-or-treat-as-529m-cryptopunk-sale-isnt-what-it-seems

53) https://www.seoul.co.kr/news/newsView.php?id=20211125020029&wlog_tag3=naver

54) https://zdnet.co.kr/view/?no=20211117182456

55) http://news.tvchosun.com/site/data/html_dir/2021/11/10/2021111090127.html

56) www.nftstra.com

57) https://metagalaxia.com/category?id=2

58) https://www.etnews.com/20211125000030

59) https://www.fnnews.com/news/202111180640352028

60) https://www.skyedaily.com/news/news_view.html?ID=144262

61) http://www.digitaltoday.co.kr/news/articleView.html?idxno=426091

62) https://www.fnnews.com/news/202111260924149150

63) http://www.digitaltoday.co.kr/news/articleView.html?idxno=426091

64) https://ditoday.com/%eb%aa%85%ed%92%88-%eb%b8%8c%eb%9e%9c%eb%93%
9c%ea%b0%80-nft%eb%a5%bc-%ec%a0%81%ea%b7%b9-%ed%99%9c%ec%9a%a9
%ed%95%98%eb%8a%94-%ec%9d%b4%ec%9c%a0/

65) https://news.mt.co.kr/mtview.php?no=2021060610292932147

66) https://news.mt.co.kr/mtview.php?no=2021112412201093696

67) https://www.edaily.co.kr/news/read?newsId=01699046629248672&mediaCodeNo=25
7&OutLnkChk=Y

68) https://www.donga.com/news/article/all/20211125/110457642/1

69) https://blog.naver.com/nftmania_rush/222468676319

70) http://news.tf.co.kr/read/economy/1901909.htm

71) http://www.digitaltoday.co.kr/news/articleView.html?idxno=419923

72) https://post.naver.com/viewer/postView.naver?volumeNo=32671825&memberNo=318

5448&vType=VERTICAL

73) https://www.mk.co.kr/news/economy/view/2021/11/1081809/

74) http://www.digitaltoday.co.kr/news/articleView.html?idxno=413380

75) https://www.techm.kr/news/articleView.html?idxno=90054

76) http://www.joseilbo.com/news/htmls/2021/11/20211126439375.html

77) https://www.bloter.net/newsView/blt202111240013

78) https://www.etnews.com/20211122000227

79) http://theviewers.co.kr/View.aspx?No=2094444

80) https://economist.co.kr/2021/11/26/it/general/20211126090906264.html

81) http://www.sisajournal.com/news/articleView.html?idxno=228140

82) http://www.econovill.com/news/articleView.html?idxno=537213

83) https://decenter.kr/NewsView/22L08MD9C1

84) https://sports.hankooki.com/lpage/economy/202111/sp20211116092237136980.htm?s_

ref=nv

85) https://decenter.kr/NewsView/22JQQJ0ZEV

86) https://www.coindesk.com/business/2021/11/19/macys-thanksgiving-day-parade-gets-in-

on-nft-craze-with-collectible-balloons/

87) https://news.nike.com/news/five-things-to-know-roblox

88) https://etherrock.com/

89) http://www.coindeskkorea.com/news/articleView.html?idxno=76229

90) https://www.ddaily.co.kr/news/article/?no=225087

91) https://www.seoul.co.kr/news/newsView.php?id=20210404500048&wlog_tag3=naver

92) http://www.ohmynews.com/NWS_Web/View/at_pg.aspx?CNTN_CD=A0002756078&CMPT_

CD=P0010&utm_source=naver&utm_medium=newsearch&utm_campaign=naver_news

93) https://namu.wiki/w/%EA%BC%B0%EB%8C%80

94) http://news.kmib.co.kr/article/view.asp?arcid=0016486931&code=61141311&cp=nv

이미지 출처

38쪽 https://www.rrauction.com/auctions/lot-detail/338645905245002/

42쪽 구찌 홈페이지(중앙일보 캡처)
　　 https://www.joongang.co.kr/article/23506222#homehttps://www.gu-global.com/jp/
　　 ja/products/E314304-000/00?colorDisplayCode =00

47쪽 https://www.larvalabs.com/cryptopunks

49쪽 https://www.cryptokitties.co/kitty/896775

52쪽 https://decentraland.org/

55쪽 https://dappradar.com/flow/collectibles/nba-topshot

57쪽 https://en.wikipedia.org/wiki/Everydays:_the_First_5000_Days

59쪽 https://www.flickr.com/photos/travelingroths/2518727675

60쪽 https://opensea.io/assets/0x495f947276749ce646f68ac8c248420045cb7b
　　 5e/103545492035353205877823839439808623137264462394650937197153789471 7
　　 63290128385

62쪽 https://skymavis.com/

68쪽 https://zora.co/collections/zora/3366

94쪽 https://opensea.io/

97쪽 https://opensea.io/assets?search[query]=Mona%20Lisa

101쪽 https://tarantinonfts.com/

116쪽 https://niftygateway.com/collections/warnymphvolume1

118쪽 http://www.marikim.net/_d1/page/work.html?cate_no=52#none

120쪽 https://mrmisang.com/

121쪽 클립 드롭스(표갤러리 제공)
　　　https://www.pyogallery.com/
　　　https://klipdrops.com/

125쪽 https://www.youtube.com/c/metaverseforum

132쪽 https://opensea.io/assets/0x495f947276749ce646f68ac8c248420045cb7b
　　　5e/755959043899042366679732434288116837839364705633409530292078614995
　　　649167361

135쪽 https://dappradar.com/nft/sales

136쪽 https://dappradar.com/ethereum/collectibles/bored-ape-yacht-club

142쪽 https://app.earth2.io/#

146쪽 https://www.cryptovoxels.com/tour

148쪽 https://play.decentraland.gianibaldevsingh.com/

152쪽 https://ziq.world/

158쪽 https://nftbank.ai/

161쪽 https://www.dokdoverse.kr/

164쪽 https://www.binance.com/en

170쪽 https://meebits.larvalabs.com/

173쪽 https://ghostsproject.com/

175쪽 https://www.youtube.com/watch?v=PSm1rdd1ywc&t=115s

177쪽 https://dappradar.com/nft/sales

188쪽 https://upbit.com/nft

191쪽 https://ko.wikipedia.org/wiki/%EC%83%98_(%EB%92%A4%EC%83%B9)

197쪽 https://opensea.io/collection/klayrock

201쪽 https://upbit.com/nft/members/928cedc9-6e6c-4224-8086-5726c2ba5 cea/publish

205쪽 https://www.nftstar.com/

206쪽 https://metagalaxia.com/category?id=2

208쪽 https://www.instagram.com/magazineluiza/

212쪽 NFT 스튜디오 홈페이지(뉴스1 캡처)
    https://www.news1.kr/amp/articles/?4504891
    https://nft-studio.com/categories/zepeto

214쪽 https://www.kakaocorp.com/page/service/service/Klip

218쪽 https://outofstock.co.kr/

220쪽 https://metagalaxia.com/detailpage?id=3517

231쪽 https://axie-infinity-korea.gitbook.io/axie-infinity-korea/gameplay/undefined

235쪽 https://mirtrilogy.com/

241쪽 https://www.roblox.com/catalog/6803402872/Gucci-Dionysus-Bag-with-Bee

244쪽 https://www.mcdonalds.com.cn/news/20211008-mchq-nft/

247쪽 https://www.roblox.com/nikeland

263쪽 https://etherrock.com/

272쪽 https://opensea.io/collection/year-of-farts

NFT의 시대

미래의 기회를 선점하는 부의 연금술

초판 1쇄 발행 2022년 1월 28일
초판 2쇄 발행 2022년 2월 4일

지은이 이시한
펴낸이 김선식

경영총괄 김은영
책임편집 차혜린 **디자인** 마가림 **크로스교정** 김현아 **책임마케터** 이고은
콘텐츠사업5팀장 박현미 **콘텐츠사업5팀** 차혜린, 마가림, 김현아, 이영진
마케팅본부장 권장규 **마케팅2팀** 이고은, 김지우
미디어홍보본부장 정명찬 **홍보팀** 안지혜, 김민정, 이소영, 김은지, 박재연, 오수미
뉴미디어팀 허지호, 박지수, 임유나, 송희진, 홍수경
저작권팀 한승빈, 김재원 **편집관리팀** 조세현, 백설희
경영관리본부 하미선, 박상민, 김소영, 안혜선, 윤이경, 이소희, 이우철, 김재경, 최완규, 이지우, 김혜진, 오지영
외주스태프 교정교열 공순례, 표·그래프 노경녀

펴낸곳 다산북스 **출판등록** 2005년 12월 23일 제313-2005-00277호
주소 경기도 파주시 회동길 490 다산북스 파주사옥
전화 02-704-1724 **팩스** 02-703-2219 **이메일** dasanbooks@dasanbooks.com
홈페이지 www.dasan.group **블로그** blog.naver.com/dasan_books
종이 ㈜IPP **인쇄·제본** 한영문화사 **코팅·후가공** 평창피엔지

ISBN 979-11-306-7995-2 (03320)